韓国語文型ハンドブック

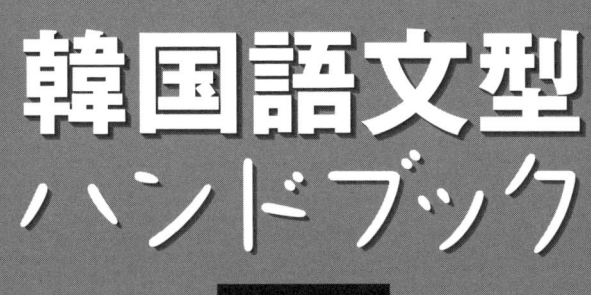

Super Hangul Handbook

朴 三植 & 韓 晶恵
PARK SAMSIK　　HAN CHUNGHYE

白帝社
hakuteisha

本書の特長と構成

　韓国語を学習している皆さん、アンニョンハセヨ?
　本書『韓国語文型ハンドブック』は、韓国語の文法表現の活用形態およびその用法を総合的にまとめた韓国語文型の辞典のようなものです。本書では、韓国語の文法表現をそれぞれの活用形態の特長を捉えて以下の七つのグループに分けました。

　共通した一定の文法表現を基本形の語尾「ーダ」の代わりに一律的に接続する【共通一定形】、「パッチムの有無」を活用の基準にした【(-으)添加有無形】、母音の種類を活用の基準にした【-아(어・여)選別形】、各品詞や「パッチムの有無」による【-(으・느)選別形】と【-ㄴ(은・는)選別形】、そして【連体接続形】、【時制接続形】の七つに分類しました。

　分類したすべての文法表現には、接続形態を中心に用法を詳しく説明しました。同じ表現様式であってもいくつかの用法をもった表現が数多くあります。それぞれに応用的和訳と例文、そして「類似表現」や「短縮表現」などの関連情報を詳しく載せました。

　韓国語文型の微妙な差異の理解や正確な和訳のために克服しなければいけない文型の活用語尾(連結語尾・終結語尾)を体系的に網羅した一冊です。より本格的に韓国語の習得を目指す学習者のための指針書となるでしょう。

　なお、本書では文型接続において助詞や名詞との文型接続に関しては活用の変化が少ないために収録の対象外といたしました。そして本書独自の使用用語については「本書における用語の説明」でご確認下さい。

　語学学習に近道はありません。「急がず・怠けず、そして楽しく」の学習姿勢で頑張って頂きたいと思います。

目次

- 本書の特長と構成　　3
- 韓国語文型リスト　　5
- 本書における用語の説明　　34

1	共通一定形	35
2	「-으」添加有無形	127
3	-아(어·여)選別形	205
4	-(으·ㄴ)選別形	229
5	-ㄴ(은·는)選別形	247
6	連体接続形	259
7	時制接続形	287

- 日本語索引　　323

韓国語文型リスト

※数字は見出し語番号を示す。
※文字が薄い部分は、その見出し語の中の、同意・類似・強調・関連などの表現を示す。

거

－거나	001
－거니와	002
－거든	003
－거든요	003
－거들랑	003
－거들랑요	003
－거라	004

건

－건	001
－건대	005
－건마는	006
－건만	006

게

－게	007
－게끔	007
－게도	008
－게 되다	009
－게 마련이다	010
－게 만들다	011
－게 생겼다	012
－게요	007
－게 하다	013

겠

－겠－	014
－겠다	356
－겠다거나	357
－겠다거든	358
－겠다거든요	358
－겠다거들랑	358
－겠다고	359
－겠다고요	359
－겠다고 하거든	359
－겠다고 하기에	360
－겠다고 하네	361
－겠다고 하는	362
－겠다고 하는데	364
－겠다고 하니까	366
－겠다고 하더냐	368
－겠다고 하더니	369
－겠다고 하더라	370
－겠다고 하던	371
－겠다고 하던가	372
－겠다고 하던데	373
－겠다고 하데	374
－겠다고 하며	378
－겠다고 하면	379
－겠다고 하면서	380

−겠다고 하잖아	381	−겠다며	378
−겠다고 하지만	383	−겠다면	379
−겠다고 해도	389	−겠다면서	380
−겠다고 해서¹	359	−겠다잖아	381
−겠다고 해서²	390	−겠다잖아요	381
−겠다고 해야	392	−겠다죠	382
−겠다기에	360	−겠다지	382
−겠다네	361	−겠다지만	383
−겠다네요	361	−겠다지요	382
−겠다는	362	−겠단	362
−겠다는구나	363	−겠단다	383
−겠다는군	363	−겠담	385
−겠다는데	364	−겠답니까	386
−겠다는데요	364	−겠답니다¹	384
−겠다니	365	−겠답니다²	386
−겠다니까	366	−겠답시고	387
−겠다니까는	366	−겠대	388
−겠다니까요	366	−겠대도	389
−겠다니깐	366	−겠대서	390
−겠다더군	367	−겠대서야	391
−겠다더군요	367	−겠대야	392
−겠다더냐	368	−겠대요	388
−겠다더니	369	−겠댔자	393
−겠다더라	370		
−겠다던	371	**고**	
−겠다던가	372		
−겠다던데	373	−고	015
−겠다던데요	373	−고 나니	016
−겠다데	374	−고 나니까	016
−겠다데요	374	−고 나다	017
−겠다든가	375	−고는	018
−겠다든지	375	−고는 하다	019
−겠다디	376	−고도¹	020
−겠다마는	377	−고도²	107
−겠다만	377	−고 들다	021
		−고 말겠다	024

-고말고	022	-기가 바쁘게	039
-고말고요	022	-기가 쉽다	040
-고 말다	023	-기 나름이다	041
-고 보다	025	-기나 하다	042
-고서	026	-기는	043
-고서야	026	-기는 -다	044
-고 싶다	027	-기는요	043
-고 싶어하다	028	-기도 하다	046
-고야	029	-기 때문에	045
-고요	015	-기라도 하다	047
-고 있다	030	-기로	048
-고자	031	-기로 들자면	049
-고자 하다	032	-기로서니	050
-고 해서	033	-기로 하다	051
		-기 마련이다	052
곤		-기만 하다	053
-곤	018	-기 무섭게	039
-곤 하다	019	-기 바라다	056
		-기 바쁘게	039
구		-기 십상이다	054
-구나	034	-기 싫다	055
-구려¹	035	-기 쉽다	040
-구려²	036	-기에	057
-구만	037	-기에 따라	058
-구만요	037	-기에 따라서	058
-구먼	037	-기에 앞서	059
-구먼요	037	-기에 앞서서	059
		-기 위하여	061
군		-기 위하여서	061
-군	034	-기 위한	060
-군요	034	-기 위해	061
		-기 위해서	061
기		-기 일쑤이다	062
-기	038	-기 전에	063
-기가 무섭게	039	-기 짝이 없다	064

긴

- －긴 ·················· 043
- －긴 －다 ············ 044

길

- －길래 ················ 065

ㄴ

- －ㄴ ··················· 316
- －ㄴ가 ················ 306
- －ㄴ가 보다 ········· 308
- －ㄴ가 싶다 ········· 307
- －ㄴ가요 ·············· 306
- －ㄴ가 하면 ········· 309
- －ㄴ 거다 ············· 319
- －ㄴ걸 ················· 310
- －ㄴ걸요 ·············· 310
- －ㄴ 것 ················ 317
- －ㄴ 것 같다 ········ 318
- －ㄴ 것이다 ·········· 319
- －ㄴ 것이 아니라 ··· 320
- －ㄴ 김에 ············· 321
- －ㄴ 나머지 ·········· 322
- －ㄴ다 ················· 356
- －ㄴ다거나 ··········· 357
- －ㄴ다거든 ··········· 358
- －ㄴ다거든요 ········ 358
- －ㄴ다거들랑 ········ 358
- －ㄴ다고 ·············· 359
- －ㄴ다고요 ··········· 359
- －ㄴ다고 하거든 ···· 358
- －ㄴ다고 하기에 ···· 360
- －ㄴ다고 하네 ······· 361
- －ㄴ다고 하는 ······· 362
- －ㄴ다고 하는데 ···· 364
- －ㄴ다고 하니까 ···· 366
- －ㄴ다고 하더냐 ···· 368
- －ㄴ다고 하더니 ···· 369
- －ㄴ다고 하더라 ···· 370
- －ㄴ다고 하던 ······· 371
- －ㄴ다고 하던가 ···· 372
- －ㄴ다고 하던데 ···· 373
- －ㄴ다고 하데 ······· 374
- －ㄴ다고 하며 ······· 378
- －ㄴ다고 하면 ······· 379
- －ㄴ다고 하면서 ···· 380
- －ㄴ다고 하잖아 ···· 381
- －ㄴ다고 하지만 ···· 383
- －ㄴ다고 해도 ······· 389
- －ㄴ다고 해서[1] ····· 359
- －ㄴ다고 해서[2] ····· 390
- －ㄴ다고 해야 ······· 392
- －ㄴ다기에 ··········· 360
- －ㄴ다네 ·············· 361
- －ㄴ다네요 ··········· 361
- －ㄴ다는 ·············· 362
- －ㄴ다는구나 ········ 363
- －ㄴ다는군 ··········· 363
- －ㄴ다는데 ··········· 364
- －ㄴ다는데요 ········ 364
- －ㄴ다니 ·············· 365
- －ㄴ다니까 ··········· 366
- －ㄴ다니까는 ········ 366
- －ㄴ다니까요 ········ 366
- －ㄴ다니깐 ··········· 366
- －ㄴ다더군 ··········· 367
- －ㄴ다더군요 ········ 367
- －ㄴ다더냐 ··········· 368
- －ㄴ다더니 ··········· 369
- －ㄴ다더라 ··········· 370

文型	ページ
-ㄴ다던	371
-ㄴ다던가	372
-ㄴ다던데	373
-ㄴ다던데요	373
-ㄴ다데	374
-ㄴ다데요	374
-ㄴ다든가	375
-ㄴ다든지	375
-ㄴ다디	376
-ㄴ다마는	377
-ㄴ다만	377
-ㄴ다며	378
-ㄴ다면	379
-ㄴ다면서	380
-ㄴ 다음에	323
-ㄴ 다음에야	324
-ㄴ다잖아	381
-ㄴ다잖아요	381
-ㄴ다죠	382
-ㄴ다지	382
-ㄴ다지만	383
-ㄴ다지요	382
-ㄴ단	362
-ㄴ단다	384
-ㄴ담	385
-ㄴ답니까	386
-ㄴ답니다¹	384
-ㄴ답니다²	386
-ㄴ답시고	387
-ㄴ대	388
-ㄴ대도	389
-ㄴ 대로	325
-ㄴ대서	390
-ㄴ대서야	391
-ㄴ 대신에	326

文型	ページ
-ㄴ대야	392
-ㄴ대요	388
-ㄴ댔자	393
-ㄴ데	311
-ㄴ 데다	327
-ㄴ데다가	312
-ㄴ 데다가	327
-ㄴ데도	313
-ㄴ데도 불구하고	313
-ㄴ데야	314
-ㄴ데요	311
-ㄴ 동시에	328
-ㄴ 둥 만 둥	330
-ㄴ 들	205
-ㄴ 듯	331
-ㄴ 듯 만 듯	332
-ㄴ 듯하다	333
-ㄴ 마당에	334
-ㄴ 만큼	335
-ㄴ 모양이다	336
-ㄴ 반면에	338
-ㄴ 법이다	339
-ㄴ 사이에	340
-ㄴ 이상	341
-ㄴ 일(이) 없다	342
-ㄴ 일(이) 있다	343
-ㄴ 적(이) 없다	342
-ㄴ 적(이) 있다	343
-ㄴ 줄 몰랐다	346
-ㄴ 줄 알다	345
-ㄴ 줄 알았다	344
-ㄴ지	315
-ㄴ 지	347
-ㄴ지요	315
-ㄴ 채	348

−ㄴ 채로	348
−ㄴ 척하다	349
−ㄴ 체하다	349
−ㄴ 탓에	350
−ㄴ 통에	351
−ㄴ 편이다	352
−ㄴ 한	353
−ㄴ 한편	355

나

−나¹	066
−나²	136
−나 보다	067
−나 싶다	068
−나요	066

냐

−냐	289
−냐고	290
−냐고요	290
−냐고 하기에	291
−냐고 하는	292
−냐고 하는데	293
−냐고 하더니	296
−냐고 하던데	297
−냐고 하데	298
−냐고 하디	299
−냐고 하며	300
−냐고 하면	301
−냐고 하지	302
−냐고 하지만	303
−냐고 해서	291
−냐기에	291
−냐는	292
−냐는데	293

−냐는데요	293
−냐니	294
−냐니까	295
−냐니까는	295
−냐니까요	295
−냐니깐	295
−냐니요	294
−냐더니	296
−냐던	299
−냐던데	297
−냐던데요	297
−냐데	298
−냐데요	298
−냐디	299
−냐며	300
−냐면	301
−냐면서	300
−냐면요	301
−냐지	302
−냐지만	303
−냐지요	302

네

−네	069
−네그려	069
−네요	069

노

−노라¹	070
−노라²	071
−노라고	071
−노라니	072
−노라니까	072
−노라면	073

누

-누나 ·· 074

느

-느냐 ·· 289
-느냐고 ····································· 290
-느냐고요 ·································· 290
-느냐고 하기에 ························· 291
-느냐고 하는 ····························· 292
-느냐고 하는데 ························· 293
-느냐고 하더니 ························· 296
-느냐고 하던데 ························· 297
-느냐고 하데 ····························· 298
-느냐고 하디 ····························· 299
-느냐고 하며 ····························· 300
-느냐고 하면 ····························· 301
-느냐고 하지 ····························· 302
-느냐고 하지만 ························· 303
-느냐고 해서 ····························· 291
-느냐기에 ·································· 291
-느냐는 ····································· 292
-느냐는데 ·································· 293
-느냐는데요 ······························ 293
-느냐니 ····································· 294
-느냐니까 ·································· 295
-느냐니까는 ······························ 295
-느냐니까요 ······························ 295
-느냐니깐 ·································· 295
-느냐니요 ·································· 294
-느냐더니 ·································· 296
-느냐던 ····································· 299
-느냐던데 ·································· 297
-느냐던데요 ······························ 297
-느냐데 ····································· 298
-느냐데요 ·································· 298
-느냐디 ····································· 299
-느냐며 ····································· 300
-느냐면 ····································· 301
-느냐면서 ·································· 300
-느냐면요 ·································· 301
-느냐지 ····································· 302
-느냐지만 ·································· 303
-느냐지요 ·································· 302
-느니¹ ······································· 075
-느니² ······································· 304
-느니만 못하다 ························· 076
-느니만큼 ·································· 305
-느니보다 ·································· 075
-느니보다 못하다 ····················· 076
-느라 ·· 077
-느라고 ····································· 077

는

-는 ··· 316
-는가 ·· 306
-는가 보다 ································ 308
-는가 싶다 ································ 307
-는가요 ····································· 306
-는가 하면 ································ 309
-는 거다 ··································· 319
-는걸 ·· 310
-는걸요 ····································· 310
-는 것 ······································· 317
-는 것 같다 ······························ 318
-는 것이다 ································ 319
-는 것이 아니라 ······················· 320
-는구려 ····································· 036
-는구만 ····································· 037
-는구만요 ·································· 037
-는구먼 ····································· 037

韓国語文型リスト : **11**

−는구먼요	037	−는다네	361
−는군	034	−는다네요	361
−는군요	034	−는다는	362
−는 길에	078	−는다는구나	363
−는 김에	321	−는다는군	363
−는다	356	−는다는데	364
−는다거나	357	−는다는데요	364
−는다거든	358	−는다니	365
−는다거든요	358	−는다니까	366
−는다거들랑	358	−는다니까는	366
−는다고	359	−는다니까요	366
−는다고요	359	−는다니깐	366
−는다고 하거든	358	−는다더군	367
−는다고 하기에	360	−는다더군요	367
−는다고 하네	361	−는다더냐	368
−는다고 하는	362	−는다더니	369
−는다고 하는데	364	−는다더라	370
−는다고 하니까	366	−는다던	371
−는다고 하더냐	368	−는다던가	372
−는다고 하더니	369	−는다던데	373
−는다고 하더라	370	−는다던데요	373
−는다고 하던	371	−는다데	374
−는다고 하던가	372	−는다데요	374
−는다고 하던데	373	−는다든가	375
−는다고 하데	374	−는다든지	375
−는다고 하며	378	−는다디	376
−는다고 하면	379	−는다마는	377
−는다고 하면서	380	−는다만	377
−는다고 하잖아	381	−는다며	378
−는다고 하지만	383	−는다면	379
−는다고 해도	389	−는다면서	380
−는다고 해서[1]	359	−는다잖아	381
−는다고 해서[2]	390	−는다잖아요	381
−는다고 해야	392	−는다죠	382
−는다기에	360	−는다지	382

−는다지만	383	−는 모양이다	336
−는다지요	382	−는 바람에	337
−는단	362	−는 반면에	338
−는단다	384	−는 법이다	339
−는담	385	−는 사이에	340
−는답니까	386	−는 이상	341
−는답니다¹	384	−는 일(이) 없다	342
−는답니다²	386	−는 일(이) 있다	343
−는답시고	387	−는 일이 있어도	354
−는대	388	−는 적(이) 없다	342
−는대도	389	−는 적(이) 있다	343
−는 대로	325	−는 줄 몰랐다	346
−는대서	390	−는 줄 알다	345
−는대서야	391	−는 줄 알았다	344
−는 대신에	326	−는 중이다	080
−는대야	392	−는지	315
−는대요	388	−는지요	315
−는댔자	393	−는 척하다	349
−는데	311	−는 체하다	349
−는 데다	327	−는 탓에	350
−는데다가	312	−는 통에	351
−는 데다가	327	−는 편이다	352
−는데도	313	−는 한	353
−는데도 불구하고	313	−는 한이 있어도	354
−는데야	314	−는 한편	355
−는데요	311		
−는 도중에	079	**ㄴ**	
−는 동시에	328	−니¹	081
−는 동안에	329	−니²	137
−는 둥 마는 둥	330	−니³	138
−는 듯	331	−니⁴	304
−는 듯 마는 듯	332	−니까	138
−는 듯하다	333	−니까는	138
−는 마당에	334	−니깐	138
−는 만큼	335	−니만큼	305

다

- -다¹ ………………………… 082
- -다² ………………………… 356
- -다가 ………………………… 082
- -다가도 ……………………… 083
- -다가 못하다 ……………… 084
- -다가 보다 ………………… 085
- -다거나 ……………………… 357
- -다거든 ……………………… 358
- -다거든요 …………………… 358
- -다거들랑 …………………… 358
- -다고 ………………………… 359
- -다고요 ……………………… 359
- -다고 하거든 ……………… 358
- -다고 하기에 ……………… 360
- -다고 하네 ………………… 361
- -다고 하는 ………………… 362
- -다고 하는데 ……………… 364
- -다고 하니까 ……………… 366
- -다고 하더냐 ……………… 368
- -다고 하더니 ……………… 369
- -다고 하더라 ……………… 370
- -다고 하던 ………………… 371
- -다고 하던가 ……………… 372
- -다고 하던데 ……………… 373
- -다고 하데 ………………… 374
- -다고 하며 ………………… 378
- -다고 하면 ………………… 379
- -다고 하면서 ……………… 380
- -다고 하잖아 ……………… 381
- -다고 하지만 ……………… 383
- -다고 해도 ………………… 389
- -다고 해서¹ ………………… 359
- -다고 해서² ………………… 390
- -다고 해야 ………………… 392
- -다기에 ……………………… 360
- -다네 ………………………… 361
- -다네요 ……………………… 361
- -다는 ………………………… 362
- -다는구나 …………………… 363
- -다는군 ……………………… 363
- -다는데 ……………………… 364
- -다는데요 …………………… 364
- -다니¹ ………………………… 086
- -다니² ………………………… 365
- -다니까 ……………………… 366
- -다니까는 …………………… 366
- -다니까요 …………………… 366
- -다니깐 ……………………… 366
- -다니요 ……………………… 086
- -다더군 ……………………… 367
- -다더군요 …………………… 367
- -다더냐 ……………………… 368
- -다더니 ……………………… 369
- -다더라 ……………………… 370
- -다던 ………………………… 371
- -다던가 ……………………… 372
- -다던데 ……………………… 373
- -다던데요 …………………… 373
- -다데 ………………………… 374
- -다데요 ……………………… 374
- -다든가 ……………………… 375
- -다든지 ……………………… 375
- -다디 ………………………… 376
- -다마는 ……………………… 377
- -다마다 ……………………… 087
- -다마다요 …………………… 087
- -다만 ………………………… 377
- -다며 ………………………… 378
- -다면 ………………………… 379

-다면서 ········· 380
-다 못하다 ········· 084
-다 보다 ········· 085
-다시피 ········· 088
-다잖아 ········· 381
-다잖아요 ········· 381
-다죠 ········· 382
-다지 ········· 382
-다지만 ········· 383
-다지요 ········· 382

단
-단 ········· 362
-단다 ········· 384

담
-담 ········· 385

답
-답니까 ········· 386
-답니다¹ ········· 384
-답니다² ········· 386
-답시고 ········· 387

대
-대 ········· 388
-대도 ········· 389
-대서 ········· 390
-대서야 ········· 391
-대야 ········· 392
-대요 ········· 388

댔
-댔자 ········· 393

더
-더구나 ········· 089
-더군 ········· 089
-더군요 ········· 089
-더냐 ········· 090
-더니 ········· 091
-더니마는 ········· 091
-더니만 ········· 091
-더라 ········· 092
-더라고 ········· 092
-더라고요 ········· 092
-더라니 ········· 093
-더라니까 ········· 093
-더라니까요 ········· 093
-더라도 ········· 094
-더랍니다 ········· 095
-더래 ········· 095
-더래요 ········· 095

던
-던 ········· 096
-던가 ········· 097
-던가요 ········· 097
-던걸 ········· 098
-던걸요 ········· 098
-던데 ········· 099
-던데요 ········· 099

데
-데 ········· 100
-데요 ········· 100

도
-도록 ········· 101
-도록 하다 ········· 102

되
-되 ……………………………… 139

든
-든 ……………………………… 103
-든가 …………………………… 104
-든지 …………………………… 105

듯
-듯 ……………………………… 106
-듯이 …………………………… 106

디
-디 ……………………………… 107

ㄹ
-ㄹ ……………………………… 316
-ㄹ 거냐 ………………………… 240
-ㄹ 거다 ………………………… 319
-ㄹ 걸 …………………………… 206
-ㄹ 걸 그랬다 …………………… 206
-ㄹ 걸요 ………………………… 206
-ㄹ 것 …………………………… 317
-ㄹ 것 같다 ……………………… 318
-ㄹ 것이다 ……………………… 319
-ㄹ 것이 아니라 ………………… 320
-ㄹ게 …………………………… 207
-ㄹ게요 ………………………… 207
-ㄹ까 …………………………… 208
-ㄹ까 보다 ……………………… 209
-ㄹ까 싶다 ……………………… 209
-ㄹ까요 ………………………… 208
-ㄹ까 하다 ……………………… 209
-ㄹ꼬 …………………………… 210
-ㄹ 나름이다 …………………… 041

-ㄹ는지 ………………………… 211
-ㄹ 대로 ………………………… 325
-ㄹ 둥 말 둥 …………………… 330
-ㄹ 듯 …………………………… 331
-ㄹ 듯 말 듯 …………………… 332
-ㄹ 듯하다 ……………………… 333
-ㄹ 따름이다 …………………… 212
-ㄹ 때 …………………………… 213
-ㄹ라 …………………………… 214
-ㄹ라고 ………………………… 215
-ㄹ라고요 ……………………… 215
-ㄹ라치면 ……………………… 216
-ㄹ락 말락 하다 ………………… 217
-ㄹ란다 ………………………… 187
-ㄹ래 …………………………… 218
-ㄹ래도 ………………………… 186
-ㄹ래야 ………………………… 219
-ㄹ래요 ………………………… 218
-ㄹ러고 ………………………… 172
-ㄹ 리가 없다 …………………… 220
-ㄹ 리가 있다 …………………… 220
-ㄹ 만큼 ………………………… 335
-ㄹ 만하다 ……………………… 221
-ㄹ망정 ………………………… 222
-ㄹ 모양이다 …………………… 336
-ㄹ 바에 ………………………… 223
-ㄹ 법하다 ……………………… 224
-ㄹ 뻔하다 ……………………… 225
-ㄹ 뿐더러 ……………………… 226
-ㄹ 뿐만 아니라 ………………… 227
-ㄹ 뿐이다 ……………………… 228
-ㄹ수록 ………………………… 229
-ㄹ 수밖에 없다 ………………… 230
-ㄹ 수 없다 ……………………… 231
-ㄹ 수 있다 ……………………… 232

―ㄹ 줄 모르다	233	―라고 하더니	151
―ㄹ 줄 몰랐다	346	―라고 하더라	152
―ㄹ 줄 알다¹	234	―라고 하던	153
―ㄹ 줄 알다²	345	―라고 하던가	154
―ㄹ 줄 알았다	344	―라고 하던데	155
―ㄹ지	235	―라고 하든가	157
―ㄹ지라도	237	―라고 하며	158
―ㄹ지 모르다	236	―라고 하면	159
―ㄹ지언정	238	―라고 하지	160
―ㄹ 테고	239	―라고 해도	164
―ㄹ 테냐	240	―라고 해서	165
―ㄹ 테니	241	―라고 해서야	166
―ㄹ 테니까	241	―라고 해야	167
―ㄹ 테다	242	―라기에¹	144
―ㄹ 테면	243	―라기에²	360
―ㄹ 테야	244	―라네	361
―ㄹ 테지만	245	―라는¹	145
―ㄹ 텐데	246	―라는²	362
		―라는구나¹	146
라		―라는구나²	363
―라¹	140	―라는군	146
―라²	143	―라는데¹	147
―라거나¹	141	―라는데²	364
―라거나²	357	―라는데요	147
―라거든¹	142	―라니¹	086
―라거든²	358	―라니²	148
―라거든요	142	―라니³	149
―라거들랑	142	―라니⁴	365
―라고¹	143	―라니까¹	149
―라고²	359	―라니까²	366
―라고요	143	―라니까요	149
―라고 하거든	142	―라니깐	149
―라고 하기에	144	―라니요¹	086
―라고 하는	145	―라니요²	148
―라고 하는데	147	―라더군¹	150

−라더군²	367			
−라더군요	150	**란**		
−라더냐	368	−란		145
−라더니¹	151	−란다¹		161
−라더니²	369	−란다²		384
−라더라¹	152			
−라더라²	370	**람**		
−라던¹	153	−람		385
−라던²	371			
−라던가¹	154	**랍**		
−라던가²	372	−랍니까¹		162
−라던데¹	155	−랍니까²		386
−라던데²	373	−랍니다	161	162
−라던데요	155	−랍시고		387
−라데¹	156			
−라데²	374	**래**		
−라든가¹	157	−래¹		163
−라든가²	375	−래²		388
−라든지	157	−래도¹		164
−라디¹	153	−래도²		389
−라디²	376	−래서¹		165
−라며¹	158	−래서²		390
−라며²	378	−래서야¹		166
−라면¹	159	−래서야²		391
−라면²	379	−래야¹		167
−라면서¹	158	−래야²		392
−라면서²	380	−래요		163
−라면야	159			
−라잖아	381	**랬**		
−라죠	160	−랬자		393
−라지¹	160			
−라지²	382	**랴**		
−라지만	383	−랴		168
−라지요	160	−랴마는		169
		−랴만		169

러

-러 ……………………………………… 170

려

-려거든 ………………………………… 171
-려고 …………………………………… 172
-려고 들다 ……………………………… 183
-려고요 ………………………………… 172
-려고 하나 보다 ………………………… 175
-려고 하는 ……………………………… 176
-려고 하는데 …………………………… 177
-려고 하는지 …………………………… 178
-려고 하니까 …………………………… 180
-려고 하다 ……………………………… 173
-려고 하다가 …………………………… 181
-려고 해도 ……………………………… 182
-려고 해야 ……………………………… 186
-려나 …………………………………… 174
-려나 보다 ……………………………… 175
-려는 …………………………………… 176
-려는데 ………………………………… 177
-려는지 ………………………………… 178
-려니¹ …………………………………… 179
-려니² …………………………………… 180
-려니까 ………………………………… 180
-려다 …………………………………… 181
-려다가 ………………………………… 181
-려도 …………………………………… 182
-려 들다 ………………………………… 183
-려면 …………………………………… 184
-려무나 ………………………………… 185
-려야 …………………………………… 186
-려 하다 ………………………………… 173
-려 해도 ………………………………… 182

련

-련다 …………………………………… 187
-련마는 ………………………………… 188
-련만 …………………………………… 188

렴

-렴 ……………………………………… 185

리

-리 ……………………………………… 189
-리라¹ …………………………………… 189
-리라² …………………………………… 190
-리라고 ………………………………… 190
-리라고 하는 …………………………… 191
-리라는 ………………………………… 191
-리오 …………………………………… 189

ㅁ

-ㅁ ……………………………………… 247

마

-마 ……………………………………… 192

며

-며 ……………………………………… 193

면

-면 ……………………………………… 194
-면 되다 ………………………………… 195
-면 -ㄹ수록 …………………………… 229
-면 몰라도 ……………………………… 196
-면서 …………………………………… 197
-면서도 ………………………………… 197
-면 안 되다 …………………………… 198
-면 좋겠다 ……………………………… 199

못
- 못 −다 ······· 134

므
- −므로 ······· 200

ㅂ
- −ㅂ니까 ······· 249
- −ㅂ니다 ······· 249
- −ㅂ디까 ······· 250
- −ㅂ디다 ······· 250
- −ㅂ시다 ······· 248

세
- −세요 ······· 201

셔
- −셔요 ······· 201

소
- −소 ······· 108

습
- −습니까 ······· 249
- −습니다 ······· 249
- −습디까 ······· 250
- −습디다 ······· 250

시
- −시− ······· 202
- −시오 ······· 201
- −시죠 ······· 203
- −시지요 ······· 203

십
- −십시오 ······· 204
- −십시요 ······· 204

아
- −아 ······· 251
- −아 가다 ······· 252
- −아 가며 ······· 253
- −아 가면서 ······· 253
- −아 가지고 ······· 254
- −아 가지고서야 ······· 255
- −아 가지고야 ······· 255
- −아 갖고 ······· 254
- −아 갖고야 ······· 255
- −아 내다 ······· 256
- −아 놓다 ······· 257
- −아 놓아서 ······· 258
- 아니라거든 ······· 358
- 아니라고 ······· 359
- 아니라기에 ······· 360
- 아니라네 ······· 361
- 아니라는 ······· 362
- 아니라는구나 ······· 363
- 아니라는데 ······· 364
- 아니라니 ······· 365
- 아니라니까 ······· 366
- 아니라니요 ······· 086
- 아니라더군 ······· 367
- 아니라더냐 ······· 368
- 아니라더니 ······· 369
- 아니라더라 ······· 370
- 아니라던 ······· 371
- 아니라던가 ······· 372
- 아니라던데 ······· 373
- 아니라데 ······· 374

아니라든가	375	−아서는 안 되다	272
아니라디	376	−아서인지	273
아니라며	378	−아야	274
아니라면	379	−아야겠다	275
아니라면서	380	−아야 되다	275
아니라잖아	381	−아야만	274
아니라지	382	−아야죠	277
아니라지만	383	−아야지	277
아니란다	384	−아야지만	277
아니람	385	−아야지요	277
아니랍니까	386	−아야 하겠다	275
아니랍시고	387	−아야 하다	276
아니래	388	−아 오다	278
아니래도	389	−아요	251
아니래서	390	−아 있다	279
아니래서야	391	−아 주다	280
아니래야	392	−아지다	281
아니랬자	393	−아 치우다	282

안

안 −다	135

앗

−아다	259	−았나	097
−아다가	259	−았다¹	283
−아다 드리다	260	−았다²	356
−아다 주다	261	−았다거나	357
−아 대다	262	−았다거든	358
−아도	263	−았다거든요	358
−아도 되다	264	−았다거들랑	358
−아 두다	265	−았다고	359
−아 드리다	266	−았다고요	359
−아라	267	−았다고 하거든	358
−아 버리다	268	−았다고 하기에	360
−아 보다	269	−았다고 하네	361
−아 보았자	270		
−아 보이다	271		
−아 봤자	270		
−아서	251		
−아서 그런지	273		

−았다고 하는	362	−았다더니	369
−았다고 하는데	364	−았다더라	370
−았다고 하니까	366	−았다던	371
−았다고 하더냐	368	−았다던가	372
−았다고 하더니	369	−았다던데	373
−았다고 하더라	370	−았다던데요	373
−았다고 하던	371	−았다데	374
−았다고 하던가	372	−았다데요	374
−았다고 하던데	373	−았다든가	375
−았다고 하데	374	−았다든지	375
−았다고 하며	378	−았다디	376
−았다고 하면	379	−았다마는	377
−았다고 하면서	380	−았다만	377
−았다고 하잖아	381	−았다며	378
−았다고 하지만	383	−았다면	379
−았다고 해도	389	−았다면서	380
−았다고 해서[1]	359	−았다잖아	381
−았다고 해서[2]	390	−았다잖아요	381
−았다고 해야	392	−았다죠	382
−았다기에	360	−았다지	382
−았다네	361	−았다지만	383
−았다네요	361	−았다지요	382
−았다는	362	−았단	362
−았다는구나	363	−았단다	384
−았다는군	363	−았담	385
−았다는데	364	−았답니까	386
−았다는데요	364	−았답니다[1]	384
−았다니	365	−았답니다[2]	386
−았다니까	366	−았답시고	387
−았다니까는	366	−았대	388
−았다니까요	366	−았대도	389
−았다니깐	366	−았대서	390
−았다더군	367	−았대서야	391
−았다더군요	367	−았대야	392
−았다더냐	368	−았대요	388

−았댔자	393	−어 봤자	270
−았더라면	284	−어서	251
−았던	285	−어서 그런지	273
−았었다	286	−어서는 안 되다	272
−았으면	287	−어서인지	273
−았으면 좋겠다	288	−어야	274
−았으면 하다	288	−어야겠다	275
		−어야 되다	276
		−어야만	274

어

−어	251	−어야죠	277
−어 가다	252	−어야지	277
−어 가며	253	−어야지만	277
−어 가면서	253	−어야지요	277
−어 가지고	254	−어야 하겠다	275
−어 가지고서야	255	−어야 하다	276
−어 가지고야	255	−어 오다	278
−어 갖고	254	−어요	251
−어 갖고야	255	−어 있다	279
−어 내다	256	−어 주다	280
−어 놓다	257	−어지다	281
−어 놓아서	258	−어 치우다	282
−어다	259		
−어다가	259		

었

−어다 드리다	260	−었나	097
−어다 주다	261	−었다¹	283
−어 대다	262	−었다²	356
−어도	263	−었다거나	357
−어도 되다	264	−었다거든	358
−어 두다	265	−었다거든요	358
−어 드리다	266	−었다거들랑	358
−어라	267	−었다고	359
−어 버리다	268	−었다고요	359
−어 보다	269	−었다고 하거든	358
−어 보았자	270	−었다고 하기에	360
−어 보이다	271	−었다고 하네	361

−었다고 하는	362	−었다더니	369
−었다고 하는데	364	−었다더라	370
−었다고 하니까	366	−었다던	371
−었다고 하더냐	368	−었다던가	372
−었다고 하더니	369	−었다던데	373
−었다고 하더라	370	−었다던데요	373
−었다고 하던	371	−었다데	374
−었다고 하던가	372	−었다데요	374
−었다고 하던데	373	−었다든가	375
−었다고 하데	374	−었다든지	375
−었다고 하며	378	−었다디	376
−었다고 하면	379	−었다마는	377
−었다고 하면서	380	−었다만	377
−었다고 하잖아	381	−었다며	378
−었다고 하지만	383	−었다면	379
−었다고 해도	389	−었다면서	380
−었다고 해서[1]	359	−었다잖아	381
−었다고 해서[2]	390	−었다잖아요	381
−었다고 해야	392	−었다죠	382
−었다기에	360	−었다지	382
−었다네	361	−었다지만	383
−었다네요	361	−었다지요	382
−었다는	362	−었단	362
−었다는구나	363	−었단다	384
−었다는군	363	−었담	385
−었다는데	364	−었답니까	386
−었다는데요	364	−었답니다[1]	384
−었다니	365	−었답니다[2]	386
−었다니까	366	−었답시고	387
−었다니까는	366	−었대	388
−었다니까요	366	−었대도	389
−었다니깐	366	−었대서	390
−었다더군	367	−었대서야	391
−었다더군요	367	−었대야	392
−었다더냐	368	−었대요	388

−었댔자	393	−여 봤자	270
−었더라면	284	−여서	251
−었던	285	−여서 그런지	273
−었었다	286	−여서는 안 되다	272
−었으면	287	−여서인지	273
−었으면 좋겠다	288	−여야	274
−었으면 하다	288	−여야겠다	275
		−여야 되다	276
		−여야만	274

여

−여	251	−여야죠	277
−여 가다	252	−여야지	277
−여 가며	253	−여야지만	277
−여 가면서	253	−여야지요	277
−여 가지고	254	−여야 하겠다	275
−여 가지고서야	255	−여야 하다	276
−여 가지고야	255	−여 오다	278
−여 갖고	254	−여요	251
−여 갖고야	255	−여 있다	279
−여 내다	256	−여 주다	280
−여 놓다	257	−여지다	281
−여 놓아서	258	−여 치우다	282
−여다	259		
−여다가	259		

였

−여다 드리다	260	−였나	097
−여다 주다	261	−였다¹	283
−여 대다	262	−였다²	356
−여도	263	−였다거나	357
−여도 되다	264	−였다거든	358
−여 두다	265	−였다거든요	358
−여 드리다	266	−였다거들랑	358
−여라	267	−였다고	359
−여 버리다	268	−였다고요	359
−여 보다	269	−였다고 하거든	358
−여 보았자	270	−였다고 하기에	360
−여 보이다	271	−였다고 하네	361

韓国語文型リスト : **25**

－였다고 하는	362	－였다더니	369
－였다고 하는데	364	－였다더라	370
－였다고 하니까	366	－였다던	371
－였다고 하더냐	368	－였다던가	372
－였다고 하더니	369	－였다던데	373
－였다고 하더라	370	－였다던데요	373
－였다고 하던	371	－였다데	374
－였다고 하던가	372	－였다데요	374
－였다고 하던데	373	－였다든가	375
－였다고 하데	374	－였다든지	375
－였다고 하며	378	－였다디	376
－였다고 하면	379	－였다마는	377
－였다고 하면서	380	－였다만	377
－였다고 하잖아	381	－였다며	378
－였다고 하지만	383	－였다면	379
－였다고 해도	389	－였다면서	380
－였다고 해서[1]	359	－였다잖아	381
－였다고 해서[2]	390	－였다잖아요	381
－였다고 해야	392	－였다죠	382
－였다기에	360	－였다지	382
－였다네	361	－였다지만	383
－였다네요	361	－였다지요	382
－였다는	362	－였단	362
－였다는구나	363	－였단다	384
－였다는군	363	－였담	385
－였다는데	364	－였답니까	386
－였다는데요	364	－였답니다[1]	384
－였다니	365	－였답니다[2]	386
－였다니까	366	－였답시고	387
－였다니까는	366	－였대	388
－였다니까요	366	－였대도	389
－였다니깐	366	－였대서	390
－였다더군	367	－였대서야	391
－였다더군요	367	－였대야	392
－였다더냐	368	－였대요	388

−였댔자	393	−으냐더니	296
−였더라면	284	−으냐던	299
−였던	285	−으냐던데	297
−였었다	286	−으냐던데요	297
−였으면	287	−으냐데	298
−였으면 좋겠다	288	−으냐데요	298
−였으면 하다	288	−으냐디	299
		−으냐며	300
으		−으냐면	301
−으나	136	−으냐면서	300
−으냐	289	−으냐면요	301
−으냐고	290	−으냐지	302
−으냐고요	290	−으냐지만	303
−으냐고 하기에	291	−으냐지요	302
−으냐고 하는	292	−으니^1	081
−으냐고 하는데	293	−으니^2	137
−으냐고 하더니	296	−으니^3	138
−으냐고 하던데	297	−으니^4	304
−으냐고 하데	298	−으니까	138
−으냐고 하디	299	−으니까는	138
−으냐고 하며	300	−으니깐	138
−으냐고 하면	301	−으니만큼	305
−으냐고 하지	302	−으되	139
−으냐고 하지만	303	−으라^1	140
−으냐고 해서	291	−으라^2	143
−으냐기에	291	−으라거나	141
−으냐는	292	−으라거든	142
−으냐는데	293	−으라거든요	142
−으냐는데요	293	−으라거들랑	142
−으냐니	294	−으라고	143
−으냐니까	295	−으라고요	143
−으냐니까는	295	−으라고 하거든	142
−으냐니까요	295	−으라고 하기에	144
−으냐니깐	295	−으라고 하는	145
−으냐니요	294	−으라고 하는데	147

韓国語文型リスト 27

−으라고 하더니	151	−으라든지	157
−으라고 하더라	152	−으라디	153
−으라고 하던	153	−으라며	158
−으라고 하던가	154	−으라면	159
−으라고 하던데	155	−으라면서	158
−으라고 하든가	157	−으라면야	159
−으라고 하며	158	−으라죠	160
−으라고 하면	159	−으라지	160
−으라고 하지	160	−으라지요	160
−으라고 해도	164	−으란	145
−으라고 해서	165	−으란다	161
−으라고 해서야	166	−으랍니까	162
−으라고 해야	167	−으랍니다	161 162
−으라기에	144	−으래	163
−으라는	145	−으래도	164
−으라는구나	146	−으래서	165
−으라는군	146	−으래서야	166
−으라는데	147	−으래야	167
−으라는데요	147	−으래요	163
−으라니¹	148	−으랴	168
−으라니²	149	−으랴마는	169
−으라니까	149	−으랴만	169
−으라니까요	149	−으러	170
−으라니깐	149	−으려거든	171
−으라니요	148	−으려고	172
−으라더군	150	−으려고 들다	183
−으라더군요	150	−으려고요	172
−으라더니	151	−으려고 하나 보다	175
−으라더라	152	−으려고 하는	176
−으라던	153	−으려고 하는데	177
−으라던가	154	−으려고 하는지	178
−으라던데	155	−으려고 하니까	180
−으라던데요	155	−으려고 하다	173
−으라데	156	−으려고 하다가	181
−으라든가	157	−으려고 해도	182

문형	쪽		문형	쪽
−으려고 해야	186		−으면서도	197
−으려나	174		−으면 안 되다	198
−으려나 보다	175		−으면 −을수록	229
−으려는	176		−으면 좋겠다	199
−으려는데	177		−으므로	200
−으려는지	178		−으세요	201
−으려니¹	179		−으셔요	201
−으려니²	180		−으시−	202
−으려니까	180		−으시오	201
−으려다	181		−으시죠	203
−으려다가	181		−으시지요	203
−으려도	182		−으십시오	204
−으려 들다	183		−으십시요	204
−으려면	184			
−으려무나	185		**은**	
−으려야	186		−은	316
−으려 하다	173		−은가	306
−으려 해도	182		−은가 보다	308
−으런다	187		−은가 싶다	307
−으련마는	188		−은가요	306
−으련만	188		−은가 하면	309
−으렴	185		−은 거다	319
−으리	189		−은걸	310
−으리라¹	189		−은걸요	310
−으리라²	190		−은 것	317
−으리라고	190		−은 것 같다	318
−으리라고 하는	191		−은 것이다	319
−으리라는	191		−은 것이 아니라	320
−으리오	189		−은 김에	321
−으마	192		−은 나머지	322
−으며	193		−은 다음에	323
−으면	194		−은 다음에야	324
−으면 되다	195		−은 대로	325
−으면 몰라도	196		−은 대신에	326
−으면서	197		−은데	311

- -은 데다 · 327
- -은데다가 · 312
- -은 데다가 · 327
- -은데도 · 313
- -은데도 불구하고 · 313
- -은데야 · 314
- -은데요 · 311
- -은 둥 만 둥 · 330
- -은들 · 205
- -은 듯 · 331
- -은 듯 만 듯 · 332
- -은 듯하다 · 333
- -은 마당에 · 334
- -은 만큼 · 335
- -은 모양이다 · 336
- -은 반면에 · 338
- -은 법이다 · 339
- -은 사이에 · 340
- -은 이상 · 341
- -은 일(이) 없다 · 342
- -은 일(이) 있다 · 343
- -은 적(이) 없다 · 342
- -은 적(이) 있다 · 343
- -은 줄 몰랐다 · 346
- -은 줄 알다 · 345
- -은 줄 알았다 · 344
- -은지 · 315
- -은 지 · 347
- -은지요 · 315
- -은 채 · 348
- -은 채로 · 348
- -은 척하다 · 349
- -은 체하다 · 349
- -은 탓에 · 350
- -은 통에 · 351
- -은 편이다 · 352

을

- -을 · 316
- -을 거냐 · 240
- -을 거다 · 319
- -을걸 · 206
- -을걸 그랬다 · 206
- -을걸요 · 206
- -을 것 · 317
- -을 것 같다 · 318
- -을 것이다 · 319
- -을 것이 아니라 · 320
- -을게 · 207
- -을게요 · 207
- -을까 · 208
- -을까 보다 · 209
- -을까 싶다 · 209
- -을까요 · 208
- -을까 하다 · 209
- -을꼬 · 210
- -을 나름이다 · 041
- -을는지 · 211
- -을 대로 · 325
- -을 둥 말 둥 · 330
- -을 듯 · 331
- -을 듯 말 듯 · 332
- -을 듯하다 · 333
- -을 따름이다 · 212
- -을 때 · 213
- -을라 · 214
- -을라고 · 215
- -을라고요 · 215
- -을라치면 · 216
- -을락 말락 하다 · 217

文型	ページ
−을란다	187
−을래	218
−을래도	186
−을래야	219
−을래요	218
−을려고	172
−을 리가 없다	220
−을 리가 있다	220
−을 만큼	335
−을 만하다	221
−을망정	222
−을 모양이다	336
−을 바에	223
−을 법하다	224
−을 뻔하다	225
−을 뿐더러	226
−을 뿐만 아니라	227
−을 뿐이다	228
−을수록	229
−을 수밖에 없다	230
−을 수 없다	231
−을 수 있다	232
−을 줄 모르다	233
−을 줄 몰랐다	346
−을 줄 알다¹	234
−을 줄 알다²	345
−을 줄 알았다	344
−을지	235
−을지라도	237
−을지 모르다	236
−을지언정	238
−을 테고	239
−을 테냐	240
−을 테니	241
−을 테니까	241
−을 테다	242
−을 테면	243
−을 테야	244
−을 테지만	245
−을 텐데	246

음

−음	247

읍

−읍시다	248

이

−이라거나	357
−이라거든	358
−이라고	359
−이라기에	360
−이라네	361
−이라는	362
−이라는구나	363
−이라는데	364
−이라니¹	086
−이라니²	365
−이라니까	366
−이라니요	086
−이라더군	367
−이라더냐	368
−이라더니	369
−이라더라	370
−이라던	371
−이라던가	372
−이라던데	373
−이라데	374
−이라든가	375
−이라디	376

−이라며	378	−자고 하던데	121
−이라면	379	−자고 하면	124
−이라면서	380	−자고 하면서	125
−이라잖아	381	−자고 해도	129
−이라지	382	−자고 해서	114 130
−이라지만	383	−자기에	114
−이란다	384	−자뇨	118
−이람	385	−자는	115
−이랍니까	386	−자는구나	116
−이랍시고	387	−자는군	116
−이래	388	−자는데	117
−이래도	389	−자는데요	117
−이래서	390	−자니	118
−이래서야	391	−자니까	119
−이래야	392	−자니까는	119
−이랬자	393	−자니까요	119
		−자니깐	119
자		−자니요	118
−자¹	109	−자더니	120
−자²	112	−자던걸	122
−자거나	110	−자던데	121
−자거든	111	−자던데요	121
−자거든요	111	−자데	122
−자고 들면	113	−자데요	122
−자거들랑	111	−자마자	123
−자고	112	−자며	125
−자고요	112	−자면	124
−자고 하거나	110	−자면서	125
−자고 하거든	111	−자 하니	126
−자고 하는	115	−자 하니까	126
−자고 하는구나	116		
−자고 하는데	117	**잔**	
−자고 하니	118	−잔	115
−자고 하니까	119		
−자고 하더니	120		

잖

-잖아 ……………………… 127
-잖아요 …………………… 127

재

-재 ………………………… 128
-재도 ……………………… 129
-재서 ……………………… 130
-재요 ……………………… 128

지

-지 ………………………… 131
-지마는 …………………… 132
-지만 ……………………… 132
-지 말다 …………………… 133
-지 못하다 ………………… 134
-지 않다 …………………… 135
-지 않으면 안 되다 ………… 276
-지요 ……………………… 131

죠

-죠 ………………………… 131

해 ⇨ 여
했 ⇨ 였

本書における用語の説明

- 「同意表現」
  該当表現と取り替えて用いても意味や用法において差し支えのない表現を意味する。

- 「類似表現」
  該当表現と取り替えて用いても意味や用法においてさほど問題はないものの、同意表現を意味するものではない。

- 「強調表現」
  主に助詞を添加して該当表現の意味や用法を強調する表現。

- 「短縮表現」
  短縮や縮約現象によって形態が短縮された表現で、該当表現と取り替えて用いても意味や用法において差し支えのない表現。

- 「拡張表現」
  短縮や縮約現象が生じる前の形で、該当表現と取り替えて用いても意味や用法において差し支えのない表現。

- 「関連表現」
  該当表現と比較して学習してほしい参考表現。

- 「パ・無し」
  基本形の語尾「-다」の手前の文字に「パッチム」がついていない。

- 「パ・有り」
  基本形の語尾「-다」の手前の文字に「パッチム」がついている。

- 「パ・ㄹ」あるいは「ㄹ」パ
  基本形の語尾「-다」の手前の文字の「パッチム」が「ㄹ」の語彙。

- 「陽性母音」
  基本形の語尾「-다」の手前の文字の母音が「ㅏ」、「ㅗ」、「ㅑ」の語彙。

- 「陰性母音」
  基本形の語尾「-다」の手前の文字の母音が「ㅏ」、「ㅗ」、「ㅑ」以外の母音をもつ語彙。

SUPER HANGUL HANDBOOK

1
共通一定形

動詞や形容詞をはじめてとする各品詞の基本形の語尾である
「─다」を取り除いてから、共通した一定の文法表現をつけるタイプ

共通一定形の特長説明

【共通一定形】とは、動詞や形容詞をはじめてとする各品詞の基本形の語尾である「−다」を取り除いてから、共通した一定の文法表現をつけるタイプです。言い換えれば、基本形の語尾「−다」の代わりにポイントとなる一定した共通表現と接続します。

接続例

動詞	가다	⇨ 가**거니와**	먹다	⇨	먹**거니와**
形容詞	크다	⇨ 크**거니와**	작다	⇨	작**거니와**
指定詞	이다	⇨ (이)**거니와**	아니다	⇨	아니**거니와**
存在詞	있다	⇨ 있**거니와**	없다	⇨	없**거니와**
過・未	갔다	⇨ 갔**거니와**	가겠다	⇨	가겠**거니와**

- 品詞の種類や語尾「−다」の手前に「パッチム」がついているか否か、あるいは、語幹の母音の種類や時制などは問題になりません。すべての用言の語尾「−다」の代わりに、共通した一定の文法表現をつけ加えます。

- 指定詞「이다」の場合は、接続する体言(名詞や代名詞)の最後の文字に「パッチム」がついている際は「−이」が必要となります。

- なお、指定詞は「이다」、「아니다」、存在詞は「있다」、「없다」だけですので、出来るだけ丸暗記して下さい。

- 表の中の「過・未」という表記は「過去形」と「未来形」のことを意味します。

001 -거나
～するか・～しようと(とにかく)

動　詞	가다 ⇨ 가거나	먹다 ⇨ 먹거나
形容詞	크다 ⇨ 크거나	작다 ⇨ 작거나
指定詞	이다 ⇨ (이)거나	아니다 ⇨ 아니거나
存在詞	있다 ⇨ 있거나	없다 ⇨ 없거나
過去形	갔다 ⇨ 갔거나	먹었다 ⇨ 먹었거나

○ 未来・推測の語尾「-겠」とは接続不可。

❶ 二つ以上の事柄のなかで一つを選択する際の連結語尾。「～か(あるいは)」、「～もしくは」、「～したり」。

- 노래를 듣거나 그림을 그려요.　　　　歌を聴くか、絵を画きます。
- 일요일은 자거나 드라마를 봐요.　　日曜日は寝るか、ドラマを見ます。

▶ 類似表現 「-든가 ❶」 → 104 参照。

❷ 疑問詞と一緒に使われ、選り好みをしない意を表す際の連結語尾。「～しても」、「～だろうが」、「～しようとも」。

- 어디에 가거나 건강해.　　　　　　どこへ行くにしても元気でね。
- 외국에선 뭘 하거나 조심해.　　外国では何をしようとも気をつけてね。

❸ 主に「-거나 -거나」の形で、対立する二つ以上の事柄を全て選択する連結語尾。「～であっても(そうでなくても)」、「～だろうが～だろうが」、「～しても」。

- 싸거나 비싸거나 사 와.　　　　安かろうが高かろうが買って来て。
- 먹거나 말거나 신경 꺼.　食べようが食べないだろうが気にするな。

▶ ❶❷❸ 類似表現 「-든지 ❶❷❸」 → 105 参照。
▶ ❷❸ 短縮表現 「-건」。

002 −거니와
(〜も)〜するが(さらに)・〜するけど

動詞	가다	⇨ 가거니와	먹다	⇨	먹거니와
形容詞	크다	⇨ 크거니와	작다	⇨	작거니와
指定詞	이다	⇨ (이)거니와	아니다	⇨	아니거니와
存在詞	있다	⇨ 있거니와	없다	⇨	없거니와
過・未	갔다	⇨ 갔거니와	가겠다	⇨	가겠거니와

❶ 前述の事実を認めるも、それに勝る他の事実を後述する際の連結語尾。「(〜も)〜なんだけど(そのうえ〜)」、「〜であるが(さらに〜)」、「〜であるうえに」。

- 얼굴도 예쁘**거니와** 성격도 좋아.　　顔もきれいだし、性格もいいよ。
- 집도 있**거니와** 별장도 있어.　　家もあるし、さらには別荘もある。

▶ 類似表現 「−ㄴ(은・는)데다가」 ➡ 312 参照。

❷「다시」、「거듭」などの単語と一緒に使われて後述文の内容を改めて話す際の連結語尾。「(再度)〜するけど」、「(もう一度)〜するが」。

- 다시 한 번 말하**거니와** 늦지 마.　　もう一度言うけど遅れないでね。
- 몇 번이나 이야기하**거니와** 난 안 가.　何度も言うけど私は行かない。

▶ 類似表現 「−ㄴ(은・는)데 ❶❷」 ➡ 311 参照、「−지만 ❷」 ➡ 132 参照。

003 −거든
〜したら・〜するのに・〜するからね

動詞	가다	⇨ 가거든	먹다	⇨	먹거든
形容詞	크다	⇨ 크거든	작다	⇨	작거든
指定詞	이다	⇨ (이)거든	아니다	⇨	아니거든

存在詞	있다 ⇨ 있거든	없다 ⇨ 없거든
過・未	갔다 ⇨ 갔거든	가겠다 ⇨ 가겠거든

❶ 仮定の事実を条件として話す際の連結語尾。主に命令・勧誘・約束文に使用し、一般的な叙述文には使用不可。「(もし)〜ならば」、「(もし)〜したら」。

- 서울에 오**거든** 연락 주세요.　　　　　ソウルに来たら連絡下さい。
- 그게 작**거든** 이걸 입어 봐.　　　　　それが小さいならこれを着てみて。

▶ 類似表現 「-(으)면」→ 194 参照。

❷ ある事実を例にたとえながら後述文の内容を当然視する際の連結語尾。「(〜も)〜であるのに(ましては)」、「〜なのに(なぜ・はたして)」、「〜も〜なんだから」。

- 개도 안 먹**거든** 사람은 당연하지.　犬だって食べないのに人間は当然だ。
- 아이도 안 울**거든** 어른이 울다니.　子供も泣かないのに大人が泣くとは。

▶ 類似表現 「-ㄴ(은・는)데 ❹」→ 311 参照。

❸ 質問や前述した内容についての理由や事実を説明する際の終結語尾。「(その理由は)〜なのである」、「(理由は)〜だからである」。

- 왜냐하면 지금 시간이 없**거든**.　　　何故なら今は時間がないからだよ。
- 안 먹을래. 아까 먹었**거든**.　　　　食べないよ。さっき食べたから。

❹ ある事実を説明しながら、話が後続することを表す際の終結語尾。「〜である(だから・なのに)」、「〜なんだ(だけど)」。

- 오늘 시간이 없**거든**. 내일 어때?　今日は時間がないんだ。明日はどう?
- 확인했**거든**. 근데 없더라.　　　　確認したんだよ。でも、なかった。

❺ 珍しい事や不思議な事柄について話す際の終結語尾。「(不思議に)〜なんだよな」、「(なぜか)〜なんだよ」。

- 아무리 생각해도 이상하**거든**.　　　どう考えてもおかしいんだよ。
- 도무지 까닭을 모르겠**거든**.　　　　どうしても理由が分からないんだよな。

▶ ❶❸❹❺ 同意表現 「-거들랑」。서울에 오거들랑 연락 주세요.
▶ ❸❹❺ 丁寧表現 「-거든요」=「-거들랑요」。

004 -거라
~しなさい

| 動　詞 | 가다 ⇨ 가거라 | 먹다 ⇨ 먹거라 |

　主に動詞と接続して命令の意味を表す際の終結語尾。やや古めかしい表現である。「~するように」、「~しなさい」、「~しろ」、「~したまえ」。

- 조심해서 돌아가거라.　　　　　　　　気をつけて帰りなさい。
- 식기 전에 어서 먹거라.　　　　　　　冷める前に早く食べなさい。

▶ 類似表現 「-(으)려무나」 ➡ 185 参照、「-(으)렴」 ➡ 185 参照。

005 -건대
~するに

考える	생각하다 ⇨ 생각하건대
回想する	회상하다 ⇨ 회상하건대
見る	보다 ⇨ 보건대
見渡す	살펴보다 ⇨ 살펴보건대

　一部の動詞と接続して話し手が自分の考えや意見を表明することを、前もって知らせる際の連結語尾。「(私が)~するに」、「(~を)思えば」、「(~を)~すれば」。

- 내가 생각하건대 금방 끝날 거야.　　私が思うに、すぐ終わると思うよ。
- 살펴보건대 아무도 없는 것 같다.　　調べてみたところ誰もいないようだ。

▶「-하건대」の短縮表現は「-건대(-컨대)」。

▶ 「−하건대」の場合、「생각하다」などのように、「−하다」の前の「パッチム」が「ㄱ・ㄷ・ㅂ」なら「하」を省いて「−건대」に短縮可能。つまり「생각건대」となる。しかし「회상하다」などのように、「−하다」の前の「パッチム」が「ㄱ・ㄷ・ㅂ」以外の「パッチム」なら「−컨대」と短縮可能。つまり「회상컨대」となる。

006　−건마는
～するが

動　詞	가다	⇒ 가건마는	먹다	⇒	먹건마는
形容詞	크다	⇒ 크건마는	작다	⇒	작건마는
指定詞	이다	⇒ (이)건마는	아니다	⇒	아니건마는
存在詞	있다	⇒ 있건마는	없다	⇒	없건마는
過・未	갔다	⇒ 갔건마는	가겠다	⇒	가겠건마는

● すでに話した内容と相反する内容を述べる際の連結語尾。「～するけど」、「～であるが」、「～であるのに」。

- 물건은 좋**건마는** 좀 비싸요.　　品物は良いけど値段が少し高いです。
- 무리해서 갔**건마는** 못 만났어.　　無理して行ったのに会えなかったよ。

▶ 類似表現 「−지만 ❶」 ➡ 132 参照。
▶ 短縮表現 「−건만」。

007　−게
～するように・～しなさい・～するの?

動　詞	가다	⇒ 가게	먹다	⇒	먹게
形容詞	크다	⇒ 크게	작다	⇒	작게
指定詞	이다	⇒ (이)게	아니다	⇒	아니게
存在詞	있다	⇒ 있게	없다	⇒	없게

| 過去形 | 갔다 ⇨ 갔게 | 먹었다 ⇨ 먹었게 |

❶ 主に動詞や形容詞と接続して内容の目的や基準、程度などを表す際の連結語尾。「〜するように」、「〜のように」、「〜く」、「〜するほど」。

- 들리게 큰 소리로 말해.　　　　　　聞こえるように大きな声で話して。
- 목이 아프게 응원을 했어.　　　　　喉が痛くなるほど応援したよ。

▶ 強調表現 「−게끔」。
▶ 類似表現 「−도록 ❷」→ 101 参照。

❷ 「여기다」(思う)、「생각하다」(考える)などの動詞の前に置かれて具体的な状況説明や考え方の内容を表す連結語尾。主に形容詞と接続する。「〜するように(思う)」、「〜のように(思われる)」、「〜く(考える)」。

- 마음 편하게 생각해.　　　　　　　気楽に考えてよ。
- 너무 불쌍하게 여기면 안돼.　　　　あまり可哀想だと思ってはいけない。

❸ 主に動詞と接続して自分より目下の人や親しい相手に対する命令の意味を表す際の終結語尾。話し手が、ある程度の年齢や地位を持っている場合が多い。両親がお婿さんに、教授が大学生に、あるいは中年の男性が友達に用いる。「〜なさったら(いかが)」、「〜したまえ」、「(どうぞ)〜しなさいな」。

- 내일 사무실로 와 주게.　　　　　　明日、事務室に来てくれたまえ。
- 너무 낙담하지 말게.　　　　　　　あまり気落ちしなさんな。

▶ 類似表現 「−구려¹」→ 035 参照。

❹ 主に動詞の「보다」と接続し、ある事実が気に入らない場合やある事実を表現して喚起を促す際に用いる終結語尾。意外な状況を喚起する際、あるいは独り言としてよく用いる。「(私)ったら(どうしたんだろう)」、「(〜している様子を)ちょっとみなさい」。

- 저 녀석 좀 보게.　　　　　　　　　アイツったら何やってんだ？
- 내 정신 좀 보게.　　　　　　　　　私ったら何を考えているんだろう。

❺ 主に動詞と接続して相手の意図することを尋ねる際、あるいは当然なことを反語的に質問する際の終結語尾。「〜するのか?」、「〜するつもりなの?」、「〜のつもり?」。

- 추운데 어딜 가**게**? 　　　　　　　　寒いのにどこに行くつもり?
- 그래서 그 뇌물을 받**게**? 　　　　　それでその賄賂を受け取るつもりかい?

▶「?」を取り除くと自分の意思を相手に表す「肯定表現」となる。

- 남은 건 저녁에 먹**게**. 　　　　　　残ったのは夕方、食べるつもりだ。

▶ 類似表現 「-(으)려고 ❶」→ 172 参照。

❻ 前述の条件が解決すれば後述の状況は当然であるけど、実際には起こり得ないので、それを反語的に尋ねる際の終結語尾。「(もし〜すれば〜となるの)ではないか」、「(〜なら)〜であろう(しかし〜)」。

- 부자였으면 회사를 그만두었**게**? 　金持ちだったら会社を辞めただろう。
- 그걸 알면 내가 천재**게**? 　　　　　天才じゃないんだからそれは分からないよ。

❼ 相手に推測して答えてほしい際の終結語尾。「(何)だと思う?(当ててみて)」、「〜だろうと思う?(当てて)」。

- 내가 갖고 싶은 게 뭐**게**? 　　　　　私の欲しいものが何だと思う?
- 어느 쪽 손 안에 있**게**? 　　　　　　どっちの手の中にあるんだ?(当ててみて)

❽ 疑問文と一緒に使い、前文ではある状況を質問し、後文ではそのように質問した根拠を説明する際の終結語尾。「(どうしたか)〜だね」、「(なぜか)〜するしな(どうした?)」。

- 데이트라도 있어? 차려 입었**게**. 　デートでもあるの? そんなに着飾って。
- 무슨 일 있었니? 그렇게 힘이 없**게**. 何かあった? 元気ないようだけど。

▶ ❺❻❼❽ 丁寧表現 「-게요」。

008　-게도
～にも・～ことにも

驚く	놀랍다	⇨	놀랍**게도**
幸いだ	다행스럽다	⇨	다행스럽**게도**
嬉しい	기쁘다	⇨	기쁘**게도**
悲しい	슬프다	⇨	슬프**게도**

「놀랍다」、「다행스럽다」、「슬프다」などの感情表現を表す形容詞に接続した形で、後述する事実についての感情や気分を表す際の連結語尾。「(驚いた)ことにも」、「(～である)ことに」。

- 다행스럽**게도** 피해는 없대요.　　　　幸いにも被害はないそうです。
- 기쁘**게도** 수석 합격이래.　　　　　　嬉しいことに首席合格だって。

009　-게 되다
～ようになる・～になる

動詞	가다 ⇨ 가게 **되다**	먹다 ⇨ 먹게 **되다**
形容詞	크다 ⇨ 크게 **되다**	작다 ⇨ 작게 **되다**
存在詞	있다 ⇨ 있게 **되다**	없다 ⇨ 없게 **되다**

① 主語の意志や希望とは異なり、他の人の行為やある外部的な条件により、ある状況に至ったことを表す際の表現。主に動詞と接続する。「～することになる」、「～するようになる」、「～くなる」。

- 외국에 나가서 살**게 됐**어요.　　　外国へ行って暮らすことになりました。
- 어쩌다가 결혼하**게 됐**어요.　　　成り行きで結婚することになりました。

▶「-게 되다」は「-아(어・여)지다」に置き換えることはできるが「-아(어・여)지다」は受身の意味となる場合があるので注意する。
- 나무로 만들어지다.　木で作られる。
- 나무로 만들게 되다.　木で作ることになる。

❷ 主に形容詞と接続し、ある状況から他の状況へと変化したことを表す。変化とは、自然に発生した変化ではなく、外部の圧力や人為的なことによる変化である。「～することになる」、「～するようになる」、「～くなる」。

- 집안이 깨끗하게 됐어요.　　　　　家の中がきれいになりました。
- 하다 보니까 그렇게 되었어요.　　　やっているうちに、そうなりました。

▶ ❶ ❷ 類似表現 「-아(어・여)지다 ❷」 ➡ 281 参照。

010　-게 마련이다
(当然)～ようになっている

動　詞	가다 ⇨ 가게 마련이다	먹다 ⇨ 먹게 마련이다
形容詞	크다 ⇨ 크게 마련이다	작다 ⇨ 작게 마련이다
指定詞	이다 ⇨ (이)게 마련이다	아니다 ⇨ 아니게 마련이다
存在詞	있다 ⇨ 있게 마련이다	없다 ⇨ 없게 마련이다

◯ 過去形の語尾「-았(었・였)」、未来形の語尾「-겠」とは接続不可。

ある行為について、それが当然であるという意味を表す際の表現。「～するのは当たり前である」。

- 인간은 누구나 죽게 마련이지요.　　人間は誰もが死ぬことになっています。
- 다 이유가 있게 마련입니다.　　　　何事にも理由があるものです。

▶ 類似表現 「-기 마련이다」 ➡ 052 参照。

011　-게 만들다
～するように仕向ける

動　詞	가다 ⇨ 가게 만들다	먹다 ⇨ 먹게 만들다

011 012

● 特定の人に対して、ある行為をするようにさせる。あるいは、物の場合はある動作をさせるという意味となる。主に動詞と接続する。「〜させる」、「〜するようにする」。

- 모두를 깜짝 놀라**게 만들** 거예요. 　　皆をびっくりさせるつもりです。
- 기계를 다시 움직이**게 만들**었어요. 　　機械が再び動くようにしました。

▶ 「이・히・기・리・우・구・추」で作られる使役動詞は一部の語彙にだけ使えるが、「-게 만들다」は全ての動詞と接続する。

▶ 類似表現 「-게 하다」 ➡ 013 参照。

▶ 「-게 만들다」は状況を形成、整備したという意味が強いが、「-게 하다」は一般的な使役の意味だけを表す。

012 －게 생겼다
〜するはめになった

動詞	가다 ⇨ 가게 생겼다	먹다 ⇨ 먹게 생겼다
形容詞	크다 ⇨ 크게 생겼다	작다 ⇨ 작게 생겼다
存在詞	있다 ⇨ 있게 생겼다	없다 ⇨ 없게 생겼다

● 過去形の語尾「-았(었・였)」、未来形の語尾「-겠」とは接続不可。

❶ ある行為や状態が否定的な状況に至るようになったという表現。主に動詞と接続するが存在詞とも接続する。「〜することになった」、「〜する立場となった」。

- 선생님한테 혼나**게 생겼**다. 　　先生に怒られるはめになった。
- 아이 때문에 고생하**게 생겼**다. 　　子供のせいで苦労しそうだ。

❷ 主に形容詞と接続して、姿や形、状態を説明する表現。「〜の形をしている」、「〜のような(顔・形を)している」。

- 정말 귀엽**게 생겼**구나. 　　本当に可愛い顔してるね。
- 어떻**게 생겼**어요? 　　どんな感じの顔(形)をしていますか。

013 －게 하다
～するようにする

| 動詞 | 가다 ⇨ 가게 하다 | 먹다 ⇨ 먹게 하다 |

特定の人に対し、ある行為をするようにさせる。あるいは、物の場合はある動作をさせるという意味となる。主に動詞と接続する。「～させる」、「～するようにする」。

- 남자에게 치마를 입게 했대요.　　　男子にスカートを履かせたそうです。
- 싫다고 하는데 먹게 했어요.　　　嫌だと言うのに食べさせました。

▶「이・히・기・리・우・구・추」で作られる使役動詞は一部の語彙にだけ使えるが、「－게 하다」は全ての動詞と接続する。

▶ 類似表現 「－도록 하다 ❶」→ 102 参照、「－게 만들다」→ 011 参照。

014 －겠－
～(ます)か・～するつもりだ・～しそうだ

動詞	가다 ⇨ 가겠－	먹다 ⇨ 먹겠－
形容詞	크다 ⇨ 크겠－	작다 ⇨ 작겠－
指定詞	이다 ⇨ (이)겠－	아니다 ⇨ 아니겠－
存在詞	있다 ⇨ 있겠－	없다 ⇨ 없겠－
過去形	갔다 ⇨ 갔겠－	먹다 ⇨ 먹었겠－

❶「?」をつけた疑問文の形で、相手の意志や意向を尋ねる際に用いる語尾表現。ある行為を要請、勧誘するような表現にも使用。「～するつもり?」、「～なの?」。

- 식사는 뭐로 하시겠어요?　　　食事は何になさいますか。
- 창 쪽으로 앉겠어요?　　　窓際に座りますか。

2 話し手がある行為を行うつもりであるという意図や意志を表す際の語尾。「～するつもりだ」、「～するぞ」。

- 저는 싼 걸 사겠어요.　　　　　　　私は安いものを買います。
- 먹기 싫으면 제가 먹겠습니다.　　　食べたくないのなら私が食べます。

▶ 類似表現 「-ㄹ(을)게」 ➡ 207 参照。

3 当時の状況や状態を見て推測するか、推定して話す際の語尾表現。「～するようだ」、「～のようだ」、「～らしい」。なお、過去形と接続する場合は、すでに行われた過去の行為についての推測表現となり、「～しただろう」と訳す。

- 오후부터 비가 오겠습니다.　　　　午後から雨が降るでしょう。
- 지금쯤 비행기가 도착했겠다.　　　今頃、飛行機が到着しただろうね。

4 一部の動詞(미치다・죽다・알다・이해하다)と接続してそのような状況や状態に至りそうだという話し手の考えを婉曲的に話す際の語尾。「～しちゃいそうだ」、「～になりそうだ」、「(まるで)～しそうに～だ」。

- 화가 나서 미치겠어요.　　　　　　腹が立って気が狂いそうです。
- 배 고파 죽겠어.　　　　　　　　　お腹がすいて死にそうだ。

▶ **3 4** 類似表現 「連体形+것 같다 **2**」 ➡ 318 参照。

015　-고
～するし・～して・～したまま・～か

動詞	가다	⇨ 가고	먹다	⇨	먹고
形容詞	크다	⇨ 크고	작다	⇨	작고
指定詞	이다	⇨ (이)고	아니다	⇨	아니고
存在詞	있다	⇨ 있고	없다	⇨	없고
過・未	갔다	⇨ 갔고	가겠다	⇨	가겠고

① 時間の順序に関係なく、行為や状態そして事実を並べる際の連結語尾。「〜だし」、「〜であり」、「〜くて」、「〜で」。なお、過去形と接続の場合は「〜だったし」と訳す。

- 매일 자고 먹고 지낸다.　　　　　　毎日、寝て食べて暮らす。
- 이건 벚꽃이고 그건 무궁화예요.　　これは桜で、それはムクゲです。

▶ 類似表現 「−(으)며 ①」→ 193 参照。

② 二つ以上の行為を時間の順序に従って表現する際の連結語尾。主に動詞と接続する。「〜してから(その後)」、「〜し終えて」。

- 꼭 전화를 하고 오세요.　　　　　　必ず電話をしてから来て下さい。
- 인사를 하고 가 버렸어요.　　　　　挨拶をした後、行ってしまいました。

▶ 類似表現 「−고서 ①」→ 026 参照、「−고 나다」→ 017 参照。

③ 前述の行為の状態や結果を維持しながら、またはその状態で次の行為を行うことを表す際の連結語尾。基本的に動詞と接続するが、とりわけ「입다」(着る)、「쓰다」(被る・さす)、「신다」(履く)のような付帯動詞とよく接続する。「〜して(そのまま)」、「〜し(そして)」。

- 어제는 안경을 끼고 잤어요.　　　　昨日はメガネをかけたまま寝ました。
- 신발을 신고 방에 들어 갔어요.　　履物を履いたまま部屋に入りました。

▶ 類似表現 「連体形＋채」→ 348 参照。

④ 相反するか対立する事柄・事実を並べる際の連結語尾。「〜するか(しないか)」、「〜であるのか(そうでないのか)」、「〜と〜は」。

- 길고 짧은 건 대 봐야 안다.　　長いか短いかは計ってみないと分からない。
- 이기고 지고는 전부 운이에요.　　　勝ち負けは全部運次第です。

⑤ 友人関係や親しい間柄、年下の人に生活や安否に関する質問をする際の終結語尾。「〜するか?」、「〜であるのか?」、「〜なのかい?」。

- 어때? 회사 일은 잘 되고?　　　　どう? 会社のことはうまくいってる?
- 부모님은 잘 계시고?　　　　　　　ご両親はお元気で?

❻ すでに言及されているか周知の事実について問い詰めながら強調する際の終結語尾。状況に合わせた応用的和訳が必要である。また、疑問文の形式だが語尾を上げずに読むのが一般的である。

- 안 간다고 할 때는 언제**고**? 　　行かないと言ってたのに(なぜ行くの)?
- 너마저 가면 난 어떻게 하**고**? 　　君まで行ったら私一人では困るよ。

▶ 例文の状況は「行かないと言ってたのに突然行きたいと言っている」、「私を一人にしたら困ると問い詰める」の状況。

❼ 主に疑問文につけ加えてその質問と関わっている状況に驚いたり疑問視する際の終結語尾。「(どうした?)~までして」、「~だなんて(不思議だね)」。

- 못 마시는 술을 다 마시**고**. 　　飲めないお酒まで飲むなんて。
- 데이트라도 있어? 화장을 다 하**고**. 　　デートでもある? 化粧までして。

▶ 類似表現 「-다니」→ 086 参照、「時制+다니 ❸」→ 365 参照。

❽ 終結語尾の「-다」、「-자」、「-라」と接続して「~と(思う・言う)」の表現となる。

- 안 먹는다**고** 하니까 버렸지. 　　食べないと言うから捨てたよ。
- 일찍 오라**고** 연락이 왔어. 　　早く来いって連絡が届いている。

▶ ❺❻❼ 丁寧表現 「-고요」。

016 　-고 나니
　　　~し(終わっ)たら

動詞	가다 ⇨ 가고 나니	먹다 ⇨ 먹고 나니

前述の行為を行う以前は気づかなかった事柄に改めて気づかされることを表す際の表現。「~したら(その後から)」、「~し終えたら(わかった)」。

- 푹 자**고 나니** 몸이 좋아졌어요. 　　ぐっすり寝たら調子が良くなりました。

- 울고 나니 속이 시원해요.　　　　泣き終わったら気分が晴れました。
▶ 拡張表現 「-고 나니까」。

017　-고 나다
～して(から)

| 動詞 | 가다 ⇨ 가고 나다 | 먹다 ⇨ 먹고 나다 |

ある行為が終わった後、次の行為を行うか、ある状況が起こるようになったことを表す際の表現。主に「-고 나서」の形で用いる。「～してから(その後)」、「～し終えて(それから)」、「～した後」。

- 일을 끝내고 나서 갈 거야.　　　　仕事を終わらせてから帰るつもりだ。
- 결혼하고 나서 사람이 변했어.　　　結婚してから人が変わったよ。

▶ 類似表現 「-고 ❷」 ➡ 015 参照、「連体形＋다음에」 ➡ 323 参照。

018　-고는
～しては

| 動詞 | 가다 ⇨ 가고는 | 먹다 ⇨ 먹고는 |

前述の行為を終わらせた後、後述の行為を行うか、あるいは同じ行為を反復することを表す際の連結語尾。後続する文は否定の表現が多い。「～しては」、「～では」、「～しなければ(～できない)」、「～してこそ(～できる)」。

- 안 먹고는 아무 일도 할 수 없다.　　食事を抜いては何もできないよ。
- 난 지고는 못 살아.　　　　　　　　私は負けず嫌いだよ。

▶ 短縮表現 「-곤」。

019 －고는 하다
～したりする

| 動　詞 | 가다 ⇨ 가고는 하다 | 먹다 ⇨ 먹고는 하다 |

同じ状況で同じ行為を反復して行う際の表現。習慣的な行為を表す際に用いる。「(よく)～していた」、「(頻繁に)～したりする」、「～したりしたものだ」。

- 이전엔 여길 자주 오고는 했죠. 　　以前はここによく来たものです。
- 요즘 자주 약속을 잊고는 한다. 　　最近、よく約束を忘れたりする。

▶ 短縮表現 「－곤 하다」。

020 －고도
～にもかかわらず・～である一方

動　詞	가다 ⇨ 가고도	먹다 ⇨ 먹고도
形容詞	크다 ⇨ 크고도	작다 ⇨ 작고도
指定詞	이다 ⇨ (이)고도	아니다 ⇨ 아니고도
存在詞	있다 ⇨ 있고도	없다 ⇨ 없고도

● 過去形の語尾「－았(었・였)」、未来形の語尾「－겠」とは接続不可。

前述の内容と相反するか、異なる内容が続くことを表す際の連結語尾。「～しても(それでも)」、「～したのに(しかし)」、「～にもかかわらず」、「～である一方」。

- 그렇게 혼나고도 거길 갔어? 　　あんなに怒られてまたそこに行ったの?
- 이건 슬프고도 기쁜 일이다. 　　これは悲しくも嬉しいことだ。

▶ 類似表現 「－ㄴ(은・는)데도」➡ 313 参照。

021 -고 들다
～し続ける

| 動詞 | 따지다 ⇨ 따지고 들다 | 먹다 ⇨ 먹고 들다 |

● ある一定の行為を執拗に続けようとする際の表現。その行為が荒っぽくて礼儀に反する場合が多い。一部の動詞とのみ接続する。「(とにかく)～し続ける)」、「(無鉄砲的に)～する」。

- 너무 따지고 들지 말아라.　　　　あまり問い詰めようとしないでよ。
- 처음부터 의심하고 들지 마.　　　最初から疑ってかかるなよ。

022 -고말고
(当然)～であるとも

動 詞	가다 ⇨ 가고말고	먹다 ⇨ 먹고말고
形容詞	크다 ⇨ 크고말고	작다 ⇨ 작고말고
指定詞	이다 ⇨ (이)고말고	아니다 ⇨ 아니고말고
存在詞	있다 ⇨ 있고말고	없다 ⇨ 없고말고
過・未	갔다 ⇨ 갔고말고	가겠다 ⇨ 가겠고말고

● ある行為を当然視するとか、ある事実に全面的に同意することを表す際の終結語尾。「～ですとも」、「～ますとも」、「(それは)当たり前だよ」。

- 우리 딸? 미인이고말고.　　　　うちの娘？ 美人に決まってるよ。
- 결혼식? 물론 참석하고말고.　　結婚式？ 出席しますとも。

▶ 類似表現 「-다마다」 ➡ 087 参照。
▶ 丁寧表現 「-고말고요」。

023　-고 말다
　　　～してしまう

動詞	가다 ⇨ 가고 말다	먹다 ⇨ 먹고 말다

● ある事柄が意図していない状態で起こったことを表す際の表現。主に「-고 말았다」(～してしまった)の過去形の形で使用する。

- 책상에 우유를 쏟고 말았어요.　　机に牛乳をこぼしてしまいました。
- 뛰어 가다가 넘어지고 말았어요.　　走っていて転んでしまいました。

▶ 類似表現 「-아(어・여) 버리다」➡ 268 参照。
▶ 「-고 말다」は、願っていないことが発生して残念な気持ちを表す。「-아(어・여) 버리다」は、ある事が終わったことを中立的に表すか、面倒なことが終わってすっきりした感じを表す。

024　-고 말겠다
　　　～してみせる(から)・～しそうだ

動詞	가다 ⇨ 가고 말겠다	먹다 ⇨ 먹고 말겠다

❶ あることを成し遂げようとする話者の強力な意志を表す際の表現。主語は話し手(自分自身)に限る。「(必ず)～してみせますからね」、「(なんとしても)成し遂げるから」、「～するぞ」。

- 이번엔 합격하고 말겠어요.　　今回は合格してみせます。
- 꼭 복수하고 말겠어.　　必ず復讐するぞ。

❷ ある状態や状況が意図しない結果になりそうなことを懸念する際の表現。「～してしまいそうだ」、「～しそうで(心配だ)」。

- 이러다가 지고 말겠어요.　　このままだと負けてしまいそうです。
- 가짜인 것이 들키고 말겠어.　　偽物であることがバレそうだ。

025 −고 보다
(〜から)しよう・〜したら・〜が大事だ

動詞	가다 ⇨ 가고 보다	먹다 ⇨ 먹고 보다
形容詞	크다 ⇨ 크고 보다	작다 ⇨ 작고 보다
指定詞	이다 ⇨ (이)고 보다	아니다 ⇨ 아니고 보다
存在詞	있다 ⇨ 있고 보다	없다 ⇨ 없고 보다

❶ 主に「−고 보자」、「−고 봅시다」、「−고 봐」や「−고 보세요」などの形で用い、前述の行為を行った後、その結果などについて考えることを提案するか、命令する際の表現。主に動詞と接続する。「(とりあえず)〜しよう」、「(まず)〜から手がけよう」、「〜してから(考えよう)」。

- 우선 밥부터 먹고 보자.　　　　　　　　まずは食事からしよう。
- 일단 타고 보자.　　　　　　　　　　　とりあえず乗ってから考えよう。

❷ 主に「−고 보니」や「−고 보면」などの形で用い、前述の行為を行うまでは気づかなかったことについて新たに気づかされることを表す際の表現。主に動詞や指定詞と接続する。「〜してみると」、「(とりあえず)〜してみたら」、「〜であるので(だから)」。

- 이야기를 듣고 보니 이해가 돼요.　　話を聞いてみると納得できます。
- 책임자이고 보니 어쩔 수 없어요.　　責任者であるので仕方ありません。

❸ 主に「−고 볼 일이다」や「−고 봐야 하다」などの形で用い、そのような状態であることが他のことより優先されるべきであることを表す際の表現。「(何より)〜しなくちゃ」、「(まずは)〜しなければいけない」、「(〜は)〜したほうがいい」。

- 연예인은 잘 생기고 봐야 해.　　　　芸能人はなんといっても顔だよ。
- 돈은 많이 가지고 볼 일이야.　　　　お金は沢山あるに越したことはない。

▶ 類似表現 「−아(어・여)야 되다」 ➡ 276 参照。

026 －고서
〜してから・〜して・〜ながらも

| 動詞 | 가다 ⇨ 가고서 | 먹다 ⇨ 먹고서 |

○ 過去形の語尾「-았(었・였)」、未来形の語尾「-겠」とは接続不可。

① 前述の行為の結果によって後述の行為が起こることを表す際の連結語尾。主に動詞と接続する。「〜して(やっと)」、「〜してから(すぐ)」、「〜した後」。

- 이야기를 듣고서 안심하더라.　　　話を聞いてやっと安心していたよ。
- 전화를 받고서 뛰쳐 나갔다.　　　電話を受けてから飛び出して行ったよ。

▶ 類似表現 「-고 나다」 ➡ 017 参照。

② 前述の行為を手段や結果として後述の行為に移ることを表す際の連結語尾。「〜して(そして)」、「〜してから」。

- 차를 몰고서 나가 버렸어요.　　　車を運転して出かけてしまいました。
- 술을 마시고서 고백했어요.　　　お酒を飲んで告白しました。

③ 主に「-ㄹ(을) 수 없다」や「-겠-?」、つまり否定形や不可能形、疑問文の形で、前述の内容だけでは後述の行為は不可能であることを表す際の連結語尾。主に動詞や指定詞と接続する。「〜しては(〜できない・できると思う?)」、「〜だけでは(無理だ)」。

- 빵만 먹고서는 뛸 수 없어요.　　　パンだけ食べては走れません。
- 이 성적 갖고서 대학에 가겠니?　　この成績で大学は無理じゃない?

④ 前後の内容が対立関係にあるという逆説表現としての連結語尾。「〜しては(〜しない)」、「〜しながらも(〜しない)」、「〜したのに」、「〜にもかかわらず」。

- 나를 보고서 못 본 체했다.　　　私に気づいたのに見て見ぬふりした。
- 그걸 다 먹고서 또 먹어?　　　それを全部平らげたのにまた食べるの?

▶ **① ③** 強調表現 「-고서야」。

027 －고 싶다
～したい

動詞	가다 ⇨ 가고 **싶다**	먹다 ⇨ 먹고 **싶다**

希望や願望を表す際の表現。原則的には形容詞とは接続しないが、「행복하다」(幸せだ)、「건강하다」(健康だ)などの一部の形容詞とは接続可。「～したい」、「～ほしい」。

- 무슨 영화를 보고 싶어요?   何の映画が見たいですか。
- 생일 선물 뭐 받고 싶니?   お誕生日のプレゼントは何が欲しい?

028 －고 싶어하다
～したがる

動詞	가다 ⇨ 가고 **싶어하다**	먹다 ⇨ 먹고 **싶어하다**

三人称の人が主語となり、希望や願望を表す際の表現。原則的には形容詞とは接続しないが、「행복하다」(幸せだ)、「건강하다」(健康だ)などの一部の形容詞とは接続可。「(誰々が)～したがる」、「～をほしがる」。

- 딸이 미국에 가고 **싶어해요**.   娘がアメリカへ行きたがっています。
- 여동생이 커피를 마시고 **싶어해요**.   妹がコーヒーを飲みたがっています。

029 －고야
～して(やっと)

動詞	가다 ⇨ 가**고야**	먹다 ⇨ 먹**고야**

❶ 前の行動が終わってこそ、後ろの行動が進行できることを表す連結語尾。

「〜してから(やっと)」、「〜しないと(〜できない)」、「〜してこそ(はじめて〜)」。

- 얼굴을 보고야 안심할 수 있었어요.　　直に会ってやっと安心できました。
- 직접 이야기해 보고야 결심했다.　　直接話してからやっと決心がついた。

▶ 類似表現 「-고서 ❶」 ➡ 026 参照、「連体形＋다음에야」 ➡ 324 参照。

❷ ある行為や感じを補充しながら強調する意味を表す連結語尾。主に「말다」、「있다」、「싶다」などが後に続き、「-고야 말다」は「(必ず)〜するぞ」、「-고야 있다」は「〜してはいる」、「-고야 싶다」は「〜したいのは山々だ」などと訳す。なお、「-고야 싶다」の表現では形容詞とも接続可。

- 꼭 돈을 벌고야 말겠어.　　必ずや金儲けをするぞ。
- 나도 부자가 되고야 싶지.　　私だってお金持ちになりたいよ。

030 －고 있다
〜している

| 動詞 | 가다 ⇨ 가고 있다 | 먹다 ⇨ 먹고 있다 |

❶ ある動作が一定のリズムで進行していることを表す際の表現。「〜している」、「〜しつつある」、「〜している最中だ」。

- 학교에서 영어를 배우고 있어요.　　学校で英語を習っています。
- 아까부터 계속 자고 있어요.　　さっきからずっと寝ています。

▶ 類似表現 「-는 중이다」 ➡ 080 参照。

❷ 「입다」(着る)、「신다」(履く)、「쓰다」(被る・さす)、「끼다」(はめる)、「벗다」(脱ぐ)などの動詞とともに動作が進行しているか、進行が終わった結果が持続している状態を表す。「(ずっと)〜している」、「〜した状態でいる」。

- 왜 장갑을 끼고 있어요?　　どうして手袋をはめていますか。
- 모자를 쓰고 있습니다.　　帽子を被っています。

▶ ❶ ❷ 関連表現 「-아(어・여) 있다」 ➡ 279 参照。

031 －고자
～するために

動詞	가다 ⇨ 가고자	먹다 ⇨ 먹고자

● 過去形の語尾「－았(었・였)」、未来形の語尾「－겠」とは接続不可。

後述する内容の行為を行う目的や理由を表す際の連結語尾。主に演説や報告など公式的な場面に用いる。「～しようとして」、「～するために」、「～したくて」。

- 선생님을 뵙고자 왔습니다.   先生にお目にかかろうと来ました。
- 반지를 사고자 돈을 모았다.   指輪を買うためにお金を貯めた。

▶ **類似表現**「－기 위해서」➡ **061** 参照。

032 －고자 하다
～しようと思う

動詞	가다 ⇨ 가고자 하다	먹다 ⇨ 먹고자 하다

● 過去形の語尾「－았(었・였)」、未来形の語尾「－겠」とは接続不可。

話し手がある行為を行うという意図や希望を持っているか、ある状態を目指していることを表す際の語尾表現。「～するつもりだ」、「～しようとする」。

- 후배 양성에 힘쓰고자 합니다.   後輩の養成に力を入れるつもりです。
- 내일 찾아 뵙고자 합니다.   明日お訪ねするつもりです。

▶「－고자 안 하다」や「－고자 못하다」などの否定表現はない。
▶ **類似表現**「－(으)려고 하다 ❶」➡ **173** 参照。

033 −고 해서
~なので

動詞	가다	⇨ 가고 해서	먹다	⇨	먹고 해서
形容詞	크다	⇨ 크고 해서	작다	⇨	작고 해서
指定詞	이다	⇨ (이)고 해서	아니다	⇨	아니고 해서
存在詞	있다	⇨ 있고 해서	없다	⇨	없고 해서
過・未	갔다	⇨ 갔고 해서	가겠다	⇨	가겠고 해서

● 前述の内容が後述する内容の行為を行うための、いくつかの理由の中の一つであることを表す際の表現。「(〜も)〜だから」、「(〜も)〜して」、「〜したりもして」。

- 배도 고프고 해서 먼저 먹었어.　　お腹も空いていたので先に食べた。
- 할 일도 없고 해서 와 봤어.　　とくにやることもないので寄ってみた。

▶ **類似表現**「−아(어・여) 가지고 ❷」➡ **254** 参照。

034 −구나
~だね

動詞	가다	⇨ 가는구나	먹다	⇨	먹는구나
形容詞	크다	⇨ 크구나	작다	⇨	작구나
指定詞	이다	⇨ (이)구나	아니다	⇨	아니구나
存在詞	있다	⇨ 있구나	없다	⇨	없구나
過・未	갔다	⇨ 갔구나	가겠다	⇨	가겠구나

○ 動詞の現在形の場合は「−는구나」の形で接続する。

● 年下の人や友人のように親しい間柄で、新しく知り得た事実に対する感嘆を表す際の終結語尾。淡々と事実を述べる時や確認するかのように皮肉な場合も用いる。「〜だの」、「〜だね」、「〜なんだね」。

- 정말 경치가 좋**구나**. 本当に景色が良いね。
- 진짜 시간이 빨리 지나가**는구나**. 本当に時間の経つのが早いね。

▶ 同意表現 「-(는)군」。정말 경치가 좋군.
▶ 同意表現の丁寧形 「-(는)군요」。

035 -구려¹
〜しなさいな

| 動 詞 | 가다 ⇨ 가**구려** | 먹다 ⇨ 먹**구려** |

軽く命令したり勧誘を促す際の終結語尾。やや古めかしい表現で、年配の夫婦や年配者同士がよく用いる。なお、聞き手が子供や幼い子の場合には使用不可。「〜して下さいな」、「〜したまえ」。

- 이쪽으로 앉으시**구려**. こちらへお座り下さいな。
- 이제 떠날 준비를 하시**구려**. もう出発の準備をしなさいな。

▶ 類似表現 「-게 ❸」➡ 007 参照。

036 -구려²
〜だね

動 詞	가다 ⇨ 가**는구려**	먹다 ⇨ 먹**는구려**
形容詞	크다 ⇨ 크**구려**	작다 ⇨ 작**구려**
指定詞	이다 ⇨ (이)**구려**	아니다 ⇨ 아니**구려**
存在詞	있다 ⇨ 있**구려**	없다 ⇨ 없**구려**
過・未	갔다 ⇨ 갔**구려**	가겠다 ⇨ 가겠**구려**

○ 動詞の現在形の場合は「-는구려」の形で接続する。

新しく知り得た事実や状況について感嘆するように話す際の終結語尾。や

|036| |037|

や古めかしい表現で、年配の夫婦や年配者同士がよく用いる。なお、聞き手が子供や幼い子の場合には使用不可。「〜だの」、「〜だね」、「〜なんだね」。

- 신랑이 참 잘 생겼**구려**.   　新郎、本当にハンサムだね。
- 익숙하지 않아서 힘들겠**구려**.   　慣れていなくて大変そうだね。

▶ 類似表現 「–(는)구만」➡ |037| 参照。

037　–구만
〜だね

動詞	가다 ⇨	가**는구만**	먹다 ⇨	먹**는구만**
形容詞	크다 ⇨	크**구만**	작다 ⇨	작**구만**
指定詞	이다 ⇨	(이)**구만**	아니다 ⇨	아니**구만**
存在詞	있다 ⇨	있**구만**	없다 ⇨	없**구만**
過・未	갔다 ⇨	갔**구만**	가겠다 ⇨	가겠**구만**

● 動詞の現在形の場合は「–는구만」の形で接続する。

友人や同僚のように親しい間柄で話をする際、新しく知り得た事実や状況について感嘆するように話す際の終結語尾。「〜だの」、「〜だね」、「〜なんだね」。

- 고기가 정말 맛있**구만**.   　お肉が本当に美味しいね。
- 생각보다 여유가 없**구만**.   　思ったより余裕がないんだね。

▶ 丁寧表現 「–(는)구만요」。
▶ 同意表現 「–(는)구먼」。고기가 정말 맛있**구먼**.
▶ 同意表現の丁寧形 「–(는)구먼요」。

038 −기
~すること

動　詞	가다 ⇨ 가**기**		먹다	⇨	먹**기**
形容詞	크다 ⇨ 크**기**		작다	⇨	작**기**
指定詞	이다 ⇨ (이)**기**		아니다	⇨	아니**기**
存在詞	있다 ⇨ 있**기**		없다	⇨	없**기**

● 用言を変化させて文章の中で名詞の役割をさせる際の語尾。特定の内容を知らせたり一般化されている事実を表す諺、標語、メモ、指針などに用いる。

- 수박 많이 먹기 대회가 있다.　　　　　　スイカの大食い大会がある。
- 이건 누워서 식은 죽 먹기다.　　　　　　これは朝飯前だ。

039 −기가 무섭게
~するやいなや

動　詞	가다 ⇨ 가**기가 무섭게**	먹다 ⇨ 먹**기가 무섭게**

● 前述の行為が終わると同時に、後述のことが起こることを強調する際の表現。原則的に形容詞とは接続しないが、「形容詞+아(어・여)지다」の形では接続できる。「~したらすぐ」、「~し終わったらすぐ」、「~次第に」、「~した途端」。

- 날 보기가 **무섭게** 달려왔다.　　　　僕を見かけるやいなや走って来た。
- 숟가락을 놓기가 **무섭게** 나갔어요.　食べ終わるやいなや出かけました。

▶ 短縮表現 「−기 무섭게」。
▶ 同意表現 「−기(가) 바쁘게」。날 보**기가 바쁘게** 달려왔다.

040 -기가 쉽다
～しやすい

| 動　詞 | 가다 ⇨ 가**기가 쉽다** | 먹다 ⇨ 먹**기가 쉽다** |

ある状態、状況になる可能性が高いこと、あるいはそのような傾向にあることを表す際の表現。「～する可能性(確率)が高い」、「～することが容易い」、「すぐ～する」。

- 주의하지 않으면 깨지**기가 쉽다**.　　注意して扱わないと割れやすい。
- 좀 식히면 먹**기 쉬울** 거야.　　少し冷ますと食べやすいでしょう。

▶ 短縮表現 「-기 쉽다」。
▶ 類似表現 「-기 십상이다」 ➡ 054 参照。

041 -기 나름이다
～することによる

| 動　詞 | 가다 ⇨ 가**기 나름이다** | 먹다 ⇨ 먹**기 나름이다** |

ある行為が状況や方法によって結果が変わることを表す際の表現。主に動詞と接続する。「～するかにかかっている」、「～することによる」、「～次第である」。

- 뭐든 자기 하**기 나름이**지.　　何でも自分のやる気にかかっているよ。
- 성공은 노력하**기 나름이**지요.　　成功は努力次第でしょう。

▶ 同意表現 「-ㄹ(을) 나름이다」。 뭐든 자기 할 **나름이**지.

042 −기나 하다
(せめて)〜でもする

動詞	가다 ⇨	가**기나 하다**	먹다 ⇨	먹**기나 하다**
形容詞	크다 ⇨	크**기나 하다**	작다 ⇨	작**기나 하다**
指定詞	이다 ⇨	(이)**기나 하다**	아니다 ⇨	아니**기나 하다**
存在詞	있다 ⇨	있**기나 하다**	없다 ⇨	없**기나 하다**

● 最低限のことさえも期待できない状況であるが、それでもなお期待する気持ちを表す際の表現。「(せめて)〜でもしてみなさい」、「(せめて)〜さえであれば〜(だろうに)」。

- 열심히 하**기나 하**면 말이나 안 하지.
  せめて頑張ってさえくれれば干渉なんかしないよ。
- 한 번 먹어 보**기나 하**고 말해. 一度、味見してから言えよ。

▶ **類似表現** 「−기라도 하다」 ➡ **047** 参照。
▶ 命令文の形で「−기나 해」の表現は、「(黙って・文句を言わず)〜しなさい」の意味となる。

043 −기는
〜だなんて

動詞	가다 ⇨	가**기는**	먹다 ⇨	먹**기는**
形容詞	크다 ⇨	크**기는**	작다 ⇨	작**기는**
指定詞	이다 ⇨	(이)**기는**	아니다 ⇨	아니**기는**
存在詞	있다 ⇨	있**기는**	없다 ⇨	없**기는**
過去形	갔다 ⇨	갔**기는**	먹었다 ⇨	먹었**기는**

● 相手の言葉を軽く否定したり非難する際の終結語尾。あるいは賞賛の言葉に対する謙遜の表現にもなる。「〜するだなんて(違う)」、「〜だとは(とんでも

043 044 045

ない)」、「~だなんて(そんなこと言わないで下さい)」。

- 한국어요? 어렵**기는요**.　　韓国語ですか？ 難しいだなんて(簡単です)。
- 잘하**기는요**. 아직 멀었어요.　　上手だなんて。まだまだです。

▶ 短縮表現 「-긴」。
▶ 丁寧表現 「-기는요」。

044　-기는 -다
(確かに)~は~だ

動詞	가다 ⇨ 가기는 가다	먹다 ⇨ 먹기는 먹다
形容詞	크다 ⇨ 크기는 크다	작다 ⇨ 작기는 작다
指定詞	이다 ⇨ (이)기는 이다	아니다 ⇨ 아니기는 아니다
存在詞	있다 ⇨ 있기는 있다	없다 ⇨ 없기는 없다

動詞や形容詞が反復的に使われ、そうであることを強調する際の語尾。「(確かに)~であることは事実だ」、「(確かに)~だな」、「~したことは違いない」。

- 역시 연예인이 예쁘**기는** 예쁘**다**.　　さすが芸能人が綺麗は綺麗だね。
- 크**기는** 크지만 신을 수 있겠어요.　　確かに大きいけど履けそうです。

▶ 短縮表現 「-긴 -다」。

045　-기 때문에
~ので・~から

動詞	가다 ⇨ 가기 때문에	먹다 ⇨ 먹기 때문에
形容詞	크다 ⇨ 크기 때문에	작다 ⇨ 작기 때문에
指定詞	이다 ⇨ (이)기 때문에	아니다 ⇨ 아니기 때문에

存在詞	있다 ⇨ 있기 때문에	없다 ⇨ 없기 때문에
過去形	갔다 ⇨ 갔기 때문에	먹었다 ⇨ 먹었기 때문에

主に「−기 때문에」、「−기 때문이다」の形で使われ、理由や原因を表す際の表現。後述する内容が命令や勧誘の内容の際には使用できない。「〜するので」、「〜だから」、「〜したために」。

- 힘들기 때문에 그만두고 싶어요.　　　　大変なので止めたいです。
- 머리가 아팠기 때문에 쉬었어요.　　　　頭が痛かったので休みました。

▶ 類似表現 「−(으)니까 ❶」 ➡ 138 参照、「−아(어·여) ❷」 ➡ 251 参照。

046 −기도 하다
(とても)〜だね・〜したり(〜したり)

動詞	가다 ⇨ 가기도 하다	먹다 ⇨ 먹기도 하다
形容詞	크다 ⇨ 크기도 하다	작다 ⇨ 작기도 하다
指定詞	이다 ⇨ (이)기도 하다	아니다 ⇨ 아니기도 하다
存在詞	있다 ⇨ 있기도 하다	없다 ⇨ 없기도 하다

❶ ある状況や事実が本当にそうであると認めることを強調して話す際の語尾表現。「(本当に)〜なんだね」と感嘆の表現で訳す。

- 키가 크기도 하구나.　　　　本当に背が大きいんだね。
- 진짜 귀엽기도 해라.　　　　本当に可愛いんだね。

❷ 主に「−기도 하고 −기도 하다」の形で、二つ以上の事柄を行う際に用いる表現。「〜したりもし〜したりもする」、「〜であったり〜でもある」、「〜もすれば〜もする」。

- 웃기도 하고 울기도 하고 즐거웠어.　　笑いあり涙ありで楽しかった。
- 물건을 사기도 하고 팔기도 한다.　　　物を買ったりも売ったりもする。

▶ 類似表現 「−거나 ❶」 ➡ 001 参照。

047 －기라도 하다
(せめて)～でもする

動詞	가다 ⇨ 가기라도 하다	먹다 ⇨ 먹기라도 하다
形容詞	크다 ⇨ 크기라도 하다	작다 ⇨ 작기라도 하다
指定詞	이다 ⇨ (이)기라도 하다	아니다 ⇨ 아니기라도 하다
存在詞	있다 ⇨ 있기라도 하다	없다 ⇨ 없기라도 하다

○ 過去形の語尾「−았(었・였)」、未来形の語尾「−겠」とは接続不可。

最低限のことさえも期待できない状況であるが、それでもなお期待する気持ちを表す際の表現。「(せめて)～でもしてみなさい」、「(せめて)～さえであれば～(だろうに)」、「(最低限)～であれば」。

- 돈이 있기라도 하면 되는데.　　　せめてお金でもあればいいんだけどね。
- 싸기라도 하면 사지.　　　　　　せめて安ければ買うのに。

▶ 類似表現 「−기나 하다」➡ 042 参照。

048 －기로
～ので・(いくら)～だとしても

動詞	가다 ⇨ 가기로	먹다 ⇨ 먹기로
形容詞	크다 ⇨ 크기로	작다 ⇨ 작기로
指定詞	이다 ⇨ (이)기로	아니다 ⇨ 아니기로
存在詞	있다 ⇨ 있기로	없다 ⇨ 없기로
過・未	갔다 ⇨ 갔기로	가겠다 ⇨ 가겠기로

❶ 理由や条件を表す際の連結語尾。「～であるために」、「～するゆえに」、「～するために」、「～だから」。

- 타의 모범이 되기로 상을 내린다.　　他の模範となったために賞を与える。
- 얼마나 비싸기로 못 사?　　　　　　どれほど高いから買えないわけ?

▶ **類似表現** 「-기에 ❶」 ➡ 057 参照、「-기 때문에」 ➡ 045 参照。

❷ 主に「아무리」とともに用い、前述文の内容が「(いくら)~だとしても」という譲歩の意味を表す際の連結語尾。

- 아무리 바쁘**기로** 또 철야?　　　　いくら忙しいからといってまた徹夜?
- 아무리 맛있**기로** 그걸 다 먹었어요?
　　　　　　　　　いくら美味しいからってそれを全部食べたんですか?

▶ **類似表現** 「-기로서니」 ➡ 050 参照、「-더라도」 ➡ 094 参照。

049　-기로 들자면
~でいうならば

動　詞	가다 ⇨ 가**기로 들자면**		먹다 ⇨ 먹**기로 들자면**
形容詞	크다 ⇨ 크**기로 들자면**		작다 ⇨ 작**기로 들자면**

前述文の行為を無理をして行うとか、前述文の状態から後述文を判断することを表す際の表現。「-기로 들다」が基本の形である。「~でいうならば」、「~に関しては」、「~しようと決めたら」。

- 크**기로 들자면** 이 집이 제일 크지.　　大きさでいえばこの家が一番だ。
- 하**기로 들자면** 못 할 것도 없다.　　やろうと思えばできないこともない。

050　-기로서니
(いくら)~だとしても

動　詞	가다 ⇨ 가**기로서니**	먹다 ⇨ 먹**기로서니**
形容詞	크다 ⇨ 크**기로서니**	작다 ⇨ 작**기로서니**
指定詞	이다 ⇨ (이)**기로서니**	아니다 ⇨ 아니**기로서니**
存在詞	있다 ⇨ 있**기로서니**	없다 ⇨ 없**기로서니**

050 051 052

| 過・未 | 갔다 ⇨ 갔기로서니 | 가겠다 ⇨ 가겠기로서니 |

● 主に「아무리」とともに用い、前述文の内容が「(いくら)〜だとしても」という譲歩の意味を表す際の連結語尾。

- 아무리 춥기로서니 벌써 코트? いくら寒いといってももうコートを?
- 아무리 부모기로서니 그건 심했다. いくら父母でもそれはひどいよ。

▶ 類似表現 「-기로 ❷」 ➡ 048 参照、「-ㄹ(을)지라도」 ➡ 237 参照。

051 −기로 하다
〜することにする

| 動詞 | 가다 ⇨ 가기로 하다 | 먹다 ⇨ 먹기로 하다 |

● ある行為を行うことを決定、決心、約束する意味の表現。「〜することに決心する」、「〜すると決める」、「〜することを(〜した)」。

- 다음에 다시 만나기로 하자. 今度また会うことにしよう。
- 내가 직접 가기로 했어. 私が直接行くことにした。

052 −기 마련이다
〜するのも当然だ

動詞	가다 ⇨ 가기 마련이다	먹다 ⇨ 먹기 마련이다
形容詞	크다 ⇨ 크기 마련이다	작다 ⇨ 작기 마련이다
指定詞	이다 ⇨ (이)기 마련이다	아니다 ⇨ 아니기 마련이다
存在詞	있다 ⇨ 있기 마련이다	없다 ⇨ 없기 마련이다

○ 過去形の語尾「-았(었・였)」、未来形の語尾「-겠」とは接続不可。

● ある行為や状況が当然であるという意味を表す際の表現。「〜するのは当た

り前だ」、「〜は〜するものだ」、「(当たり前のように)〜するのである」。

- 사람은 누구나 나이를 먹기 마련이다.　　人は誰もが歳を取るものだ。
- 누구나 고민이 있기 마련이다.　　誰でも悩みがあるものだ。

▶ 類似表現 「-게 마련이다」 ➡ 010 参照。

053　-기만 하다
〜してばかりいる・〜であるだけだ

| 動　詞 | 가다 ⇨ 가기만 하다 | 먹다 ⇨ 먹기만 하다 |
| 形容詞 | 크다 ⇨ 크기만 하다 | 작다 ⇨ 작기만 하다 |

❶ 他の行動はせず、ひたすら一つのことだけをすることを表す際の表現。主に動詞と接続する。「〜ばかりしている」、「〜だけを行っている」、「(ひたすら)〜している」。

- 하루 종일 먹기만 하니?　　一日中、食べてばかりしているの?
- 말은 안 하고 울기만 해요.　　何も言わず泣いてばかりです。

▶ 類似表現 「-ㄹ(을) 뿐이다」 ➡ 228 参照。

❷ 他の言葉や状況に影響を受けず、ある状態が持続することを表す際の表現。主に形容詞と接続する。「〜であるだけだ」、「〜するだけである」。

- 싸기만 하고 질이 안 좋아요.　　値段が安いだけで質がよくありません。
- 맵기만 하고 맛이 없어요.　　辛いだけで美味しくありません。

❸ 前述した内容と関係なく状況や様子が「とても〜である」の意味。主に形容詞と接続する。

- 아무도 없지만 재미있기만 하네.　　誰もいないけどとても楽しいよ。
- 돈이 없다더니 많기만 하네.　　お金がないと言ってたけど沢山あるじゃん。

054 −기 십상이다
〜しやすい

動詞	가다 ⇨ 가기 십상이다	먹다 ⇨ 먹기 십상이다

ある状態、状況となる可能性が高いこと、あるいはそのような傾向にあることを表す際の表現。「〜する可能性(確率)が高い」、「〜することが容易い」、「すぐ〜する」。

- 한 눈 팔면 사고나기 **십상이죠**. 　　よそ見すると事故を起し易いです。
- 당황하면 실수하기 **십상이지요**. 　　慌てるとよく失敗するものです。

▶ 類似表現 「−기가 쉽다」 ➡ 040 参照。

055 −기 싫다
〜したくない

動詞	가다 ⇨ 가기 싫다	먹다 ⇨ 먹기 싫다

○ 主に動詞と接続するが、存在詞「있다」とも接続する。

ある行為を行うことを望まない際、あるいは拒否する際に用いる表現。「〜するのは嫌だ」、「〜することが嫌いだ」、「〜したくない」。

- 약을 먹기 **싫어요**. 　　薬を飲むのは嫌です。
- 그만 해. 듣기 **싫어**. 　　もう止めろ。聞きたくない。

056 −기 바라다
〜することを希望する

動詞	가다 ⇨ 가기 바라다	먹다 ⇨ 먹기 바라다

○ 主に動詞と接続するが、存在詞「있다」、「없다」とも接続する。

● 話し手が相手に対してある行為を要求、希望する際に用いる表現。「〜してほしい」、「〜していただきたい」、「〜することを願う」。

- 좀 조용히 하시**기** 바랍니다.   静かにしていただきたいです。
- 건강하게 잘 지내**기** 바란다.   健やかに過ごすことを願う。

▶ 類似表現 「-았(었・였)으면 하다」 ➡ 288 参照。

057 -기에
～するに・～ので

動詞	가다 ⇨	가**기에**	먹다 ⇨	먹**기에**
形容詞	크다 ⇨	크**기에**	작다 ⇨	작**기에**
指定詞	이다 ⇨	(이)**기에**	아니다 ⇨	아니**기에**
存在詞	있다 ⇨	있**기에**	없다 ⇨	없**기에**
過・未	갔다 ⇨	갔**기에**	가겠다 ⇨	가겠**기에**

1 理由や条件を表す際の連結語尾。「〜であるために」、「〜するゆえに」、「〜するために」、「〜するから」、「〜から」。

- 맛있어 보이**기에** 먹었어.   美味しそうに見えたので食べた。
- 너무 예쁘**기에** 깜짝 놀랐어.   あまりに綺麗なのでびっくりした。

▶ 類似表現 「-길래」 ➡ 065 参照、「-(으)므로」 ➡ 200 参照。

2 「생각하다」、「판단하다」、「보다」、「듣다」などのような判断の基準となる意味の動詞と接続して判断の根拠であることを表す際の語尾。「(私が考える)には」、「(〜で判断する)には」、「(私が見る)には」。

- 내가 보**기에** 합격은 어렵겠어.   私が思うに合格は難しそうだね。
- 네가 생각하**기에**는 어때?   君が考えるにはどう?

058 －기에 따라
～(すること)によって

動詞	가다 ⇨ 가기에 따라	먹다 ⇨ 먹기에 따라

前述文の行動によって、結果が変わることもあり得ることを示唆する際の表現。「～する(基準)によって(異なる)」、「～する(方法)によって(異なる)」、「～することによって」。

- 노력하기에 따라 결과도 다르죠.　　努力次第で結果も違うでしょう。
- 대우는 너 하기에 따라 바뀔 거야.　　待遇は君次第で変わるだろう。

▶ 拡張表現 「－기에 따라서」。

059 －기에 앞서
～に先立って

動詞	가다 ⇨ 가기에 앞서	먹다 ⇨ 먹기에 앞서

前述文の行為を行う前に後述文の行為を先に行うことを表す際の表現。主に会議や演説・報告など公式的な場で用いる。「～する前に先に」、「～する以前に」。

- 시작하기에 앞서 인사드리겠습니다.　　始める前に挨拶を申し上げます。
- 결론을 내리기에 앞서 철저한 조사를 부탁합니다.
　　　　　　　　　　　結論を下す前に徹底した調査をお願いします。

▶ 拡張表現 「－기에 앞서서」。
▶ 類似表現 「－기 전에」➡ 063 参照。

060 -기 위한
~するための

| 動 詞 | 가다 ⇨ 가**기 위한** | 먹다 ⇨ 먹**기 위한** |

● 特定の行為を行う目的や意図を表す際の表現。「～するための～」、「～する(目的)のための～」。

- 취직을 하**기 위한** 공부를 하세요.　就職をするための勉強をして下さい。
- 살을 빼**기 위한** 도구를 샀어요.　痩せるための道具を買いました。

061 -기 위해서
~するために

| 動 詞 | 가다 ⇨ 가**기 위해서** | 먹다 ⇨ 먹**기 위해서** |

● 特定の行為を行う目的や意図を表す際の表現。「～するために」、「～する(目的)のために」。

- 검사를 받**기 위해서** 입원했다.　検査を受けるために入院した。
- 살**기 위해서**는 먹어야지요.　生きるためには食べないとダメです。

▶ 短縮表現 「-기 위해」。
▶ 文語表現 「-기 위하여서」(短縮形:「-기 위하여」)。

062 -기 일쑤이다
~しがちである

| 動 詞 | 가다 ⇨ 가**기 일쑤이다** | 먹다 ⇨ 먹**기 일쑤이다** |

● 否定的な事柄が頻繁に起きることを表す際の表現。ただし自分の意志とい

うより自然にそうなる傾向がある事柄に用いる。「〜する傾向がある」、「頻繁に〜する」。

- 잠꾸러기라서 지각하**기 일쑤예요**.　　寝坊助なのでよく遅刻します。
- 머리가 나빠서 잊어버리**기 일쑤야**.　　頭が悪いからいつも忘れるよ。

▶ 短縮表現 「-기 일쑤다」。

063　-기 전에
〜する前に

動詞	가다 ⇨ 가기 전에	먹다 ⇨ 먹기 전에

前述文の行為をする前に後述文の行為を先に行うことを表す際の表現。「〜する前に先に」、「〜する以前に」。

- 약은 식사하**기 전에** 드세요.　　薬は食事の前に飲んで下さい。
- 자**기 전에** 먹으면 안 좋아요.　　寝る前に食べると体によくありません。

▶ 類似表現 「-기에 앞서」 ➡ 059 参照。

064　-기 짝이 없다
〜すること極まりない

形容詞	크다 ⇨ 크기 짝이 없다	작다 ⇨ 작기 짝이 없다

比べようもなく素晴らしいか、ひどいことを強調して表す際の表現。「〜することこの上ない」、「とても(ひどく)〜する」、「むちゃに〜する」。

- 다시 만나니 기쁘**기 짝이 없**구나.　　再会したらこの上なく嬉しいね。
- 정말 창피하**기 짝이 없었다**.　　本当に恥ずかしい限りだった。

065 －길래
〜ので・〜から

動詞	가다 ⇨	가길래	먹다	⇨	먹길래
形容詞	크다 ⇨	크길래	작다	⇨	작길래
指定詞	이다 ⇨	(이)길래	아니다	⇨	아니길래
存在詞	있다 ⇨	있길래	없다	⇨	없길래
過・未	갔다 ⇨	갔길래	가겠다	⇨	가겠길래

● 理由や根拠を表す際の連結語尾で主に口語体として用いる。後述する内容が命令や勧誘の場合は使用できない。「〜だったので」、「〜だから」、「〜したために」。

- 네가 뭐**길래** 나한테 명령이야?　　何様のつもりで、私に命令するの?
- 비가 오**길래** 우산을 빌렸어요.　　雨が降っていたので傘を借りました。

▶ 類似表現 「-기에 ❶」 ➡ 057 参照。

---

066 －나
〜のか?・〜なのかな

動詞	가다 ⇨	가나	먹다	⇨	먹나
形容詞	크다 ⇨	크나	작다	⇨	작나
指定詞	이다 ⇨	(이)나	아니다	⇨	아니나
存在詞	있다 ⇨	있나	없다	⇨	없나
過・未	갔다 ⇨	갔나	가겠다	⇨	가겠나

❶ ある程度の地位がある年配者が、自分より目下の人に質問をする際の終結語尾。「〜なの?」、「〜するのか?」、「〜かい?」。

- 어때? 국이 입에 맞**나**?　　どう? スープが口に合うのか?
- 자네는 언제 출발하겠**나**?　　君はいつ出発するつもりなの?

❷ 目上の人が目下の人に強圧的な態度で質問する際の終結語尾。軍隊のように階級や地位などを考慮して話す集団でよく使う。「〜するのか?」、「〜かい?」。

- 누가 유리창을 깼**나**? 　　　　　誰が窓ガラスを割ったのか?
- 일하지 않고 뭐 하**나**? 　　　　　仕事しないで何をやってんだ?

❸ 特定の状況や行為について軽い不満や疑問をもって、独り言のように言う際の終結語尾。「〜なのかな?」、「〜だと思っている?(そんなことない)」、「〜だろうかな?」。

- 내 마음대로 해도 되**나**? 　　　　私の勝手にやっていいのかな?
- 내가 가고 싶어서 갔**나**? 　　　　私だって行きたくて行ったんじゃないよ。

❹ 丁寧形に直して「-**나요**?」の形では、命令や叱責の意味はなくなり、婉曲強調の柔らかい丁寧な質問語尾となる。「〜なんですか」、「〜んですか」。

- 언제 시작하**나요**? 　　　　　　　いつ始まるんですか。
- 이 버스 명동 가**나요**? 　　　　　このバスは明洞へ行くんですか。

▶ ❶❷❸ 類似表現 「-ㄴ(은・는)가」➡ 306 参照。

067　-나 보다
〜するようだ

動詞	가다	⇨ 가**나 보다**	먹다	⇨ 먹**나 보다**
形容詞	크다	⇨ 크**나 보다**	작다	⇨ 작**나 보다**
指定詞	이다	⇨ (이)**나 보다**	아니다	⇨ 아니**나 보다**
存在詞	있다	⇨ 있**나 보다**	없다	⇨ 없**나 보다**
過・未	갔다	⇨ 갔**나 보다**	가겠다	⇨ 가겠**나 보다**

● ある事実や状況から推し量り、そのようだと推測する意味を表す際の表

現。「~するようだ」、「~したようだ」、「~しそうだ」。

- 아직도 화가 났나 봐요.　　　　　いまだに怒っているようです。
- 집에는 아무도 없나 봐.　　　　　家には誰もいないようだね。

▶ 類似表現 「-ㄴ(은·는)가 보다」 ➡ 308 参照。

068 -나 싶다
~ではないかと思う・どうして~したのかな

動　詞	가다	⇨ 가나 싶다	먹다	⇨	먹나 싶다
形容詞	크다	⇨ 크나 싶다	작다	⇨	작나 싶다
指定詞	이다	⇨ (이)나 싶다	아니다	⇨	아니나 싶다
存在詞	있다	⇨ 있나 싶다	없다	⇨	없나 싶다
過・未	갔다	⇨ 갔나 싶다	가겠다	⇨	가겠나 싶다

❶ 話し手の主観的な考えや不確実な考えを表す際の表現。「~するようだ」、「(多分)~だと思う」、「~かなと思って」。

- 집에 있나 싶어서 와 봤어.　　　　家にいるのかと思って寄ってみた。
- 내일 오지 않겠나 싶어요.　　　　　明日、来ると思います。

❷ 動詞の語幹や過去形の語尾「-았(었·였)」、未来形の語尾「-겠」の後ろで用い、話し手の懐疑・後悔を表す際の表現。理由などを表す疑問詞と一緒に使われる場合が多い。「~しなければ良かったのに」、「(どうして)~したのか分からない」、「(どうして)~かと思う」。

- 왜 그 돈을 받았나 싶어요.　お金を受け取らなければ良かったと思います。
- 그 파티에 왜 갔나 싶어.　あのパーティーに行かなければ良かったよ。

069 -네
〜だな・〜なんだね・〜だね？

動　詞	가다 ⇨ 가네	먹다 ⇨ 먹네
形容詞	크다 ⇨ 크네	작다 ⇨ 작네
指定詞	이다 ⇨ (이)네	아니다 ⇨ 아니네
存在詞	있다 ⇨ 있네	없다 ⇨ 없네
過・未	갔다 ⇨ 갔네	가겠다 ⇨ 가겠네

1 一般的に話し手がある程度の年齢や地位がある場合に使用。自分より目下の人や親しい相手に対してある状況を述べる際の終結語尾。「〜だな」、「〜だね」、「〜だよ」。

- 이거 정말 오래간만이네. こりゃ、本当に久しぶりだね。
- 그렇지 않아도 기다리고 있었네. そうじゃなくても待っていたよ。

▶ 強調表現 「-네그려」。

2 話し手が新たに知り得た客観的事実について感嘆することを表す際の終結語尾。「〜なんだな」、「〜なんだね」。

- 눈이 많이 쌓였네. 雪が沢山、積もったね。
- 생각보다 훨씬 예쁘네. 思ったよりずっと綺麗だね。

3 主に意志や推測の語尾「-겠」とともに用いて、話し手が推測した内容について聞く側に同意を求めつつ尋ねる際の終結語尾。「〜だろうね？」、「〜でしょう？」。

- 그럼 어제도 바빴겠네? それじゃ、昨日も忙しかったんだね？
- 그렇다면 너도 가겠네? それじゃ、君も行くつもりだね？

▶ ❷ ❸ 類似表現 「-구나」 ➡ 034 参照。
▶ ❷ ❸ 丁寧表現 「-네요」。

070 −노라
～するのである

動詞	가다 ⇨ 가**노라**	먹다 ⇨ 먹**노라**
過・未	갔다 ⇨ 갔**노라**	가겠다 ⇨ 가겠**노라**

● 話し手が自分の行為を、威厳をもって宣言するか感動の感じを表す際の終結語尾。古めかしい表現であり、時代劇や儀式、唄などによく用いる。「～するのだ」、「～したのである」。

- 언젠가 너를 다시 부르겠**노라**.　　　いつか君を呼び戻すぞ。
- 내 그리 하도록 허락했**노라**.　　　私がそうするように許可したのだ。

071 −노라고
～(なりには)しようとした・～すると

動詞	가다 ⇨ 가**노라고**	먹다 ⇨ 먹**노라고**
過・未	갔다 ⇨ 갔**노라고**	가겠다 ⇨ 가겠**노라고**

❶ 誰かが宣言した言葉の内容をその人の観点で引用するか、他人に伝える際の表現。やや古めかしい表現である。「(これから)〜すると(言う)」、「〜したと(言う)」、「〜するそうだ」。

- 자신은 살인을 안 했**노라고** 했다.　　自分は人を殺していないと言った。
- 올해야말로 결혼하겠**노라고** 했다.　　今年こそ結婚すると言っていた。

▶ 短縮表現 「−**노라**」。

❷ 自分なりにはベストを尽くしたことを表す際の連結語尾。主に動詞と接続する。「(私なり)〜しとうと(頑張ったけど)」、「(できることは最善をつくして)〜しようとした(けど)」。

- 일찍 가**노라고** 갔는데 늦었어.　　　早く行こうと頑張ったけど遅れた。

- 먹노라고 먹어도 아직 남았어.　　頑張って食べたのにまだ残ってるよ。

▶ 関連表現 「−느라고」 ➡ 077 参照。

▶「−노라고」は話者が判断するにベストを尽くしたことを表す。「−느라고」はその行為により他のことが実行できなかったり、負担を感じたことを表す際に用いる。

072　−노라니
〜していたら

動詞	가다 ⇨ 가노라니	먹다 ⇨ 먹노라니

話し手の行為が他の異なる状況の原因や条件になることを表す際の連結語尾。やや古めかしい表現である。「(〜するために)〜していたら(〜だ)」、「〜していたので」。

- 책을 보노라니 잠이 왔습니다.　　本を読んでいたら眠くなりました。
- 혼자 사노라니 너무 외롭구나.　　一人で暮らしていると本当に孤独だな。

▶ 強調表現 「−노라니까」。

073　−노라면
〜していると

動詞	가다 ⇨ 가노라면	먹다 ⇨ 먹노라면

ある行動や状態を維持していると、他の状況や状態になることを表す際の連結語尾。やや古めかしい表現である。「(頑張って)〜し続けていれば(〜だろう)」、「〜していたら」、「〜すれば」。

- 노력하노라면 좋은 날이 오겠지.　　努力していれば報われる日が来るよ。
- 잘 생각하노라면 알 수 있을 거야.　　よく考えれば分かるだろう。

074 -누나
~だな

| 動詞 | 가다 ⇨ 가**누나** | 먹다 ⇨ 먹**누나** |

● 話し手が感じたり、知り得た状況や事実を感嘆して話す際の終結語尾。古めかしい表現で、現代語の会話体としては使わない。「〜なんだね」、「〜だの」。

- 오늘도 해가 지**누나**. 　　　　　　　　今日も日は暮れるな。
- 이제 그대를 잊어야 되**누나**. 　　もう君を忘れなければならないな。

▶ 類似表現 「−(는)구나」 ➡ 034 参照。

075 -느니
~するより(むしろ)

| 動詞 | 가다 ⇨ 가**느니** | 먹다 ⇨ 먹**느니** |

○ 主に動詞と接続するが、存在詞「있다」とも接続する。

● 前述文の状況より後述文の状況や行為がむしろ良いことを表す際の連結語尾。後述文の状況もさほど気に入らない場合が多い。「むしろ」の意味をもつ「차라리」と一緒によく用いる。「〜するより(むしろ)」、「〜するくらいなら(むしろ)」。

- 너랑 가**느니** 혼자 가겠다. 　　　君と行くくらいならむしろ一人で行くよ。
- 이렇게 사**느니** 차라리 죽지. 　　こう生きるよりむしろ死んだほうがマシだ。

▶ 強調表現 「−느니보다」。
▶ 類似表現 「−ㄹ(을) 바에」 ➡ 223 参照。

076 －느니만 못하다
～したほうがマシだ

| 動詞 | 가다 ⇨ 가느니만 못하다 | 먹다 ⇨ 먹느니만 못하다 |

前述文の状況よりむしろ後述文の状況や行為がマシであることを強調する際の連結語尾。「(～するよりむしろ)～したほうがマシだ」、「(むしろ)～したほうがいい」。

- 그 결혼은 혼자 사느니만 못한 것 같아.
  その結婚なら、むしろ一人暮らしのほうがマシのようだ。
- 그걸 받는 건 버리느니만 못해. それは受け取るより捨てたほうがいい。
- ▶ 同意表現 「−느니보다 못하다」。그 결혼은 혼자 사느니보다 못한 것 같아.

077 －느라고
～するために

| 動詞 | 가다 ⇨ 가느라고 | 먹다 ⇨ 먹느라고 |

目的性の内容をもった前述文が、後述文の原因や理由となり、否定的な結果につながったことを言い訳する際の連結語尾。前述文と後述文の主語は同一でなければいけないし、後述文が命令や勧誘の内容の際には使用できない。「～したために(それで)」、「～しようとして」、「～しようとする(目的が原因で)」。

- 취직 준비하느라고 정신이 없어요. 就職の準備のために忙しいです。
- 오시느라고 고생하셨죠? いらっしゃるために大変だったでしょう。
- ▶ 短縮表現 「−느라」。

078 -는 길에
～するついでに

| 動 詞 | 가다 ⇨ 가는 길에 | 오다 ⇨ 오는 길에 |

● どこかに行くか来る途中に、という意味を表す表現。動詞の「行く」、「来る」の関連単語とのみ接続する。「〜する途中で」、「〜するついでに(〜も)」。

- 회사 가는 길에 잠깐 들렀어.　　　会社へ行くついでにちょっと寄った。
- 오는 길에 싸서 사 왔어요.　　　　帰り道、安いから買ってきました。

▶ **類似表現**「-다가 ❶」➡ **082** 参照。

079 -는 도중에
～する途中

| 動 詞 | 가다 ⇨ 가는 도중에 | 먹다 ⇨ 먹는 도중에 |

● ある行為を行っている最中を表す。「〜する途中で」、「〜している最中に」。

- 이야기를 듣는 도중에 화를 냈어.　　話を聞いている途中、怒り出した。
- 밥을 먹는 도중에 방귀를 뀌었어.　　食事の途中、おならをした。

▶ **類似表現**「-다가 ❶」➡ **082** 参照。

080 -는 중이다
～する途中だ

| 動 詞 | 가다 ⇨ 가는 중이다 | 먹다 ⇨ 먹는 중이다 |

● ある事が進行していることを表す表現。「〜している最中だ」、「〜しているところだ」。

- 전차를 기다리는 중이에요.　　電車を待っているところです。
- 어떻게 할까 생각하는 중이에요.　どうすべきか考えているところです。

▶ 類似表現 「-고 있다」 ➡ 030 参照。

081 -니
～なの？

動詞	가다	⇨ 가니	먹다	⇨	먹니
形容詞	크다	⇨ 크니	작다	⇨	작(으)니
指定詞	이다	⇨ (이)니	아니다	⇨	아니니
存在詞	있다	⇨ 있니	없다	⇨	없니
過・未	갔다	⇨ 갔니	가겠다	⇨	가겠니

○ パッチムのある形容詞の場合は「-으니」の形でも接続可能。

目下の人や友人のような親しい間柄で質問する際に用いる終結語尾。自分より年上の人には使用できない。「～なの？」、「～かい？」、「～するの？」。

- 내일 시간이 있니? 없니?　　　明日、時間ある？ ない？
- 그게 정말이니? 아니니?　　　それが本当なの？ ウソなの？

082 -다가
～する途中・～していて・～したり

動詞	가다	⇨ 가다가	먹다	⇨	먹다가
形容詞	크다	⇨ 크다가	작다	⇨	작다가
指定詞	이다	⇨ (이)다가	아니다	⇨	아니다가
存在詞	있다	⇨ 있다가	없다	⇨	없다가
過去形	갔다	⇨ 갔다가	먹었다	⇨	먹었다가

❶ ある行為や状態が途中で中断して次なる行為や状態へと変わることを表す際の連結語尾。「~していて」、「~しているうちに」。

- 공부하**다가** 잠이 들었어요. 　　　　　　勉強していて眠ってしまいました。
- 회사에 가**다가** 은행에 들렀어요. 　会社へ行く途中、銀行へ寄りました。

❷ 前述の行為や状態が後述する否定的な状況の原因や根拠になることを表す際の連結語尾。「~していて(結局)」、「~しているうちに(駄目になる)」。

- 고집을 피우**다가** 손해를 봤어. 　　　　　我を張っていて損をした。
- 말을 안 듣**다가** 혼났어요. 　　　　　言うことを聞かず怒られました。

❸ 過去形の語尾「-았(있・였)」形と接続して、ある行為や状態が終わったあと、すぐに次なる行為や状態へと変わることを表す際の連結語尾。後述する内容は前述した内容とは反対概念の表現が多い。「~したあと(すぐ)」、「~したけど(すぐに)~する」。

- 학교에 갔**다가** 금방 돌아왔어요. 　学校へ行ったけど、すぐ帰りました。
- 구두를 신었**다가** 벗었어요. 　　　　靴を履いたあとすぐ脱ぎました。

❹ 「-다가 -다가 하다」の形で、二つ以上の事実が交互に起こることを表す際の連結語尾。「~したり~(すぐ)~したりする」、「~していたけど(すぐに)~する」。

- 가격이 내렸**다가** 올랐**다가** 한다. 　　値段が上がったり下がったりする。
- 계속 울**다가** 자**다가** 하더라. 　　　　泣いたり寝たりを繰り返していたよ。

❺ 「-다가 -다가」の形で行為の持続を通じて強調したいことを表す際の連結語尾。主に動詞と接続する。「(繰り返し・執拗に)~していて(そのあげくに)」。

- 부탁을 하**다가** 하**다가** 울더라. 　　　執拗にお願いをしては泣いていたよ。
- 떼를 피우**다가** 피우**다가** 잔다. 　　　駄々を捏ねていたあげく寝ている。

▶ ❶❷❸❹❺ **短縮表現** 「-다」。

083 －다가도
～していても

動詞	가다	⇨	가**다가도**	먹다	⇨	먹**다가도**
形容詞	크다	⇨	크**다가도**	작다	⇨	작**다가도**
指定詞	이다	⇨	(이)**다가도**	아니다	⇨	아니**다가도**
存在詞	있다	⇨	있**다가도**	없다	⇨	없**다가도**

● ある行為や状態が、他の行為や状態へ簡単に変わることを表す際の連結語尾。「～していても(つい・簡単に＋異なる状況へ変化)」。

- 돈이란 있**다가도** 없고 그래. お金というのはあったりなかったりする。
- 아이란 울**다가도** 웃고 웃**다가도** 운다.
　　　　　　　子供は泣いていてはすぐ笑い、笑っていてはまた泣く。

▶ 「알다가도 모를 일이다」という慣用表現があり、「すぐに理解できない」、「分かりそうでよく分からない」と訳す。

084 －다가 못하다
～できず

動詞	가다	⇨	가**다가 못하다**	먹다	⇨	먹**다가 못하다**
形容詞	크다	⇨	크**다가 못하다**	작다	⇨	작**다가 못하다**

● ある行為や状態が極限に達していてそれ以上、維持することができないことを表す際の連結語尾。「(我慢して)～していたけど～できず」、「～していて(あげくには)」、「(とても)～くて(あげくには)」。

- 듣**다가 못해** 방에서 나왔어요. 聞きかねて部屋から出てしまいました。
- 참**다가 못해** 화를 내고 말았어. 我慢しきれず腹を立ててしまったよ。

▶ 短縮表現 「－다 못하다」。

085 －다가 보다
～していると

| 動詞 | 가다 ⇨ 가다가 보다 | 먹다 ⇨ 먹다가 보다 |

主に「−다가 보니(까)」、「−다가 보면」の形で用いて、ある行為を行う過程で新しい事実に気づくようになるか、新しい状態になることを表す際の連結語尾。「～しているうちに」、「～していて(気づいたら)」、「～していると」。

- 살다가 보니까 별일이 다 있다.　　　　生きているといろいろあるね。
- 매일 하다 보면 늘 거야.　　　　　　　毎日やってると上手くなるだろう。

▶ 短縮表現 「−다 보다」。

086 －다니
～するだなんて

動詞	가다 ⇨ 가다니	먹다 ⇨ 먹다니
形容詞	크다 ⇨ 크다니	작다 ⇨ 작다니
指定詞	이다 ⇨ (이)라니	아니다 ⇨ 아니라니
存在詞	있다 ⇨ 있다니	없다 ⇨ 없다니
過・未	갔다 ⇨ 갔다니	가겠다 ⇨ 가겠다니

○ 指定詞の現在形の場合は「−(이)라니」の形で接続する。

意外なことで驚いたり、感嘆したりすることを表す終結語尾。独り言としてもよく用いる。「～だなんて(驚いた)」、「～だとは(あり得ない)」。

- 약속까지 해 놓고 어기다니.　　　　　約束までしておいて破るなんて。
- 그게 전부 가짜라니.　　　　　　　　それが全部ウソだとは。

▶ 丁寧表現 「−다니요・−(이)라니요・아니라니요」。

087 －다마다
(もちろん)〜だとも

動詞	가다 ⇨ 가다마다	먹다 ⇨ 먹다마다
形容詞	크다 ⇨ 크다마다	작다 ⇨ 작다마다
指定詞	이다 ⇨ (이)다마다	아니다 ⇨ 아니다마다
存在詞	있다 ⇨ 있다마다	없다 ⇨ 없다마다
過・未	갔다 ⇨ 갔다마다	가겠다 ⇨ 가겠다마다

友人や親しい間柄で、または目下の人に対して相手の質問や言葉に同意しながら、本当にそうだと言ったり、そのようにすると強調する際の終結語尾。「〜だとも」、「〜するとも」。

- 시간? 있다마다요.　　　　　　　　　時間？ ありますとも。
- 그렇다마다. 내가 보증할게.　　　　それはそうだよ。私が保証するよ。

▶ 類似表現 「−고말고」 ➡ 022 参照。
▶ 丁寧表現 「−다마다요」。

088 －다시피
〜するがごとく・〜のとおり

動詞	가다 ⇨ 가다시피	먹다 ⇨ 먹다시피

❶ 実際にその動作をするわけではないけど、それに近い動作をすることを表す際の連結語尾。「(まるで)〜することと変わらないように」、「〜するがごとく」。

- 도망치다시피 자리를 피했어요.　　逃げるかのように席を離れました。
- 범인 보다시피 나를 보지 마.　　　犯人を見るかのように私を見るな。

❷ 「알다」、「보다」、「느끼다」、「짐작하다」、「듣다」のような動詞と接続して、話の聞き手が知覚している通りであることを表す際の連結語尾。よく尊

敬の語尾「-시」とともに用いる。「~のように」、「~する通りに」。

- 보시**다시피** 지금 만석입니다.　　　　　ご覧の通り今、満席です。
- 아시**다시피** 전 시간이 없어요.　　ご存知の通り私は時間がありません。

▶ 類似表現 「-듯이」→ 106 参照。

089 -더구나
~だったよ

動　詞	가다 ⇨ 가**더구나**	먹다 ⇨ 먹**더구나**
形容詞	크다 ⇨ 크**더구나**	작다 ⇨ 작**더구나**
指定詞	이다 ⇨ (이)**더구나**	아니다 ⇨ 아니**더구나**
存在詞	있다 ⇨ 있**더구나**	없다 ⇨ 없**더구나**
過・未	갔다 ⇨ 갔**더구나**	가겠다 ⇨ 가겠**더구나**

● 過去のある時期に話し手が直接経験して新しく知り得た事実についてそれを相手に伝える際に使う終結語尾。丁寧形は存在しない。「~だったんだよ」、「~していたよ」。

- 벚꽃이 예쁘게 피어 있**더구나**.　　　桜の花が綺麗に咲いていたよ。
- 잔치에 손님이 많이 왔**더구나**.　　宴会にお客様が沢山みえていたよ。

▶ 類似表現 「-데」→ 100 参照、「-더라 ❶」→ 092 参照。
▶ 同意表現 「-더군」。벚꽃이 예쁘게 피어 있**더군**.
▶ 同意表現の丁寧形 「-더군요」。

090 -더냐
~だった？・~したのか

| 動　詞 | 가다 ⇨ 가**더냐** | 먹다 ⇨ 먹**더냐** |

形容詞	크다	⇒ 크더냐	작다	⇒ 작더냐
指定詞	이다	⇒ (이)더냐	아니다	⇒ 아니더냐
存在詞	있다	⇒ 있더냐	없다	⇒ 없더냐
過・未	갔다	⇒ 갔더냐	가겠다	⇒ 가겠더냐

❶ 相手が過去のある時期に直接経験して知り得た事実について話し手が尋ねる際の終結語尾。「(どうだった?)~してた?」、「~だった?」。

- 박물관에 사람이 많**더냐**? 博物館に人が多かったのかい?
- 민서는 방에서 뭘 하**더냐**? ミンソは部屋で何をしていたの?

▶ 類似表現 「-던가 ❶」 ➡ 097 参照。

❷ 修辞疑問文として使い、前の内容を強く否定・反発するか、あるいは疑問を提起する際の終結語尾。「(前述内容について)そんなことあり得ない」、「~しない」、「~ではないか」。

- 이런 일이 어디 있**더냐**? こんな仕打ちがどこにある?
- 정말 거길 혼자서 갔**더냐**? 本当にそこへ一人で行ってたかい?

▶「-더냐」の丁寧形はなく、自分より年上の人には使用不可。

091 -더니
~していたのに・~だと思っていたら

動詞	가다	⇒ 가더니	먹다	⇒ 먹더니
形容詞	크다	⇒ 크더니	작다	⇒ 작더니
指定詞	이다	⇒ (이)더니	아니다	⇒ 아니더니
存在詞	있다	⇒ 있더니	없다	⇒ 없더니
過去形	갔다	⇒ 갔더니	먹었다	⇒ 먹었더니

❶ 経験して知り得た事実や状況とは異なる新しい事実や状況があることを表す際の連結語尾。「(以前は)~していたけど」、「~だったのに」。

- 어젠 안 먹**더니** 오늘은 먹네. 　　昨日は食べなかったのに今日は食べるね。
- 아침엔 쌀쌀하**더니** 이젠 덥다. 　　朝方は肌寒かったのに今は暑いよ。

② 過去のある事実や状況に引き続き、他の事実や状況が連動して起こることを表す際の連結語尾。主に動詞と接続し、前後の文が連動的な内容となる。「～した後(すぐ)」、「～した途端」、「～だったけど(その後)」。

- 나를 보**더니** 갑자기 도망갔어. 　　私を見る瞬間、急に逃げ出した。
- 전화를 받**더니** 울기 시작하더라. 　　電話に出たあと泣き出してたよ。

③ 以前経験して知り得た事実や状況に加え、それと関係のある新たな状況や事実があることを表す際の連結語尾。「～するだけでなく(さらに)」、「～だと思ったら(他にも)」。

- 매일 지각하**더니** 오늘은 결석했어.
　　　　　　　　　　毎日、遅刻だと思ったら今日は欠席した。
- 비가 오**더니** 바람까지 부네. 　　雨が降っていたのに風まで吹いているよ。

④ 以前経験して知り得た事実や状況が、後述文の結果を生む原因や理由になることを表す際の連結語尾。「(第三者が)～していてそれで」、「(誰かが)～していて」。

- 많이 먹**더니** 배탈이 났나 봐요. 　　食べ過ぎてお腹を壊したようです。
- 열심히 공부하**더니** 합격했군. 　　頑張って勉強したから合格したんだね。

⑤ 過去の事実や状況と異なる新しい事実や状況があることを表すか、後ろの文章の結果をもたらす原因や理由になることを表す際の表現。必ず過去形の語尾「-았(었・였)」と接続する。さらに、必ず一人称の主語と接続する。「(私が～した)そうしたら」、「(私が)～したので(その結果)」。

- 많이 먹**었더니** 배탈이 났어요. 　　食べ過ぎてお腹を壊しました。
- 우유를 마**셨더니** 배가 아파요. 　　牛乳を飲んだらお腹が痛くなりました。

▶ **①②③④**は、一人称の主語とは接続しない。
▶ **①②③④⑤** 強調表現 「-더니마는」(短縮形:「-더니만」)。

092 −더라
~だったよ・~だっけ?

動詞	가다	⇨ 가더라	먹다	⇨	먹더라
形容詞	크다	⇨ 크더라	작다	⇨	작더라
指定詞	이다	⇨ (이)더라	아니다	⇨	아니더라
存在詞	있다	⇨ 있더라	없다	⇨	없더라
過・未	갔다	⇨ 갔더라	가겠다	⇨	가겠더라

❶ 過去のある時期に話し手が直接経験して新しく知り得た事実を相手に伝える際に使う終結語尾。丁寧形は存在しない。「(第三者が)〜していたよ」、「(何かが)〜だったよ」。

- 그 가게 정말 맛있**더라**. あの店、本当に美味しかったよ。
- 민서는 아직 도서관에 있**더라**. ミンソはまだ図書館にいたよ。

▶ 類似表現 「−더구나」 ➡ 089 参照。
▶ 同意表現 「−더라고」。그 가게 정말 맛있**더라고**.
▶ 同意表現の丁寧形 「−더라고요」。

❷ 主に疑問詞とともに過去のある時期に直接経験して知り得た事実がうまく思い出せない時に、それを思い出そうと独り言のように話す際の終結語尾。「(誰・何・いつ・どこ)だったけ?」。

- 그 사람 이름이 뭐**더라**? あの人、名前は何だっけ?
- 내가 거기에 왜 갔**더라**? 私ってあそこにどうして行ったっけ?

093 −더라니까
~だと思っていた・~していたんだってば

動詞	가다	⇨ 가더라니까	먹다	⇨	먹더라니까
形容詞	크다	⇨ 크더라니까	작다	⇨	작더라니까

指定詞	이다 ⇨ (이)더라니까	아니다 ⇨ 아니더라니까
存在詞	있다 ⇨ 있더라니까	없다 ⇨ 없더라니까
過・未	갔다 ⇨ 갔더라니까	가겠다 ⇨ 가겠더라니까

❶ ある状態や行動の原因・理由が分かっていて、結果を予測していた場合、あるいは予測通りであることを表す際の終結語尾。軽い非難や不満の意味となる場合もある。「～すると思っていたら(やっぱり)」、「～だろうと思っていた」。

- 싸웠어? 농담이 지나치**더라니까**.　　喧嘩した? 冗談が過ぎると思ったよ。
- 비가 오네. 날씨가 흐리**더라니까**.　　雨だ。曇っていたと思ったら。

▶ 同意表現 「-더라니」。싸웠어? 농담이 지나치**더라니**.

❷ 過去のある時期に話し手が直接経験して新しく知り得た事実を強調して相手に伝える際に使う終結語尾。「(第三者が)～していたんだってば」、「(何かが)～だったってば」。

- 정말 맛이 없**더라니까**.　　本当に美味しくなかったってば。
- 몇 번을 말해? 아니**더라니까**.　　何度言えばいいの? 違ってたってば。

▶ ❶❷ 丁寧表現 「-더라니까요」。

094　-더라도
〜だとしても

動詞	가다 ⇨ 가더라도	먹다 ⇨ 먹더라도
形容詞	크다 ⇨ 크더라도	작다 ⇨ 작더라도
指定詞	이다 ⇨ (이)더라도	아니다 ⇨ 아니더라도
存在詞	있다 ⇨ 있더라도	없다 ⇨ 없더라도
過・未	갔다 ⇨ 갔더라도	가겠다 ⇨ 가겠더라도

極端な状況、あるいは否定的な状況を仮定しながら話す際の連結語尾。

「(たとえ)〜だとしても」、「(いくら)〜であっても」、「〜である場合でも」。

- 피곤하**더라도** 먹고 자.　　　　疲れていても食べてから寝なさい。
- 시험에 떨어지**더라도** 실망 마.　試験に落ちるとしてもがっかりするな。

095　-더래
〜したんだって

動詞	가다 ⇨ 가**더래**	먹다 ⇨ 먹**더래**
形容詞	크다 ⇨ 크**더래**	작다 ⇨ 작**더래**
指定詞	이다 ⇨ (이)**더래**	아니다 ⇨ 아니**더래**
存在詞	있다 ⇨ 있**더래**	없다 ⇨ 없**더래**
過・未	갔다 ⇨ 갔**더래**	가겠다 ⇨ 가겠**더래**

過去のある時期に他の人から直接聞いた話を引用して別の人に伝える際の表現。間接話法の過去表現の一種である。「〜だったんだってよ」、「〜したそうだよ」、「〜だったそうよ」。

- 생각보다 물가가 비싸**더래**.　　　思ったより物価が高かったって。
- 혼자서 잤는데 안 무섭**더래**.　　　一人で寝たのに怖くなかったって。

▶ 丁寧表現 「-더래요」、「-더랍니다」。

096　-던
〜していた・〜だった?

動詞	가다 ⇨ 가**던**	먹다 ⇨ 먹**던**
形容詞	크다 ⇨ 크**던**	작다 ⇨ 작**던**
指定詞	이다 ⇨ (이)**던**	아니다 ⇨ 아니**던**
存在詞	있다 ⇨ 있**던**	없다 ⇨ 없**던**
過・未	갔다 ⇨ 갔**던**	가겠다 ⇨ 가겠**던**

① 過去の時間や行為、状態を再び思い出すか、行為や状態が中断されていることを表す際の表現。未来・推測の語尾「-겠」とは接続しない。「～していた～」、「～であった～」。

- 여기가 내가 다니**던** 학교야. ここが私が通っていた学校だよ。
- 여기 있**던** 신문이 어디 갔지? ここにあった新聞はどこ行った?

② 相手が直接経験して新しく知り得た事実について尋ねる際の終結語尾。「(どうだった?)～してた?」、「～だった?」。

- 콘서트에 사람이 많이 모였**던**? コンサートに人が沢山集まっていた?
- 친구 만났어? 뭐라고 하**던**? 友達に会った? 何と言ってた?

③ 修辞疑問文として前の内容を強く否定・反発するか、あるいは疑問を提起する際の終結語尾。「(前述内容に)でないよね?」「～したことないでしょう?」。

- 내가 너 손해 보게 하**던**? 私が一度でも君に損をさせたことある?
- 그런 문제로 내가 화를 내**던**? そういう問題で私が怒ったことある?

▶ ❷❸ 類似表現「-디 ❶❷」→ 107 参照、「-더냐 ❶❷」→ 090 参照。
▶ ❷❸ 「-던」のほうが「-더냐」より親しみを感じる表現である。

097 －던가
～だった?・～だったかな・～だったようだ

動　詞	가다 ⇨ 가던가	먹다 ⇨ 먹던가
形容詞	크다 ⇨ 크던가	작다 ⇨ 작던가
指定詞	이다 ⇨ (이)던가	아니다 ⇨ 아니던가
存在詞	있다 ⇨ 있던가	없다 ⇨ 없던가
過・未	갔다 ⇨ 갔던가	가겠다 ⇨ 가겠던가

① 自分より目下の人や親しい相手に過去に経験したことについて質問する際

の終結語尾。一般的に話し手がある程度の年齢や地位がある場合に使用する。聞き手が子供や幼い子の場合には使用しない。「〜してたかい？」、「〜だったかい？」。

- 동생들은 다 잘 지내**던가**? 弟たちは皆、元気に過していたか？
- 학생들이 청소를 다 했**던가**? 生徒たちは掃除を全部終わらせてたか？

▶ 丁寧表現 「-던가요」。

② 過去の事実について話し手が自分自身に問いかける際の終結語尾。独り言でよく用いる。「(前述内容に)(あれ？)〜だったっけ？」、「(どっちだっけ)〜だったっけ？」。

- 나도 내일 가겠다고 했**던가**? 私も明日行くと言ったっけ？
- 이 이야기를 누구한테 들었**던가**? この話を誰から聞いたっけ？

▶ 同意表現 「-았(었・였)나」。나도 내일 가겠다고 **했나**?

③ 「-던가」の後に「보다」、「싶다」、「하다」を加えた形で、話し手の考えや推測を表す際の終結語尾。過去形の語尾「-았(었・였)」とよく接続するが、未来・推測の語尾「-겠」とは接続しない。「〜だったと思う」、「〜だったようだ」。

- 무슨 지시가 있었**던가** 싶어. 何か指示があったと思う。
- 옷이 좀 작았**던가** 봐. 服が少し小さかったようだ。

▶ 類似表現 「-나 싶다 ❶」→ 068 参照、「-나 보다」→ 067 参照。

098 -던걸
〜だったね

動詞	가다 ⇨ 가던걸	먹다 ⇨ 먹던걸
形容詞	크다 ⇨ 크던걸	작다 ⇨ 작던걸
指定詞	이다 ⇨ (이)던걸	아니다 ⇨ 아니던걸
存在詞	있다 ⇨ 있던걸	없다 ⇨ 없던걸

| 過・未 | 갔다 ⇨ 갔던걸 | 가겠다 ⇨ 가겠던걸 |

● 話し手が過去に知り得た情報を感嘆の気持ちで話す際の終結語尾。あるいは自分の考えや主張を説明するように話す際に用いる。「〜だったよ」、「〜だったんだよ」。

- 민서는 아직 울고 있**던걸**.　　　　ミンソはまだ泣いていたよ。
- 얼굴이 아주 많이 변했**던걸**.　　　顔がすっかり変わっていたね。

▶ 丁寧表現 「-던걸요」。
▶ 類似表現 「-던데 ❸」➡ 099 参照、「-더라 ❶」➡ 092 参照。

099　-던데
〜だったけど・〜だったのに・〜だったよ

動　詞	가다 ⇨ 가던데	먹다 ⇨ 먹던데
形容詞	크다 ⇨ 크던데	작다 ⇨ 작던데
指定詞	이다 ⇨ (이)던데	아니다 ⇨ 아니던데
存在詞	있다 ⇨ 있던데	없다 ⇨ 없던데
過・未	갔다 ⇨ 갔던데	가겠다 ⇨ 가겠던데

❶ 提案や命令、あるいは質問をする前にそれと関係のある過去の状況を提示する際の語尾。主に連結語尾として用いるが、終結語尾でも使用できる。「(〜は)〜だったけど」、「(〜は)〜だったから」。

- 비가 오**던데** 우산 없니?　　　　雨が降ってたけど傘、持ってないの?
- 생각보다 훨씬 춥**던데**요.　　　　思った以上に寒かったですよ。

❷ 前述した過去の事実とは反対の結果や状況が後ろに続くか、対照となる二つの事実を表す際の連結語尾。「(〜は)だったけど」、「(〜は)〜だったのに」。

- 키는 작**던데** 농구를 잘해요.　　　背は小さいけど、バスケは上手です。

099 100

- 값은 싸**던데** 맛은 별로야.   値段は安かったけど、味はイマイチだ。

3 話し手が過去に新たに知り得た情報を思い出しながら感嘆の気持ちで話す際の終結語尾。あるいは自分の考えや主張を説明するように話す際に用いる。「〜だったよ」、「〜だったんだよ」。

- 아까 부장님이 널 찾**던데**.   先ほど部長がお前を探していたけど。
- 민서는 아직 방에서 자**던데**.   ミンソはまだ部屋で寝ていたよ。

▶ 丁寧表現 「-던데요」。
▶ 類似表現 「-던걸」 ➡ 098 参照、「-더라 ❶」 ➡ 092 参照。

100 -데
〜だったよ

動詞	가다	⇨ 가데	먹다	⇨	먹데
形容詞	크다	⇨ 크데	작다	⇨	작데
指定詞	이다	⇨ (이)데	아니다	⇨	아니데
存在詞	있다	⇨ 있데	없다	⇨	없데
過・未	갔다	⇨ 갔데	가겠다	⇨	가겠데

過去のある時期に話し手が直接経験して新たに知り得た事実を相手に伝える際の終結語尾。「〜だったよ」、「〜だったんだよ」。

- 두 시가 아니고 세 시**데**.   2時ではなく3時だったんだ。
- 변호사라고 생각했는데 의사**데**.   弁護士だと思ったけど医者だったよ。

▶ 丁寧表現 「-데요」。
▶ 類似表現 「-더군」、「-더구나」 ➡ 089 参照、「-더라 ❶」 ➡ 092 参照。

101 -도록
〜するように・〜するぐらい・〜するまで

動詞	가다 ⇨ 가도록	먹다 ⇨ 먹도록

① 後述する行為についての目的や基準を表す際の連結語尾。主に動詞や存在詞と接続する。「〜するように」、「〜できるように」、「〜するために」。

- 아이가 자도록 조용히 해.　　　　　赤ちゃんが寝れるように静かにして。
- 깨지지 않도록 잘 싸 주세요.　　　　割れないようにしっかり包んで下さい。

② 後述する行為についての方法や程度を表す際の連結語尾。「〜するぐらい(〜する)」、「〜する程度」、「〜するまで」。

- 목이 쉬도록 응원했어요.　　　　　　声がかれるまで応援しました。
- 머리가 다 빠지도록 고민을 했어.　　髪の毛が抜けるぐらい悩んだよ。

③ 時間の程度、限界を表す際の連結語尾。「〜する(時間)まで」、「〜(の時間)になっても」、「〜するその間」。

- 새벽이 다 되도록 오지 않았어.　　　明け方になるまで来なかった。
- 어제는 밤새도록 공부했어.　　　　　昨日は一晩中、勉強した。

▶ **① ②** 類似表現 「-게 **①**」 ➡ **007** 参照。

102 -도록 하다
〜するように(する)

動詞	가다 ⇨ 가도록 하다	먹다 ⇨ 먹도록 하다

① 特定の行為をするように命令するか、物を作動させる意味を表す際の表現。あるいは特定の行為を行うことを許可する際の表現。「〜するように(許可する)」、「〜するように(話す)」、「〜するようにする」。

- 매일 복습을 하도록 했어요.　　　毎日、復習をするようにしました。
- 세 시까지 모이도록 하세요.　　　3時まで集まるようにしなさい。

▶ 類似表現 「-게 하다」 ➡ 013 参照。

② 「-도록 하겠다」の形で話し手が特定の行為を行うという意志や誓いを表す際の表現。「(自分の意志で)〜するようにします」、「〜します(から)」。

- 꼭 메달을 따도록 하겠습니다.　　　必ずメダルを取るようにします。
- 앞으로 열심히 하도록 하겠습니다.　　　これから一所懸命頑張ります。

▶ 「-게 하다」に置き換えることはできない。

103 -든
〜しようと・〜しても

動詞	가다 ⇨ 가든	먹다 ⇨ 먹든
形容詞	크다 ⇨ 크든	작다 ⇨ 작든
指定詞	이다 ⇨ (이)든	아니다 ⇨ 아니든
存在詞	있다 ⇨ 있든	없다 ⇨ 없든
過去形	갔다 ⇨ 갔든	먹었다 ⇨ 먹었든

● 未来・推測の語尾「-겠」とは接続不可。

① 疑問詞と一緒に使われ、選り好みをしない意を表す際の連結語尾。「〜しても」、「〜だろうが」、「〜しようとも」。

- 무슨 일을 하든 반대하지 마.　　　何をしようとも反対しないで。
- 한국 요리라면 뭐든 잘 먹어요.　　　韓国料理なら何でもよく食べます。

② 主に「-든 -든」の形で、対立する二つ以上の全てを選択することを表す際の連結語尾。「〜しても(あるいは)〜しても(関係なく)」、「〜であれ〜であれ」。

- 비싸든 싸든 꼭 사 오세요.　　　高くても安くても必ず買ってきて下さい。

- 사장이든 누구든 안 되는 건 안 돼. 社長であれ誰であれダメなのはダメ。

▶ ❶ ❷ 類似表現 「−든지 ❷ ❸」 ➡ 105 参照。

104 −든가
～か～・～しようと・～しても

動詞	가다	⇨ 가든가	먹다	⇨	먹든가
形容詞	크다	⇨ 크든가	작다	⇨	작든가
指定詞	이다	⇨ (이)든가	아니다	⇨	아니든가
存在詞	있다	⇨ 있든가	없다	⇨	없든가
過去形	갔다	⇨ 갔든가	먹었다	⇨	먹었든가

◎ 未来・推測の語尾「−겠」とは接続不可。

❶ 前後どちらか一つを選択することを表す際の連結語尾。「～するか～する」、「～したか～した」。

- 휴일에는 자든가 청소를 해요.　　　　休日には寝るか掃除をします。
- 매일 비가 오든가 눈이 와요.　　　　毎日、雨が降るか雪が降ります。

▶ 類似表現 「−든지 ❶」 ➡ 105 参照、「−거나 ❶」 ➡ 001 参照。

❷ 疑問詞と一緒に使われ、選り好みをしない意を表す際の連結語尾。「～しても」、「～だろうが」、「～しようとも」。

- 누굴 만나든가 관계 없어요.　　　　誰に会おうが関係ありません。
- 누가 뭐라고 하든가 신경 쓰지 마.　　誰が何を言おうとも気にしないで。

▶ 類似表現 「−든지 ❷」 ➡ 105 参照、「−거나 ❷」 ➡ 001 参照、「−든 ❶」 ➡ 103 参照。

❸ 主に「−든가 −든가」の形で、対立する二つ以上の全てを選択することを表す際の連結語尾。「～しても(あるいは)～しても(関係なく)」、「～であれ～であれ」。

- 바쁘든가 안 바쁘든가 밥은 먹어야지.
  　　　　　　　　　　忙しくても忙しくなくても食事はしなくちゃ。
- 돈이 있든가 없든가 난 몰라.　お金があろうがなかろうが私は関係ない。

▶ 類似表現 「-든지 ❸」→ 105 参照、「-든 ❷」→ 103 参照。

105　-든지
〜か〜・〜しようと・〜しても

動　詞	가다 ⇨ 가든지	먹다 ⇨ 먹든지
形容詞	크다 ⇨ 크든지	작다 ⇨ 작든지
指定詞	이다 ⇨ (이)든지	아니다 ⇨ 아니든지
存在詞	있다 ⇨ 있든지	없다 ⇨ 없든지
過去形	갔다 ⇨ 갔든지	먹었다 ⇨ 먹었든지

○ 未来・推測の語尾「-겠」とは接続不可。

❶ 前後どちらか一つを選択することを表す際の連結語尾。「〜するか〜する」、「〜したか〜した」。

- 대부분이 중국제든지 미제구나.　大部分が中国産か、アメリカ産だね。
- 병사들이 거의 죽든지 다쳤다.　兵士たちの殆どが死んだか怪我をした。

▶ 類似表現 「-든가 ❶」→ 104 参照、「-거나 ❶」→ 001 参照。

❷ 疑問詞と一緒に使われ、選り好みをしない意を表す際の連結語尾。「〜しても」、「〜だろうが」、「〜しようとも」。

- 내가 무슨 일을 하든지 상관 마.　私が何をしようとも構わないで。
- 어떻게 가든지 가자.　　　　　　どうやって行くにしろ行こう。

▶ 類似表現 「-거나 ❷」→ 001 参照、「-든가 ❷」→ 104 参照、「-든 ❶」→ 103 参照。

❸ 主に「-든지 -든지」の形で、対立する二つ以上の全てを選択することを表

す際の連結語尾。「~しても(あるいは)~しても(関係なく)」、「~であれ~であれ」。

- 역에서 가깝든지 멀든지 관계없어. 駅から近いか遠いかは関係ないわ。
- 파랑이든지 빨강이든지 상관없어요. 青であれ、赤であれ構いません。

▶ 類似表現 「-든가 ❸」 ➡ 104 参照、「-든 ❷」 ➡ 103 参照。

106 -듯이
(まるで)~するように

動詞	가다 ⇨	가듯이	먹다 ⇨	먹듯이
形容詞	크다 ⇨	크듯이	작다 ⇨	작듯이
指定詞	이다 ⇨	(이)듯이	아니다 ⇨	아니듯이
存在詞	있다 ⇨	있듯이	없다 ⇨	없듯이
過去形	갔다 ⇨	갔듯이	먹었다 ⇨	먹었듯이

前述の内容のように後述する内容もそうであることを表す際の連結語尾。「(まるで)~がごとく」、「~するように」。

- 마치 물 쓰듯이 돈을 써요. 湯水のようにお金を使います。
- 비 오듯이 땀이 쏟아졌어요. 汗が雨の降るように流れます。

▶ 短縮表現 「-듯」。
▶ 関連表現 「連体形+듯」 ➡ 331 参照。
▶「-듯이」は前述の内容と類似していることを表すのに対して、「連体形+듯」は、ある状況が前述の状況と類似していることを推測する表現。

107 -디
〜だった？・とても〜だ

動詞	가다	⇨ 가디	먹다	⇨ 먹디
形容詞	크다	⇨ 크디	작다	⇨ 작디
指定詞	이다	⇨ (이)디	아니다	⇨ 아니디
存在詞	있다	⇨ 있디	없다	⇨ 없디
過・未	갔다	⇨ 갔디	가겠다	⇨ 가겠디

❶ 相手が直接経験して新たに知り得た事実について尋ねる際の終結語尾。「(どうだった？)～してた？」、「～だった？」。

- 친구가 아직도 화가 났디?　　　　　友達が未だに怒っていた？
- 장례식에 사람들이 많이 왔디?　　　葬式に人が沢山来ていた？

▶ 類似表現 「-던 ❷」 ➡ 096 参照、「-더냐 ❶」 ➡ 090 参照。

❷ 修辞疑問文として前の内容を強く否定・反発するか、あるいは疑問を提起する際の終結語尾。「(前述内容に)でないよね？」、「～したことないでしょう？」。

- 부장이 언제 부탁을 들어 주디?　　部長が頼みを聞いてくれたことある？
- 누가 반대한 적이 있디?　　　　　　誰も反対したことないでしょう？

▶ 類似表現 「-던 ❸」 ➡ 096 参照、「-더냐 ❷」 ➡ 090 参照。

❸ 「-디+(該当形容詞)」の構造で、該当する形容詞の意味を強調する際の連結語尾。一部の形容詞と接続する。「とても～だ」。

- 그녀의 손발은 차디 찼다.　　　　　彼女の手足はとても冷たかった。
- 높디 높은 가을 하늘을 좋아해요.　　とても高い秋の空が好きです。

▶ 同意表現 「-고도」。그녀의 손발은 차고도 찼다.

▶ ❶❷「-디」のほうが「-더냐」より親しみを感じる表現である。

108 －소
～ますよ・～ですかね？・～しなさいな

動詞	가다 ⇨ 가소		먹다 ⇨ 먹소	
形容詞	크다 ⇨ 크소		작다 ⇨ 작소	
存在詞	있다 ⇨ 있소		없다 ⇨ 없소	
過・未	갔다 ⇨ 갔소		가겠다 ⇨ 가겠소	

○ ❶ ❷は「パッチム無し」の動詞や形容詞とは接続不可。
○ ❸は「パッチム無しの動詞」や「ㄹパッチムの動詞」と接続。

❶ ある状況や自分の考えを表す際の終結語尾。「～だよ」、「～ですよ」。

- 괜찮소. 난 벌써 먹었소.　　　大丈夫です。私はもうすでに食べました。
- 이제는 다 소용없소.　　　　　今更そんなこと無駄ですよ。

❷ ある状況や気になる内容について質問する際の終結語尾。「～ですかね?」。

- 지금 정신이 있소?　　　　　　気は確かです?
- 왜 남의 물건을 훔쳤소?　　　どうして人のものを盗んだんです?

❸ 一部の動詞と接続して、ある行為をすることを丁寧に命令するか、要請する際の終結語尾。「～しなさいな」、「～したらいかが?」、「～して下さいな」。

- 부탁이니 이제 좀 그만 우소.　　頼むからもう泣くの止めて下さいな。
- 자야 하니 좀 조용히 하소.　　　休みたいので静かにして下さいな。

▶ 類似表現 「-(으)오 ❷」 ➡ 205 参照。

▶ ❶ ❷ 類似表現 「-(으)오 ❶」 ➡ 205 参照。
▶ ❶ ❷ ❸ 古めかしい表現であり、自分より年上の人には使用不可。

109 －자
～しよう・～するやいなや・～すると

動　詞	가다 ⇨ 가**자**	먹다 ⇨ 먹**자**

❶ 前の行為が終わった後、すぐ後ろの行為が始まることを表す際の連結語尾。「～したら(すぐ)」、「～すると(すぐ)」。

- 남편이 죽**자** 금방 재혼을 했지.　　　旦那が死んですぐ再婚をしたよ。
- 독을 마시**자** 피를 토했어요.　　　毒を飲むやいなや血を吐きました。

▶ 類似表現 「-자마자」 ➡ 123 参照。

❷ 前の状況が後ろの状況の原因や動機であることを表す際の連結語尾。「～したら」、「～だったので」。

- 사자가 나타나**자** 모두 도망갔어.　　　ライオンが現れると皆逃げた。
- 시험에 떨어지**자** 자살을 했대요.　　　テストに落ちて自殺したそうです。

▶ 類似表現 「-(으)니까 ❷」 ➡ 138 参照。

❸ 主に「죽자」、「죽자살자」の形で用い、後述文の行為についての最善の方法や極端な程度を表す際の連結語尾。「死ぬほど～」、「ものすごく～」。

- 죽**자** 일해도 집은 못 사.　　　死ぬほど働いても家は買えないよ。
- 배가 고팠는지 죽**자** 먹더라.　　お腹が空いてたのか、すごく食べてたよ。

▶ 類似表現 「-도록 ❷」 ➡ 101 参照。

❹ 一緒に行動をすることを提案・勧誘する際、あるいは要請についての承諾、同意の意を表す終結語尾。「～しよう」。

- 그렇게 하도록 하**자**.　　　　　　　　そうするようにしよう。
- 앞으로 절대 만나지 말**자**.　　　これからは絶対会わないようにしよう。

▶ 類似表現 「-ㅂ(읍)시다」 ➡ 248 参照。

❺ 独り言で、話し手自身の誓いや決心を表すか現在思案中であることを表す

際の終結語尾。「どうしようかな」、「さ、どれどれ」、「〜しようかな」、「(今に)見てろよ」。

- 가만있자. 누굴 보내면 좋을까?　　そうだな。誰を送ったらいいかな。
- 어디 보자. 이걸 살까?　　どれどれ。これを買おうかな?

110 -자거나
〜しようとか

| 動詞 | 가다 ⇨ 가**자거나** | 먹다 ⇨ 먹**자거나** |

提案の内容を引用して例をあげるか、並べる際の表現。「〜しようとか」、「〜しようとか(でなければ)〜しようとか(言われる)」。

- 먹**자거나** 마시**자거나** 하겠지.　　食べようとか飲もうとか言うだろう。
- 같이 가**자거나** 해도 안 갈 거야.　　一緒に行こうと言っても行かないよ。

▶ 拡張表現 「-자고 하거나」。

111 -자거든
〜しようと言われたら・〜しようと言うからね

| 動詞 | 가다 ⇨ 가**자거든** | 먹다 ⇨ 먹**자거든** |

勧誘や依頼があることを仮定して、その対策を表現する際の表現。後述文は主に命令や勧誘を表す内容であって、叙述文とは接続しない。「(もし誰かに)〜しようと言われたら」、「(誰々が)〜しようと言っても」。

- 같이 나가**자거든** 꼭 가.　　一緒に出かけようと言われたら必ず行ってね。
- 회를 먹**자거든** 싫다고 해.　　刺身を食べようと言ったら嫌だと言って。

▶ 同意表現 「-자거들랑」。같이 나가**자거들랑** 꼭 가.

111 **112**

❷ 人の勧誘や提案を引用して、それが自分の行動についての根拠や理由である事を説明しつつ文を締めくくる際の表現。主に相手の質問に答えるか、自ら自分の行動を説明するように話す際に用いる。「〜しようと言われたからだよ」。

- 놀랐어. 하루 다섯 번 먹**자거든**.　　びっくり。一日、5回食べようって。
- 너무 좋아. 민서가 또 데이트하**자거든**.
　　　　　　　　　とても嬉しいよ。またミンソにデートしようと言われたんだよ。

▶ 丁寧表現 「−**자거든요**」。

▶ ❶ ❷ 拡張表現 「−**자고 하거든**」。

112　−자고
〜しようと思って・〜しようってば

| 動詞 | 가다 ⇨ 가**자고** | 먹다 ⇨ 먹**자고** |

❶ ある行為の目的や意図を表す。前述文と同じ目的、意図のために後述文の行為を行うことを表す連結語尾。「〜しようと思って」、「〜するつもりで」、「〜するために」。

- 부자가 되**자고** 사람을 죽여?　　お金持ちになりたくて人を殺す？
- 먹**자고** 덤비면 이 인분은 먹지.　食べようと思えば二人前は食べるよ。

▶ 類似表現 「−(으)려고 ❶」 ➡ 172 参照、「−기 위해서」 ➡ 061 参照。

❷ 自分が言った提案や主張を繰り返す場合や強調して話す際の終結語尾。「(だから)〜しようってば」、「〜しようよ」、「〜しようと言ってるんだよ」。

- 그러니까 이제 그만 하**자고**.　　　　だから、もう止めようってば。
- 내일 같이 산에 가**자고**.　　　　　明日、一緒に山へ行こうってば。

▶ 類似表現 「−자니까 ❶」 ➡ 119 参照。

❸ 話の内容をもう一度確認するように尋ねるか、話を否定する意味で再度尋ねる際の終結語尾。主に相手の発言を繰り返しながら、再度尋ねる形で用いる。「(今)~しようって(言ったの?)」、「~しようと?」。

- 뭐? 같이 은행을 털**자고**? 　　　何? 一緒に銀行強盗をしようと?
- 뭐라고? 집을 사**자고**? 　　　何と言った? 家を買おうって?

❹ 一人で心配していた事柄が事実と異なることを確認して結果的に良かったと感じた際、あるいは、疑問が解けて自分の推測が間違っていたことを表す際の終結語尾。「~しようって(言われるのかと思ったよ)」、「~しようって(言われなくて良かった)」。

- 다행이다. 난 또 같이 가**자고**.
  　　　　　　　　　安心した。一緒に行こうって言われたと思った。
- 깜짝이야. 나는 또 나랑 사귀**자고**.
  　　　　　　　　　びっくりした。私と付き合いたいのかと思った。

▶ **関連表現** 「-(으)라고 ❺」 ➡ **143** 参照、「時制+다고 ❽」 ➡ **359** 参照。

❺ 話し手が言ったか、人から聞いた勧誘や提案の内容を間接的に伝える際の表現。間接話法の勧誘形の表現。「~しようって(言った)」、「~しようって(言われた)」。

- 다음에 같이 가**자고** 약속했어. 　　今度一緒に行こうと約束した。
- 연락을 주고 받**자고** 했어요. 　　　連絡し合おうと言いました。

▶ **短縮表現** 「-자」。

▶ ❷❸❹ **丁寧表現** 「-자고요」。

113 −자고 들면
~しようとすれば

| 動　詞 | 가다 ⇨ 가**자고 들면** | 먹다 ⇨ 먹**자고 들면** |

113 114 115

● 積極的な行為や無計画、衝動的な行動を表す。「(積極的に)〜しようとすれば」、「(無条件的に)〜しようとすれば」、「(無鉄砲的に)〜すれば」。

- 먹자고 들면 다 먹을 수 있다.　　食べようと思えば全部食べられる。
- 죽자고 들면 뭘 못 해?　　死ぬ気でやれば何だってできる。

114　-자기에
～しようと言うので

| 動詞 | 가다 ⇨ 가자기에 | 먹다 ⇨ 먹자기에 |

● 人から聞いた勧誘や提案の内容が後述文の行為を行う理由や判断の根拠であることを表す際の表現。「〜しようって言うから」、「〜しようって言われたから」。

- 같이 먹자기에 먹었지.　　一緒に食べようと言われたから食べたよ。
- 앉자기에 앉았더니 화를 내더라.　　座ろうと言うので座ったら怒ってた。

▶ 同意表現 「-자고 해서」。같이 먹자고 해서 먹었지.

115　-자는
～しようという

| 動詞 | 가다 ⇨ 가자는 | 먹다 ⇨ 먹자는 |

● 勧誘や提案の内容を引用しながら後ろの言葉を修飾する表現。「〜しようっていう〜」、「〜しようとする〜」。

- 같이 가자는 의견은 없었어.　　一緒に行こうという意見はなかった。
- 결혼하자는 말 없었어?　　結婚しようという話はなかった?

▶ 拡張表現 「-자고 하는」。
▶ 短縮表現 「-잔」。

112　韓国語文型ハンドブック

116 －자는구나
～しようと言ってたよ

動　詞	가다 ⇨ 가**자는구나**	먹다 ⇨ 먹**자는구나**

ある勧誘や提案の話を、話し手が聞いて感嘆の意味を込めて相手に伝える際の表現。「～しようって言われたよ」、「～しようって」。

- 언젠가 한번 만나**자는구나**.　　　　　いつか一度会おうと言ってたよ。
- 같이 서울에 가**자는구나**.　　　　　　一緒にソウルへ行こうと言われたよ。

▶ 拡張表現 「-자고 하는구나」。
▶ 短縮表現 「-자는군」。

117 －자는데
～しようと言うけど

動　詞	가다 ⇨ 가**자는데**	먹다 ⇨ 먹**자는데**

❶ 誰かから聞いた提案や勧誘の内容を伝えながら自分の考えや質問などを引き続き話す際の表現。「(誰々が)～しようって言うんだけど」、「(誰々に)～しようと言われたんだけど」。

- 내일 보**자는데** 선약이 있어서 말이야.
　　　　　　明日、会おうと言われたけど、先約があるんだよ。
- 골프를 하**자는데** 난 싫어.　　ゴルフをしようと言うけど、私はイヤなんだ。

❷ 目下の人や友人のように親しい間柄で、話し手が聞いた提案の内容を余韻を残しつつ伝える際の終結形の表現。「(誰々が)～しようって言うんだけどね」、「(誰々に)～しようと言われたんだけどね」。

- 주말에 같이 영화 보**자는데**.
　　　　　　週末、一緒に映画を見ようと言われたんだけどな。

- 아침 일찍 출발하**자는데**.   朝早く出発しようと言われたけどね。

▶ ❶ ❷ 拡張表現 「−**자고 하는데**」。
▶ ❶ ❷ 丁寧表現 「−**자는데요**」。

118 −자니
〜しようだなんて・〜しようとすると

動　詞	가다 ⇨ 가**자니**	먹다 ⇨ 먹**자니**

❶ ある勧誘や提案の話を話し手が聞いて、意外な事で驚いたり感嘆することを表す終結語尾。独り言でも用いる。「(誰々が)〜しようだなんて(どういうこと?)」。

- 태풍이 오는데 외출을 하**자니**?   台風が来るのに外出をしようだなんて。
- 회사에 안 가고 놀러 가**자니**?   会社に行かず遊びに行こうだなんて。

▶ 丁寧表現 「−**자니요**」(短縮形:「−**자뇨**」)。

❷ 他人から聞いた勧誘や提案の内容を相手に尋ねる際の表現。主に目下の人や親しい間柄で用いる。丁寧形は存在しない。「(誰々が)〜しようって言ってた?」。

- 몇 시쯤 출발하**자니**?   何時ごろ出発しようと言ってた?
- 애인이 언제쯤 결혼하**자니**?   恋人がいつ頃、結婚しようと言ってた?

▶ 類似表現 「−**재** ❷」 ➡ 128 参照。

❸ 勧誘や提案の話を判断の根拠にする際の表現。「(誰々が)〜しようって言うから」、「(誰々に)〜しようと言われたから」、「〜しようと言ったら」。

- 같이 자**자니** 화를 내더라.   一緒に寝ようと言ったら怒ってたよ。
- 같이 보**자니** 봤지.   一緒に見ようと言われたから見たよ。

▶ 類似表現 「−**자니까** ❷」 ➡ 119 参照。

4. 特定の行為を行う予定であるが、後述する内容が少し気になる際の表現。「～しようって思うけど」、「(いざ)～しようとすると」、「～するためには」。

- 담배를 끊**자니** 살 찔 것 같아.　　タバコを止めようとすると太りそうだ。
- 아이를 낳**자니** 돈이 걱정이네.　　子供を作ろうと思うとお金が心配だ。

▶ ❸ ❹ 拡張表現 「-자고 하니」。

119 -자니까
～しようってば・～しようと言ったら

動詞	가다 ⇨ 가**자니까**	먹다 ⇨ 먹**자니까**

❶ 既に話した特定の内容を再び強調して提案・要請する際の終結語尾。一般的に友人関係や親しい間柄、または目下の人に用いる。「～しようってば」。

- 배 고파. 뭐 좀 먹**자니까**.　　お腹空いた。なんか食べようってば。
- 그러니까 같이 치우**자니까**.　　だから一緒に片付けようってば。

▶ 類似表現 「-자고 ❶」 ➡ 112 参照。
▶ 丁寧表現 「-자니까요」。

❷ 勧誘や提案の話を判断の根拠にする際の表現。「(誰々が)～しようって言うから」、「(誰々に)～しようと言われたから」、「(誰々が)～しようと言ったら」。

- 같이 가**자니까** 가는 거야.　　一緒に行こうと言うから行くんだよ。
- 게임하**자니까** 공부한대.　　ゲームやろうと言ったら勉強するって。

▶ 類似表現 「-자니 ❸」 ➡ 118 参照。
▶ 拡張表現 「-자고 하니까」。

▶ ❶ ❷ 強調表現 「-자니까는」(短縮形:「-자니깐」)。

120 -자더니
～しようと言っておいて

動詞	가다 ⇨ 가**자더니**	먹다 ⇨ 먹**자더니**

● ある勧誘や提案の話に言及し、それと関わることを話すか、それと反対の状況を話す際の表現。「～しようと言ってたくせに」、「～したいと話してたのに」、「～しようと言ってたじゃないか」。

- 같이 살**자더니** 왜 마음이 변했어?
  一緒に暮らそうと言ってたくせに、どうして気が変わったの?
- 가방을 사**자더니** 왜 모자를 사?
  カバンを買おうと言っておいて、どうして帽子を買うの?

▶ 拡張表現 「-자고 하더니」。

121 -자던데
～しようと言ってたけど

動詞	가다 ⇨ 가**자던데**	먹다 ⇨ 먹**자던데**

❶ 誰かから聞いた提案や勧誘の内容を伝えながら自分の考えや質問などを引き続き話す際の表現。「(誰々が)～しようって言ってたけど」、「(誰々に)～しようと言われたんだけど」。

- 산에 가**자던데** 난 싫어.　　　山へ行こうと言われたけど私はイヤだ。
- 집을 사**자던데** 어떡하지?　　家を買おうと言ってたけどどうしよう?

❷ 目下の人や友人のように親しい間柄で、話し手が聞いた提案の内容を余韻を残しつつ伝える際の終結形の表現。「(誰々が)～しようって言ってたけどね」、「(誰々に)～しようと言われたんだけどね」。

- 청소는 내일 하**자던데**.　　　掃除は明日しようと言われたけどね。

- 아버지가 바둑을 두**자던데**. 　　父が囲碁でも打とうと言ってたけどね。

▶ ❶ ❷ 拡張表現 「-자고 하던데」。
▶ ❶ ❷ 丁寧表現 「-자던데요」。

122 －자데
～しようと言ってたよ

動　詞	가다 ⇨ 가**자데**	먹다 ⇨ 먹**자데**

目下の人や友人のように親しい間柄で、話し手が聞いた提案の内容を余韻を残しつつ伝える際の終結形の表現。「(誰々が)～しようって言ってたけどね」、「(誰々に)～しようと言われたんだけどね」。

- 저녁은 비빔밥 먹**자데**. 　　夕食はビビンバを食べようと言ってたよ。
- 오전보다 오후에 만나**자데**. 　　午前中より午後、会おうと言われたよ。

▶ 類似表現 「-자던데 ❷」→ 121 参照。
▶ 丁寧表現 「-자데요」。
▶ 同意表現 「-자던걸」。 저녁은 비빔밥 먹**자던걸**.

123 －자마자
～するやいなや

動　詞	가다 ⇨ 가**자마자**	먹다 ⇨ 먹**자마자**

ある状況が起きてすぐ次の状況が引き続き起こることを表す際の連結語尾。「～する次第」、「～すると(すぐ)」、「～する途端」、「～した後すぐ」。

- 일어나**자마자** 화장실에 갔어요. 　　起きるやいなやトイレに行きました。
- 나를 보**자마자** 도망갔어요. 　　私を見かけるとすぐ逃げて行きました。

▶ 類似表現 「-자 ❶」 → 109 参照。

▶「-자」の後ろは命令や勧誘の文は接続しないが、「-자마자」の後ろでは命令や勧誘の文も接続できる。

124 －자면
～しようとするなら・～しようと言ったら

| 動詞 | 가다 ⇨ 가**자면** | 먹다 ⇨ 먹**자면** |

❶ ある意図や目的を仮定してその条件に従って他の行為を行うことを表す際の連結語尾。「～しようとするならば」、「～するためには」。

- 사랑을 받**자면** 먼저 사랑해야지.　　愛されたいなら先に愛さなくちゃ。
- 집을 사**자면** 많은 돈이 필요해요.　家を買うためには大金が必要です。

▶ 類似表現 「-(으)려면 ❶」 → 184 参照。

❷ ある提案や要請・勧誘をする場合を仮定する際の表現。「(誰々が)～しようと言ったら」、「(誰々に)～しようと言われたら」。

- 같이 저녁 먹**자면** 갈래?　　　　一緒に夕飯、食べようと言ったら行く?
- 계약하**자면** 내일 하겠다 해.　契約しようと言われたら明日すると言って。

▶ 拡張表現 「-자고 하면」。

125 －자면서
～しようと言ってたのに・～しようと言って

| 動詞 | 가다 ⇨ 가**자면서** | 먹다 ⇨ 먹**자면서** |

❶ 既に聞いた勧誘や提案の言葉を相手に確認して尋ねる際の終結語尾。再確認あるいは皮肉るような意味が含まれる。「～しようと言ってたくせ

に」、「~しようと言っておいて」。

- 다시 만나자고? 이제 다시는 만나지 말**자면서**?
  再会しようって？ もう二度と会うのは止めようと言ったくせに。
- 다 같이 먹**자면서** 왜 혼자 먹고 있니?
  皆一緒に食べようと言っておいてなんで一人で食べているの？

▶ 類似表現 「-자더니」 ➡ 120 参照。

2 提案の言葉を引用しながら一緒に行う行為を表す際の表現。「(誰々が)~しようと言いながら」、「~しようと言って」。

- 잘 지내**자면서** 악수를 했어. 仲良くしようと言いながら握手をした。
- 같이 앉**자면서** 자리를 양보해 주더라.
  一緒に座ろうと言いながら席を譲ってくれたよ。

▶ 拡張表現 「-자고 하면서」。

▶ ❶ ❷ 短縮表現 「-자며」。

126 -자 하니
~しようとすると・~したところによると

動 詞	가다 ⇨ 가**자 하니**	먹다 ⇨ 먹**자 하니**

1 ある行為を行う意図があることを表す際の連結語尾。「~するには~(否定的内容)」、「~しようと思うけど」。

- 음식을 버리**자 하니** 아깝다. 食べ物を捨てようと思うともったいないね。
- 혼자 도망가**자 하니** 미안하네. 一人で逃げようとするとなんか悪いな。

▶ 類似表現 「-자니 ❹」 ➡ 118 参照。

2 「보다」、「듣다」と接続して、見たり聞いたことを根拠にし、後述する内容を話す際の連結語尾。「(私が)見たところ(によると)」、「(私が)聞いたところ(によると)」。

- 듣자 하니 나한테 불만이 많다고?　　聞いたところ私に不満が多いと?
- 보자 하니 학생 같은데, 맞지?　　見たところ学生みたいだけど、そうよね?

❸ ある状況を見たり聞いたりしていて我慢ならない意を表す表現。「보자 보자 하니」、「듣자 듣자 하니」の形で用いる。「(私がずっと)見ていたけど(それは我慢ならない)」、「(私がずっと)聞いていたけど(それはひどい)」、「(我慢しながら)見て(聞いて)いると」。

- 보자 보자 하니 너무하네.　　我慢して見ていると、ひどいね.
- 듣자 듣자 하니 참 어이가 없다.　　ずっと聞いていたけどあきれ返るね.

▶ ❷ ❸ 強調表現 「-자 하니까」。

127　-잖아
～するじゃない

動　詞	가다 ⇨ 가잖아	먹다 ⇨ 먹잖아
形容詞	크다 ⇨ 크잖아	작다 ⇨ 작잖아
指定詞	이다 ⇨ (이)잖아	아니다 ⇨ 아니잖아
存在詞	있다 ⇨ 있잖아	없다 ⇨ 없잖아
過・未	갔다 ⇨ 갔잖아	가겠다 ⇨ 가겠잖아

聞き手や他の人が知っていることを確認してあげるか、あるいは相手がよく覚えていない時、話し手が訂正したり知らせるように話す際の表現。「～でしょう?」、「～するじゃない」、「～したじゃない」。

- 내가 가지 말라고 했잖아.　　私が行かないでと言ったじゃないか.
- 조용히 해. 아기가 자잖아.　　静かにして。赤ちゃんが寝てるでしょう?

▶ 丁寧表現 「-잖아요」。

▶「-잖아」は「-지 않아」の短縮形ではあるが、「-지 않아」と意味や用法は異なる。

128 -재
〜しようって・〜しようと言ってた?

動　詞	가다 ⇨ 가재	먹다 ⇨ 먹재

❶ 人から聞いた勧誘や提案の言葉を引用して伝える際の表現。「〜しようと言っていた」、「〜しようって」。

- 이번 일은 다 잊어버리재.　　　　　今回の件は全て水に流そうって。
- 내일 또 만나재.　　　　　　　　　　明日また会おうって言ってた。

❷ 他人から聞いた勧誘や提案の内容を相手に尋ねる際の表現。「(誰々が)〜しようって言ってた?」。

- 몇 시쯤 출발하재?　　　　　　　　何時ごろ出発しようと言ってた?
- 생일 선물로 뭘 사재?　　　　　　誕生日のプレゼントで何を買おうって?

▶ 類似表現 「-자니 ❷」→ 118 参照。

▶ ❶ ❷ 丁寧表現 「-재요」。

---

129 -재도
〜しようと言っても

動　詞	가다 ⇨ 가재도	먹다 ⇨ 먹재도

ある行為を一緒に行う事を提案するか勧誘するが、それと関係ない内容、あるいは反対の内容が続くことを表す表現。「〜しようと言ったけど(でも)」、「〜しようと言っても」、「〜しようと言われても」。

- 그만두재도 말을 안 들어.　　　止めようと言っても言う事を聞かない。
- 같이 먹재도 안 먹던데.　　　　一緒に食べようと言っても食べなかったよ。

▶ 拡張表現 「-자고 해도」。

130 －재서
～しようと言うので

| 動詞 | 가다 ⇨ 가재서 | 먹다 ⇨ 먹재서 |

人から聞いた勧誘や提案の内容が後述文の行為を行う理由や判断の根拠であることを表す際の表現。「～しようって言うから」、「～しようって言われたから」。

- 같이 먹재서 먹기로 했어.　　一緒に食べようと言われて食べることにした。
- 술을 마시재서 조금 마셨어.　　お酒を飲もうと言われて少し飲んだよ。

▶ 類似表現 「－자기에」➡ 114 参照。
▶ 拡張表現 「－자고 해서」。

131 －지
～でしょう？・～しなさい・～だよね

動詞	가다 ⇨ 가지	먹다 ⇨ 먹지
形容詞	크다 ⇨ 크지	작다 ⇨ 작지
指定詞	이다 ⇨ (이)지	아니다 ⇨ 아니지
存在詞	있다 ⇨ 있지	없다 ⇨ 없지
過・未	갔다 ⇨ 갔지	가겠다 ⇨ 가겠지

❶ 選択可能な対照的な二つの状況を並べて、前の一つは肯定、後ろのもう一つは否定する際の連結語尾。「～であって～ではない」、「～するけど～はしない」。

- 난 절약가지 구두쇠가 아니야.　　私は節約家であってケチではないよ。
- 서울에 가지 부산엔 안 가.　　ソウルには行くけどプサンには行かない。

▶「－(으)면 －았(었・였)지」の形で、ある行為に対する強い意志を表すための極端的

な状況を仮定する表現となる。
- 죽으면 죽었지 안 가. 　死んでも行かない。

② 話し手が自分に関する話や自分の考えを親しみを込めて話す際の終結語尾。「～だよ」、「～なんだ」。
- 그 문제는 내가 잘 알지. 　その件については私がよく知っているよ。
- 나도 옛날에는 꽤 인기가 있었지. 　私も昔はけっこう人気があったよ。

▶ 類似表現 「-아(어・여) ④」→ 251 参照。

③ 聞き手がある事実を知っていると信じて尋ねるか、または話し手が既に知っている事を確認するように話す際の終結語尾。「～だろう?」、「～だよね?」。
- 사실이 아니지? 그렇지? 　事実じゃないよね? そうでしょう?
- 문을 닫으니 좀 무덥지? 　ドアを閉めたらちょっと蒸し暑いでしょう?

④ 聞き手にある行動を行うことを命令、勧誘する際の終結語尾。あるいは聞き手にある行動を提案、要請する際に用いる。「～したら(どう?)」、「～しようよ」、「～して下さい」。
- 모르겠으면 형한테 물어 보지. 　分からないなら兄に聞いてみたら?
- 수업 끝나고 같이 한잔하지. 　授業終わって一緒に一杯飲もう。

⑤ 聞き手に対して既に起こった状況が話し手の希望通りではないために気に入らない気持ちを表す際の終結語尾。主に動詞と接続する。「～したらよかったのに」、「～してほしかったな」。
- 나도 좀 데려가 주지. 　私も連れて行ってほしかったな。
- 좀 더 열심히 공부하지. 　もう少し頑張って勉強すれば良かったのに。

▶ ❷❸❹❺ 丁寧表現 「-지요」(短縮形:「-죠」)。

132　-지만
　　　〜だけど・〜するが

動詞	가다 ⇨ 가지만	먹다 ⇨ 먹지만
形容詞	크다 ⇨ 크지만	작다 ⇨ 작지만
指定詞	이다 ⇨ (이)지만	아니다 ⇨ 아니지만
存在詞	있다 ⇨ 있지만	없다 ⇨ 없지만
過・未	갔다 ⇨ 갔지만	가겠다 ⇨ 가겠지만

❶ 前述文と反対や否定の内容を後述文で続いて話す際の連結語尾。「〜けど」、「〜であるが」、「〜するが」。

- 돈은 있**지만** 시간이 없어요.　　　　お金はあるけど時間がありません。
- 오늘은 바쁘**지만** 내일은 괜찮아.　今日は忙しいけど明日は大丈夫だよ。

❷ 前述文を認めつつも後述文がそれにあまり影響されない事を表す際の連結語尾。「〜けど(だんだん・そのうち)」、「〜であるが(なんとか)」、「〜するが」。

- 억울하**지만** 인정할 수밖에 없어.　　悔しいけど認めるしかないね。
- 좀 춥**지만** 견딜만 하구나.　　　　　少し寒いけど耐えられそうだよ。

▶ ❶ ❷ 拡張表現 「-지마는」。
▶ ❶ ❷ 「-지마는」より「-지만」のほうが口語表現である。

133　-지 말다
　　　〜しない

動詞	가다 ⇨ 가지 말다	먹다 ⇨ 먹지 말다

● 聞き手にある行為をさせない事を表す際の表現。命令文と勧誘文とのみ接続する。たとえば、「-지 마」(〜するな)、「-지 말고」(〜しないで)、「-지

마세요」(〜しないで下さい)などと変化して用いる。

- 복도에서 장난치**지 마세요**.　　　　　廊下で悪戯をしないで下さい。
- 오늘은 자**지 말고** 공부해.　　　　　今日は寝ないで勉強しなさい。

▶ 命令・禁止の際は「-지 마」や「-지 마라」の形となる。
▶ 文語や標語・間接話法などの命令は「-지 말라」の形となる。

134　-지 못하다
〜することができない・〜くない

動　詞	가다 ⇨ 가**지 못하다**	먹다 ⇨ 먹**지 못하다**

❶ 意志や願望をもっているものの、それに必要な能力がないか、他の事情によって意志どおりにできなかったことを表す際の表現。命令文や勧誘文、そして意図を表す「-(으)려고」、「-고자」、「-고싶다」などの表現とは接続しない。「〜することができない」。

- 바빠서 점심도 먹**지 못했**어요.　　忙しくて昼食も食べられませんでした。
- 술을 마셔서 운전하**지 못해**요.　　お酒を飲んだので運転できません。

▶ 同意表現 「**못 -다**」。바빠서 점심도 **못** 먹었어요.
▶ 類似表現 「-ㄹ(을) 수 없다」 ➡ 231 参照。

❷ 能力や状況がある基準に至らないことを表す際の表現。不可能の表現であるが、形容詞と接続するので一般否定文の意味で訳す。「〜ではない」、「〜しない」、「〜くない」。

- 자원이 풍부하**지 못해**요.　　　　　資源が豊富ではありません。
- 우수하**지 못한** 선수는 해고다.　　優秀ではない選手は解雇だ。

▶ 「편하다」(楽だ)、「우수하다」(優秀だ)、「풍부하다」(豊かだ)、「좋다」(良い)、「옳다」(正しい)などの一部の形容詞と接続する。

135 －지 않다
～しない

動　詞	가다 ⇨ 가지 않다	먹다 ⇨ 먹지 않다
形容詞	크다 ⇨ 크지 않다	작다 ⇨ 작지 않다

先立つ行為や状態について単純に否定するか、先立つ行為を行う主語の意志や意図がないことを表す際の表現。「～ではない」、「～しない」、「～くない」。

- 주말에는 가게를 열지 않아요.　　　週末には店を開けません。
- 겨울인데 춥지 않아요.　　　　　　冬なのに寒くありません。

▶ 同意表現 「안 －다」。주말에는 가게를 안 열어요.

▶ 「알다」(わかる)、「깨닫다」(悟る)、「인식하다」(認識する)など主語の認知を表す動詞とは接続しない。

SUPER HANGUL HANDBOOK

2
「-으」添加有無形

基本形の語尾である「-다」の手前の文字に「パッチム」がついているか否かによってそれぞれ異なる文法表現を接続させるタイプ

「—으」添加有無形の特長説明

【「—으」添加有無形】とは、基本形の語尾である「—다」の手前の文字に「パッチム」がついているか否かによってそれぞれ異なる文法表現を接続させるタイプです。主に「パッチム」がついている場合は「—으」を伴ってから特定の文法表現を付け加える特長を有します。

> 接続例

パッチム無し	가다 ⇨ 가나		크다 ⇨ 크나	
「ㄹ」パッチム	살다 ⇨ 사나		길다 ⇨ 기나	
指 定 詞	이다 ⇨ (이)나		아니다 ⇨ 아니나	
パッチム有り	먹다 ⇨ 먹으나		작다 ⇨ 작으나	
過去・未来	갔다 ⇨ 갔으나		가겠다 ⇨ 가겠으나	

- 🐻 品詞に関係なく、基本形の「—다」の手前の文字に「パッチム」がついてない場合は、「—다」を取り除いて、そのまま一定の文法表現を付け加えて下さい。

- 🐻 品詞や時制(過去・未来)に関係なく、基本形の「—다」の手前の文字に「パッチム」がついている場合は「—으」と共に一定の文法表現を付け加えて下さい。

- 🐻 なお、指定詞「이다」の場合は接続する体言(名詞や代名詞)の最後の文字に「パッチム」がついていれば「—으」ではなく「—이」が必要となります。

- 🐻 なお「ㄹ」パッチムの単語は不規則変化の対象のため、後続の子音によって変化が異なりますので注意して下さい。主に「ㄹ」パッチムが脱落して、「—으」も伴わない特長があります。

136 －(으)나
～するけど・～しても・(とても)～な

パ・無し	가다	⇨ 가나	크다	⇨	크나
パ・「ㄹ」	살다	⇨ 사나	길다	⇨	기나
指定詞	이다	⇨ (이)나	아니다	⇨	아니나
パ・有り	먹다	⇨ 먹으나	작다	⇨	작으나
過・未	갔다	⇨ 갔으나	가겠다	⇨	가겠으나

◎「ㄹ」パッチム用言は「ㄹ」が脱落し、一定の文法表現が加わる。

❶ 前述文と反対の内容を後述文に続けて話す際の連結語尾。文語体の表現である。「～だけど」、「～だが」、「～けれども」。

- 가격은 싸나 질이 안 좋아요.　　価格は安いけど、質は良くありません。
- 키는 작으나 점프를 잘해요.　　背は低いけど、ジャンプがよくできます。

▶ 類似表現 「-지만 ❶」 ➡ 132 参照。

❷ 主に相反する単語とともに用いて、どんな場合でも最後の結果や行動が同じであることを表す連結語尾。原則的に「-(으)나」を反復した形で用いる。「～でも(～でも)(変わらず)」、「～であれ(～であれ)(同じく)」。

- 크나 작으나 마찬가지래.　　大きくても小さくても同じだって。
- 너는 여기에 있으나 없으나야.　　君はここにいても居なくても同じだよ。

❸ 主に「疑問詞＋動詞」の形で、どんな場合でも最後の結果や行動が同じであることを表す連結語尾。「～しても(とにかく)」、「～しても(全部)」。

- 언제 먹으나 맛은 안 변해요.　　いつ食べても味は変わらないです。
- 어디 있으나 잊지 않을 거야.　　どこにいても忘れないからね。

▶ 類似表現 「-아(어・여) 도 ❶」 ➡ 263 参照。

❹ 一部の形容詞が反復的に「-(으)나+連体形」の形で用いられ、その形容詞の意味を強調する際の連結語尾。「(とても)～くて～な～」。

- 머나 먼 고향이 참으로 그립다.　はるか遠くの故郷が本当に懐かしい。
- 기나 긴 밤을 혼자서 지냈다.　とても長い夜を一人で過した。

137　-(으)니
～であるから

パ・無し	가다 ⇨	가니	크다 ⇨	크니
パ・「ㄹ」	살다 ⇨	사니	길다 ⇨	기니
指定詞	이다 ⇨	(이)니	아니다 ⇨	아니니
パ・有り	먹다 ⇨	먹으니	작다 ⇨	작으니
過・未	갔다 ⇨	갔으니	가겠다 ⇨	가겠으니

○ 「ㄹ」パッチム用言は「ㄹ」が脱落し、一定の文法表現が加わる。

前述した内容に具体的な説明をつけ加えることを表す際の連結語尾。「～であるけど」、「～であるので(つまり・まるで)」。

- 그렇게 바쁘니 스타는 역시 스타구나.
　　あんなに忙しいんだからさすがスターはスターだね。
- 그때는 열심히 일했으니 하루에 열 시간은 했다.
　　あのときは頑張って働いて、一日に十時間は仕事した。

▶「拡張表現」として「-(으)니까」は使用不可。

138　-(으)니까
～ので・～したら

パ・無し	가다 ⇨	가니까	크다 ⇨	크니까
パ・「ㄹ」	살다 ⇨	사니까	길다 ⇨	기니까
指定詞	이다 ⇨	(이)니까	아니다 ⇨	아니니까

パ・有り	먹다 ⇨ 먹**으니까**	작다 ⇨ 작**으니까**
過・未	갔다 ⇨ 갔**으니까**	가겠다 ⇨ 가겠**으니까**

○ 「ㄹ」パッチム用言は「ㄹ」が脱落し、一定の文法表現が加わる。

① 前述文が後述文の内容について理由や判断の根拠を表す際の連結語尾。「〜ので」、「〜から」、「〜だから」。

- 오늘은 바쁘**니까** 내일 보자　　　　　今日は忙しいから明日会おう。
- 난 다 읽었**으니까** 너 읽어.　　　　　私は読み終わったから君が読んで。

② ある行為を行った結果、後述する事実を発見するようになったことを表す際の連結語尾。過去形の語尾「-았(었・였)」や未来形の語尾「-겠」とは接続しない。「(〜した)(そう)したら(〜だった)」、「(〜した)(そう)すると(〜だった)」。

- 직접 만나 보**니까** 좋은 사람이더라.　直に会ってみたら良い人だった。
- 많이 먹**으니까** 좋아했어요.　　　　 沢山、食べたら喜んでました。

▶ **①②** 短縮表現 「-(으)니」。
▶ **①②** 強調表現 「-(으)니까는」(短縮形:「-(으)니깐」)。

139 -(으)되
~するけど・~しても

パ・無し	가다 ⇨ 가**되**	크다 ⇨ 크**되**
パ・「ㄹ」	살다 ⇨ 살**되**	길다 ⇨ 길**되**
指定詞	이다 ⇨ (이)**되**	아니다 ⇨ 아니**되**
パ・有り	먹다 ⇨ 먹**되**	작다 ⇨ 작**되**
存在詞	있다 ⇨ 있**으되**	없다 ⇨ 없**으되**
過・未	갔다 ⇨ 갔**으되**	가겠다 ⇨ 가겠**으되**

○ 「存在詞」と「過去・未来」のみ「-으」を伴って活用する。

① 前後の事実を対立的に繋ぐ際の連結語尾。やや古めかしい言い方で、文

139 140

語体である。「〜するけど」、「〜だけど」。

- 크기는 작**되** 성능은 좋다. 　　大きさは小さいけど、性能はいい。
- 재산은 많**되** 인덕이 없다. 　　財産は多いけど、人徳はない。

▶ 類似表現 「-지만 ❶」 ➡ **132** 参照。

❷ 前述の内容を認めつつもそれについての条件があるということを表す際の連結語尾。「(〜は大丈夫だ)しかしながら〜」。

- 입원은 하**되** 수술은 안 해. 　　入院はしても手術はしないつもりだよ。
- 여기 있으**되** 자면 안 돼. 　　ここにいていいけど、寝てはダメよ。

▶ 類似表現 「-더라도」 ➡ **094** 参照。

❸ ある事実を叙述してそれと関連した内容を詳しくつけ加える際の連結語尾。「〜であるが(そのなかでも・とりわけ)」。

- 운동을 잘하**되** 특히 테니스를 잘해요.
　　　　　　　運動が上手なんだけど、とくにテニスが得意です。
- 외국에 가**되** 주로 한국에 간다. 　外国へ行くんだけど、主に韓国へ行く。

▶ 類似表現 「-ㄴ(은·는)데 ❹」 ➡ **311** 参照。

140 −(으)라
〜せよ・〜しろ

パ・無し	가다 ⇨ 가라	자다 ⇨ 자라
パ・「ㄹ」	살다 ⇨ 살라	팔다 ⇨ 팔라
パ・有り	먹다 ⇨ 먹으라	읽다 ⇨ 읽으라

❶ 大勢の人を相手に、ある行為を要求するか、ある状況になることを希望する際の終結語尾。主に教導性のある演説表現で用い、日常会話では使わない。「〜せよ」。

- 좀 더 인간답게 살**라**. 　　もっと人間らしく生きなさい。

- 참으라. 그리고 사랑하라.　　　　　耐えなさい。そして愛せよ。

❷ 話し手が聞き手に権威をもって命令することを表す際の終結語尾。「〜せよ」、「〜したまえ」。

- 모두 일제히 공격하라.　　　　　皆、一斉に攻撃せよ。
- 제군들은 내 말을 잘 들으라.　　諸君は私の言うことをよく聞け。

▶ 類似表現 「−아(어·여)라 ❶」→ 267 参照。

141 −(으)라거나
〜しろだとか(という)

パ・無し	가다 ⇨	가라거나	자다 ⇨	자라거나
パ・「ㄹ」	살다 ⇨	살라거나	팔다 ⇨	팔라거나
指定詞	이다 ⇨	(이)라거나	아니다 ⇨	아니라거나
パ・有り	먹다 ⇨	먹으라거나	읽다 ⇨	읽으라거나

命令の内容を引用して例をあげるか、並べる際の表現。「〜しろとか(でなければ〜しろとか)」。指定詞の場合は「〜だとか・〜ではないとか」と訳す。

- 가라거나 오라거나 말을 해.　　　行けとか来いとか、何か言ってよ。
- 조심하라거나 하는 충고도 없었어.　気をつけろといった忠告もなかった。

142 −(으)라거든
〜しろと言ったら・〜しろと言うのでね

パ・無し	가다 ⇨	가라거든	자다 ⇨	자라거든
パ・「ㄹ」	살다 ⇨	살라거든	팔다 ⇨	팔라거든
指定詞	이다 ⇨	(이)라거든	아니다 ⇨	아니라거든

| パ・有り | 먹다 ⇨ 먹으라거든 | 읽다 ⇨ 읽으라거든 |

❶ 要請や命令があった場合、後述する内容の行動を行うことを表す際の表現。「〜しろと言われたら」、「〜と言ったら」。指定詞の場合は「〜であると言われたら・〜ではないと言われたら」と訳す。

- 형이 사라거든 무조건 사.　　　兄が買えと言ったら、とにかく買って。
- 창문을 닫으라거든 덥다고 해.　　窓を閉めろと言われたら暑いと言って。

▶ 同意表現 「–(으)라거들랑」。형이 사라거들랑 무조건 사.
▶ 拡張表現 「–(으)라고 하거든」。

❷ 人の命令や要請を引用してそれが自分の行動についての根拠や理由であることを説明しつつ文章を締めくくる際の表現。「〜しろと言われたからだよ」。

- 의사가 잠시 쉬라거든.　　　　　医者にしばらく休めと言われたから。
- 잘게. 엄마가 일찍 자라거든.　　寝るね。母が早く寝なさいって言うので。

▶ 丁寧表現 「–(으)라거든요」。

143　–(으)라고
〜するために・〜しろってば・〜しろと

パ・無し	가다 ⇨ 가라고	자다 ⇨ 자라고
パ・「ㄹ」	살다 ⇨ 살라고	팔다 ⇨ 팔라고
パ・有り	먹다 ⇨ 먹으라고	읽다 ⇨ 읽으라고

❶ ある行為の目的や意図を表す。前述文と同じ目的や意図のために後述文の行為を行うことを表す際の連結語尾。「〜しろ(という目的で)」、「〜するために」。

- 옷을 사라고 돈을 주더라.　　　　服を買うようにとお金をくれたよ。
- 젊어 보이라고 머리를 길렀어요.　若く見えるように髪を伸ばしました。

② 話し手が提案・命令・主張を繰り返して表現するか、強調する際の終結語尾。「～しろってば」、「～しろと言ったよ」。

- 그러니까 제발 일찍 자**라고**. お願いだから早く寝なさいってば。
- 포인트는 내 말을 들**으라고**. 要は私の言うことを聞け、ということ。

▶ 類似表現 「-(으)라니까 ❶」 ➡ 149 参照。

③ 質問に対して再度、確認するように尋ねるか、否定する意味で尋ねる際の終結語尾。「～しろと言った?」、「～しろって?」。

- 나 혼자서 돌아가**라고**? 私一人で帰りなさいということ?
- 이 상황에서 나보고 웃**으라고**? この状況で私に笑えって?

④ 人から聞いた命令や要請の内容を間接的に伝える際の表現。「～しろと(言われた)」、「～しろと(言っていた)」。

- 조심하**라고** 했어요. 気をつけるようにと言われました。
- 소설을 읽**으라고** 했어요. 小説を読むようにと言われました。

⑤ 話し手が一人で心配していた事柄が事実と異なることを確認して安心したり、疑問が解けた場合、あるいは自分の推測が間違っていたことを表す際の終結語尾。「～しろと言われたかと思って(心配したけど)」。

- 깜짝이야. 난 또 나만 하**라고**.
  びっくりした。私にだけやれと言うのかと思った。
- 다행이다. 난 또 나만 남**으라고**.
  良かった。私にだけ残れと言うのかと思った。

▶ 関連表現 「-자고 ❹」 ➡ 112 参照、「時制+다고 ❽」 ➡ 359 参照。

▶ ❶❸❹ 短縮表現 「-(으)라」。
▶ ❷❸ 丁寧表現 「(으)라고요」。

144 −(으)라기에
〜しろと言うので

パ・無し	가다 ⇨ 가라기에	자다 ⇨ 자라기에
パ・「ㄹ」	살다 ⇨ 살라기에	팔다 ⇨ 팔라기에
パ・有り	먹다 ⇨ 먹으라기에	읽다 ⇨ 읽으라기에

● 人から聞いた命令や要請の内容が後述文の行為を行う理由や判断の根拠になることを表す際の表現。「〜しろと言われたので」、「〜しろと言うから」。

- 먹고 가라기에 먹고 왔어. 　　食べて行けと言うので食べて来た。
- 참으라기에 참았어. 　　我慢しろと言われたので我慢した。

▶ 拡張表現 「−(으)라고 하기에」。

145 −(으)라는
〜しろという〜

パ・無し	가다 ⇨ 가라는	자다 ⇨ 자라는
パ・「ㄹ」	살다 ⇨ 살라는	팔다 ⇨ 팔라는
パ・有り	먹다 ⇨ 먹으라는	읽다 ⇨ 읽으라는

● 聞いた命令の内容を引用しながら後述文を修飾する際の表現。「〜しろという(話・命令・要求)」。

- 로비로 모이라는 연락이 있었어. 　　ロビーに集まれという連絡があった。
- 다 팔라는 지시가 있었어. 　　全部、売れという指示があった。

▶ 拡張表現 「−(으)라고 하는」。
▶ 短縮表現 「−(으)란」。

146 －(으)라는구나
～しろと言ってたよ

パ・無し	가다 ⇨ 가라는구나		자다 ⇨ 자라는구나	
パ・「ㄹ」	살다 ⇨ 살라는구나		팔다 ⇨ 팔라는구나	
パ・有り	먹다 ⇨ 먹으라는구나		읽다 ⇨ 읽으라는구나	

● 他人が言った命令や要請の言葉を話し手が聞いて感嘆の感じを込めて相手に伝える際の表現。目下の人や親しい友人関係で用いる。「～しろと言われたよ」。

- 회사에 다시 나오라는구나.　会社にまた出社するように言われたよ。
- 무슨 일이 있어도 믿으라는구나.　何があっても信じろって言ってたよ。

▶ 同意表現 「-(으)라는군」。회사에 다시 나오라는군.

147 －(으)라는데
～しろと言うんだけど(ね)

パ・無し	가다 ⇨ 가라는데		자다 ⇨ 자라는데	
パ・「ㄹ」	살다 ⇨ 살라는데		팔다 ⇨ 팔라는데	
パ・有り	먹다 ⇨ 먹으라는데		읽다 ⇨ 읽으라는데	

❶ 言われた命令や要求の内容を伝えながら自分の考えや質問などをする際の表現。「(誰々が)～しろと言ってるんだけど」、「～しろって言われているけど」。

- 한복을 입으라는데 한복이 없어요.
　　　韓服を着るように言われたけど、韓服を持っていません。
- 집에 오라는데 난 싫어.　家に来るように言われたけど、私はイヤだ。

❷ 言われた命令の内容を余韻を残しつつ伝えることで間接的に表したいことを

話す際の表現。「(誰々が)~しろと言ってるんだけどね」、「~しろって言われてるけどね」。

- 내일은 일찍 출근하라는데.　　明日は早く出勤しろと言うんだけどね。
- 여기선 모자를 벗으라는데.　　ここでは帽子を脱げと言ってるよ。

▶ 丁寧表現 「-(으)라는데요」。

▶ ❶❷ 拡張表現 「-(으)라고 하는데」。

148 -(으)라니
~しろだなんて・~しろって？

パ・無し	가다 ⇨ 가라니	자다 ⇨ 자라니
パ・「ㄹ」	살다 ⇨ 살라니	팔다 ⇨ 팔라니
パ・有り	먹다 ⇨ 먹으라니	읽다 ⇨ 읽으라니

❶ 言われた命令や要請の言葉を話し手が聞いて意外なことで驚いたり感嘆したりする際の終結語尾。「~しろと言うだなんて(とんでもない・驚いた)」。

- 교실을 나 혼자 청소하라니.　　教室を私一人で掃除しろとは。
- 더운데 창문을 닫으라니.　　暑いのに窓を閉めろと言うなんて。

▶ 丁寧表現 「-(으)라니요」。

❷ 他人から聞いた命令や要請の内容を相手に尋ねる際の表現。「~しろと言ってた?」、「~しろと言われた?」。

- 언제 어디로 모이라니?　　いつどこへ集まれって？
- 값을 얼마나 더 깎으라니?　　値段をどのくらいもっと値切れって？

▶ 類似表現 「-(으)래 ❷」 ➡ 163 参照。

149 －(으)라니까
～しろってば・～しろと言うから

パ・無し	가다 ⇨ 가라니까	자다 ⇨ 자라니까
パ・「ㄹ」	살다 ⇨ 살라니까	팔다 ⇨ 팔라니까
パ・有り	먹다 ⇨ 먹으라니까	읽다 ⇨ 읽으라니까

❶ 既に言った内容をもう一度、強調して命令する際の終結語尾。「～しろと言ったでしょう」、「～しろってば」。

- 네 마음대로 하라니까.　　　　君の好きなようにしなさいってば。
- 이제 화해하고 웃으라니까.　　　もう和解して笑えってば。

▶ 丁寧表現 「－(으)라니까요」。

❷ 言われた命令の内容を理由や根拠にして引用する際の表現。「～しろと言うから」、「～しろっ言われたから」。

- 오라니까 왔지 이유는 몰라.　　来いと言うから来たけど、理由は知らない。
- 집에 있으라니까 있었지.　　　家にいろと言うから家にいたんだよ。

▶ 短縮表現 「－(으)라니」。

▶ ❶❷ 強調表現 「－(으)라니깐」。

150 －(으)라더군
～しろと言ってたよ

パ・無し	가다 ⇨ 가라더군	자다 ⇨ 자라더군
パ・「ㄹ」	살다 ⇨ 살라더군	팔다 ⇨ 팔라더군
パ・有り	먹다 ⇨ 먹으라더군	읽다 ⇨ 읽으라더군

● 言われた命令の内容を余韻を残しつつ相手に伝える際の表現。年配の男

性がよく用いる。「(誰々が)〜しろと言ってるんだよ」、「〜しろって言われたんだよ」。

- 안부를 전해 달라더군. よろしくと言ってたよ。
- 끝까지 참으라더군. 最後まで耐えなさいって。

▶ 丁寧表現 「-(으)라더군요」。

151 -(으)라더니
〜しろと言ってたのに・(〜の言葉)のように

パ・無し	가다 ⇨ 가라더니	자다 ⇨ 자라더니
パ・「ㄹ」	살다 ⇨ 살라더니	팔다 ⇨ 팔라더니
パ・有り	먹다 ⇨ 먹으라더니	읽다 ⇨ 읽으라더니

❶ 人に言われた命令の内容に言及しながら、それと関係していることを話す。あるいは、それと異なる反対の状況を話す際の表現。「(誰々が)〜しろと言ってたけど」。

- 더 자라더니 왜 깨워? もっと寝てなさいと言ったくせに何故起こすの?
- 신을 벗으라더니 양말까지도 벗으래.
  靴を脱げと言ってさらに靴下までも脱げって。

❷ 諺や格言のようによく知られた表現を例にあげつつその言葉が正しいことを話す際の表現。「〜しろという言葉のように」、「〜しろっていわれるように」、「(〜の言葉)のように」。

- 자신을 알라더니 정말 겸손해. 己を知れというように本当に謙遜だね。
- 말은 적게 하라더니 맞는 말이야.
  言葉は慎むべきというけど、その通りだね。

▶ ❶❷ 拡張表現 「-(으)라고 하더니」。

152 －(으)라더라
～しろと言ってたよ

パ・無し	가다 ⇨ 가라더라		자다 ⇨ 자라더라	
パ・「ㄹ」	살다 ⇨ 살라더라		팔다 ⇨ 팔라더라	
パ・有り	먹다 ⇨ 먹으라더라		읽다 ⇨ 읽으라더라	

● 人に言われた命令や要請の内容を相手に話すか、代わりに伝えることを表す際の表現。「～しろと言っていたよ」、「～しろってよ」、「しなさいって」。

- 나물은 시장에서 사**라더라**.　　　ナムルは市場で買いなさいって。
- 늦겠다고 먼저 먹으**라더라**.　　　遅れるから先に食べなさいって。

▶ 拡張表現 「-(으)라고 하더라」。

153 －(으)라던
～しろと言っていた？・～しろと言ってた～

パ・無し	가다 ⇨ 가라던		자다 ⇨ 자라던	
パ・「ㄹ」	살다 ⇨ 살라던		팔다 ⇨ 팔라던	
パ・有り	먹다 ⇨ 먹으라던		읽다 ⇨ 읽으라던	

❶ 聞き手が知っているだろうと思われる命令の内容について尋ねる際の表現。「(誰々が)～しろと言っていた?」、「～しろって言われた?」。

- 그걸 비밀로 하**라던**?　　　それを秘密にしろと言われた?
- 무슨 책을 읽으**라던**?　　　何の本を読めと言われた?

❷ 修辞疑問文として用い、文の内容を強く否定・反発するか、あるいは疑問を提起する際の表現。「～しろなんて言ってないでしょう?」、「(誰が)そんなことしろって言った?」。

- 내가 너한테 일하**라던**?　　　私が君に仕事しろなんて言った?

153 **154**

- 누가 그렇게 많이 먹으라던? 誰もそんなに沢山食べろと言ってないよ。

③ 過去に言われた命令の内容を回想し、後続する体言を修飾する際の表現。「〜しろと言っていた〜」、「〜しろって言われていた〜」、「〜してほしいと言っていた〜」。

- 오빠가 보라던 영화를 봤어. 兄が見ろと言っていた映画を見たよ。
- 항상 웃으라던 말 생각나? いつも笑ってと言っていた話、覚えてる?

▶ ❶❷ 同意表現 「−(으)라디」。 내가 너한테 일하라디?
▶ ❶❷❸ 拡張表現 「−(으)라고 하던」。

154 −(으)라던가
〜しろと言ってたか・〜しろと言ってたっけ?

パ・無し	가다 ⇨ 가라던가	자다 ⇨ 자라던가
パ・「ㄹ」	살다 ⇨ 살라던가	팔다 ⇨ 팔라던가
パ・有り	먹다 ⇨ 먹으라던가	읽다 ⇨ 읽으라던가

① 聞き手が知っているだろうと思われる命令の内容について尋ねる際の表現。年配者や中年の男性がよく用いる。「(誰々が)〜しろと言っていたか?」、「〜しろと言われたか?」。

- 왜 나만 가라던가? どうして私だけ行けって?
- 우리는 무엇을 먹으라던가? 私たちは何を食べろと言っていた?

▶ 拡張表現 「−(으)라고 하던가」。

② 誰かに言われた命令を回想しながら独り言のように尋ねるか思い出す際の表現。「(誰々が)〜しろと言っていたっけ?」、「〜しろと言われたっけ?(よく覚えていないな)」。

- 이번 주말까지 끝내라던가. 今週末まで終わらせてと言ってたっけ?
- 글쎄, 다 버리라던가. どうだったっけ? 全部捨てろと言ってたっけ?

142 韓国語文型ハンドブック

155 －(으)라던데
～しろと言っていたけど

パ・無し	가다 ⇨ 가라던데	자다 ⇨ 자라던데
パ・「ㄹ」	살다 ⇨ 살라던데	팔다 ⇨ 팔라던데
パ・有り	먹다 ⇨ 먹으라던데	읽다 ⇨ 읽으라던데

❶ 言われた命令や勧誘、要請の話をしながらそれを根拠にして自分の意見を言うか、質問や提案を行う際の表現。「～しろと言っていたけど」、「～しろと言われたけど」。

- 자라던데 잠이 안 오더라.　　　　寝ろと言われたけど、眠くなかった。
- 약을 먹으라던데 난 싫어.　　　　薬を飲むように言われたけど、私は嫌だ。

❷ 言われた命令の内容を余韻を残しつつ伝えることで間接的に表したいことを話す際の表現。「(誰々が)～しろと言っていたんだけどね」、「～しろって言われたけどね」。

- 일찍 들어 오라던데.　　　　　　早く帰宅しろと言われたけどな。
- 매일 약을 먹으라던데.　　　　毎日、薬を飲みなさいと言われたけどね。

▶ 丁寧表現 「-(으)라던데요」。

▶ ❶ ❷ 拡張表現 「-(으)라고 하던데」。

156 －(으)라데
～しろと言ってたよ

パ・無し	가다 ⇨ 가라데	자다 ⇨ 자라데
パ・「ㄹ」	살다 ⇨ 살라데	팔다 ⇨ 팔라데
パ・有り	먹다 ⇨ 먹으라데	읽다 ⇨ 읽으라데

人に言われた命令や要請の内容を相手に話すか、代わりに伝えることを表

す際の表現。「〜しろと言っていたよ」、「〜しろってよ」、「しなさいって」。

- 늦게까지 푹 자라데. 　　　　　遅くまでゆっくり寝てと言われたよ。
- 인삼을 먹으라데. 　　　　　　　高麗人参を食べろと言ってたよ。

▶ 類似表現 「-(으)라더라」➡ 152 参照、「-(으)라던데 ❷」➡ 155 参照。

157 -(으)라든가
〜しろだとか

パ・無し	가다 ⇨ 가라든가	자다 ⇨ 자라든가
パ・「ㄹ」	살다 ⇨ 살라든가	팔다 ⇨ 팔라든가
パ・有り	먹다 ⇨ 먹으라든가	읽다 ⇨ 읽으라든가

● 「-(으)라든가 -(으)라든가」の形で用い、命令の中である一つを選択することを表す表現。あるいは、どっちを選択しても問題ないことを表す。「〜しろとか(じゃなかったら)〜しろとか」。

- 가라든가 오라든가 말을 해. 　　　行けとか来いとか話をしてよ。
- 때리라든가 맞으라든가 지시를 하세요.
　　　　　　　　　　　殴れとか殴られろとか指示をして下さい。

▶ 同意表現 「-(으)라든지」。가라든지 오라든지 말을 해.
▶ 拡張表現 「-(으)라고 하든가」。

158 -(으)라며
〜しろと言ったよね?・〜しろと言いながら

パ・無し	가다 ⇨ 가라며	자다 ⇨ 자라며
パ・「ㄹ」	살다 ⇨ 살라며	팔다 ⇨ 팔라며
パ・有り	먹다 ⇨ 먹으라며	읽다 ⇨ 읽으라며

① 既に言われた命令・要請・忠告などを相手に確認したり、皮肉るような意味合いで尋ねる際の終結語尾。「~しろと言ったよね?」、「~しろと言った(くせに)」。

- 아까는 보라며?   先ほどは見ろと言ったでしょう?
- 왜 말려? 많이 먹으라며? なんで止めるの? 沢山食べろと言っておいて。

② あることを命令しながら、同時に行うもう一つの行為を後述する際の表現。「~しろと言いながら」、「~しろと言いつつ」。

- 조용히 하라며 화를 냈어요.   静かにしろと言いながら怒りました。
- 먹으라며 빵을 사 주었어.   食べろと言いながらパンを買ってくれた。

▶ 拡張表現 「-(으)라고 하며」。

▶ ① ② 同意表現 「-(으)라면서」。아까는 보라면서?

159 -(으)라면
~しろと言うなら

パ・無し	가다 ⇨ 가라면	자다 ⇨ 자라면
パ・「ㄹ」	살다 ⇨ 살라면	팔다 ⇨ 팔라면
パ・有り	먹다 ⇨ 먹으라면	읽다 ⇨ 읽으라면

誰かが特定の命令や要請・勧誘をする場合を仮定する際の表現。「~しろと言うならば」、「~しろと言われたら」。

- 하라면 뭐든지 해야지.   やれと言われたら何でもやるよ。
- 잊으라면 잊을 수 있습니다.   忘れろと言われたら忘れます。

▶ 拡張表現 「-(으)라고 하면」。
▶ 強調表現 「-(으)라면야」。

160 －(으)라지
～してみろってば・～しろと言ってね

パ・無し	가다 ⇨ 가라지	자다 ⇨ 자라지
パ・「ㄹ」	살다 ⇨ 살라지	팔다 ⇨ 팔라지
パ・有り	먹다 ⇨ 먹으라지	읽다 ⇨ 읽으라지

❶ 相手の行動について話し手が全く気にしてないことを表す際の終結語尾。独り言で自分の本音や気分などを間接的に表現する際によく用いる。「(出来るなら、どうぞ)～やってみろ(というんだよ)」。

- 무시하고 싶으면 무시하**라지**.　　無視したければ無視してみろってば。
- 마음대로 비웃**으라지**.　　　　　好きなように笑ってろ。

❷ 話し手が自分の意見や考えを勧めながら確実に表す際の表現。「(誰々に)～しろって言ったらどう?」、「～しろって言ってよ」。

- 옛날 일은 잊어버리**라지**.　　昔のことは忘れろと言っておいて。
- 만화보다 신문을 읽**으라지**.　漫画よりも新聞を読むように言ってよ。

❸ 人に言われた命令の内容を、聞いた人に確認するように尋ねる際の表現。「(誰々が)～しろって言うでしょう?」。

- 의사가 담배 끊**으라지**?　　医者にタバコは止めろと言われたでしょう?
- 선생님이 머리 깎**으라지**?　先生に髪を切れと言われたでしょう?

▶ ❶❷❸ 拡張表現 「－(으)라고 하지」。
▶ ❶❷❸ 丁寧表現 「－(으)라지요」(短縮形：「－(으)라죠」)。

161 －(으)란다
～しろと言ってたよ

パ・無し	가다 ⇨ 가란다	자다 ⇨ 자란다

パ・「ㄹ」	살다 ⇨ 살란다	팔다 ⇨ 팔란다
パ・有り	먹다 ⇨ 먹으란다	읽다 ⇨ 읽으란다

● 人から聞いた命令や要請の話を引用して伝える際の表現。「(誰々が)～しろって言ってるよ」。

- 밖에서 잠시 기다리**란다**. 　　外でしばらく待ってろと言ってた。
- 차를 타지 말고 걸**으란다**. 　　車に乗らないで歩けってよ。

▶ 類似表現 「-(으)래 ❷」➡ 163 参照。
▶ 丁寧表現 「-(으)랍니다」。

162　-(으)랍니까
　　　～しろって言いました？・～しろと言われましたか

パ・無し	가다 ⇨ 가랍니까	자다 ⇨ 자랍니까
パ・「ㄹ」	살다 ⇨ 살랍니까	팔다 ⇨ 팔랍니까
パ・有り	먹다 ⇨ 먹으랍니까	읽다 ⇨ 읽으랍니까

❶ 修辞疑問文として用い、前述の内容を強く否定するか強力に反発、あるいは疑問を提起する際の終結語尾。「(どうして・どうやって)～しろって言うんですか(無理だ)」、「～しろって言ってないでしょう？」。

- 추운데 어디를 가**랍니까**? 　　寒いのにどこへ行けと言うんですか。
- 누가 무리해서 오**랍니까**? 　　誰も無理して来いと言ってないでしょう?

❷ 人から聞いた話を引用してそれを尋ねる際の表現。「～しろって言っていますか」、「(誰々に)～しろと言われましたか」。

- 표는 어디서 사**랍니까**? 　　チケットはどこで買えと言っていますか。
- 사장이 어떻게 하**랍니까**? 　　社長はどうしろって言っていますか。

▶ 肯定表現 「-(으)랍니다」。

▶ ❶ ❷ 類似表現 「-(으)래 ❶ ❷」➡ 163 参照。

163 -(으)래
~しろと言うの?・~しろって

パ・無し	가다 ⇨ 가래	자다 ⇨ 자래
パ・「ㄹ」	살다 ⇨ 살래	팔다 ⇨ 팔래
パ・有り	먹다 ⇨ 먹으래	읽다 ⇨ 읽으래

1 修辞疑問文として用い、前述の内容を強く否定するか強力に反発、あるいは疑問を提起する際の終結語尾。「(どうして・どうやって)~しろって言うの?(無理だ)」、「~しろって言ってないでしょう?」。

- 누가 너한테 그걸 사래?　　　誰も君にそれを買えと言ってないからね。
- 그러니까 누가 싸우래?　　　誰も君に喧嘩しろって言ってないでしょう?

▶ 類似表現 「-(으)라던 **2**」→ 153 参照。

2 人から聞いた話を引用してそれを伝える際の表現。あるいは、それを尋ねる際の表現。「~しろって言っている」、「(誰々に)~しろと言われた?」。

- 내일 아침에 전화하래.　　　　明日の朝、電話しろって。
- 우리는 어디 앉으래?　　　　　私たちはどこに座れと言われた?

▶ **1 2** 丁寧表現 「-(으)래요」。

164 -(으)래도
~しろと言っても

パ・無し	가다 ⇨ 가래도	자다 ⇨ 자래도
パ・「ㄹ」	살다 ⇨ 살래도	팔다 ⇨ 팔래도
パ・有り	먹다 ⇨ 먹으래도	읽다 ⇨ 읽으래도

● ある行為を行うように命令するが、後述文はそれと関係のない内容が来る

際の表現。「(誰々に)~しろと言われても」、「(誰々に)~しろと言っても」。

- 화장을 하래도 전혀 안 해.　　化粧をするように言っても全くしない。
- 믿으래도 믿을 수 없어.　　信じろと言われても信じられないよ。

▶ 拡張表現 「-(으)라고 해도」。

165　-(으)래서
~しろと言うから

パ・無し	가다 ⇨ 가래서	자다 ⇨ 자래서
パ・「ㄹ」	살다 ⇨ 살래서	팔다 ⇨ 팔래서
パ・有り	먹다 ⇨ 먹으래서	읽다 ⇨ 읽으래서

言われた命令や要請に従って行為を行うか、言われた際の感じを説明する際の表現。「(誰々に)~しろと言われて」、「~しろと言うから」。

- 드라마를 보래서 봤어.　　ドラマを見ろと言われて見たよ。
- 싫은데 먹으래서 먹었어.　　嫌だけど食べろと言われて食べた。

▶ 拡張表現 「-(으)라고 해서」。

166　-(으)래서야
~しろと言うのはね

パ・無し	가다 ⇨ 가래서야	자다 ⇨ 자래서야
パ・「ㄹ」	살다 ⇨ 살래서야	팔다 ⇨ 팔래서야
パ・有り	먹다 ⇨ 먹으래서야	읽다 ⇨ 읽으래서야

ある事実について強い疑問を提起するか、否定的に判断する際の表現。「(いくらなんでも)~しろと言うのはね(ひどい・だめだ)」。

166 167 168

- 돈이 없는데 기부를 하래서야.　お金がないのに寄付をしろと言うのはね。
- 아픈 사람한테 일하래서야.　具合が悪い人に働けと言うのはね。

▶ 拡張表現 「-(으)라고 해서야」。

167　-(으)래야
～しろと言われて(はじめて)

パ・無し	가다 ⇨ 가래야	자다 ⇨ 자래야
パ・「ㄹ」	살다 ⇨ 살래야	팔다 ⇨ 팔래야
パ・有り	먹다 ⇨ 먹으래야	읽다 ⇨ 읽으래야

● 前述文の言葉や状況が後述文の行動を誘う条件であることを表す表現。「～しろと言われてはじめて(～できる)」、「～しろと言われないと(～できない)」。

- 엄마가 사래야 살 수 있는데.　母が買えと言えば買えるんだけど。
- 할머니가 먹으래야 먹지요.　祖母が食べてと言わないと食べられない。

▶ 拡張表現 「-(으)라고 해야」。

168　-(으)랴
～するものか・～やら～やら・～するかい?

パ・無し	가다 ⇨ 가랴	크다 ⇨ 크랴
パ・「ㄹ」	살다 ⇨ 살랴	길다 ⇨ 길랴
指定詞	이다 ⇨ (이)랴	아니다 ⇨ 아니랴
パ・有り	먹다 ⇨ 먹으랴	작다 ⇨ 작으랴
過・未	갔다 ⇨ 갔으랴	가겠다 ⇨ 가겠으랴

❶❷❸は、主に動詞と接続し、過去形の語尾「-았(었・였)」や未来形の語尾「-겠」とは接続不可。

① そんな状況は起こり得ない、そんなはずないと反問しつつ、幾分の信用・期待・確信があることを表す際の終結語尾。「(まさか)～するものか」、「～するはずないよ」、「～したとは思えないな」。

- 설마 그런 말까지 했**으랴**.　　　まさかそんなことまで言ったとは思えない。
- 아무리 부자라도 그걸 사**랴**.　　いくらお金持ちでもそれを買うものか。

② 「-(으)랴 -(으)랴」という形で用い、事柄を並べながらそれを行うために努力することを表す連結語尾。「～やら～やらで」、「～も～をもするために」。

- 먹**으랴** 치우**랴** 정신이 없군.　　食べるやら片付けるやらで大忙しだね。
- 웃**으랴** 울**랴** 너무 힘들어.　　　笑うやら泣くやらで大変だ。

③ 話し手が行うつもりの行動について相手に意向を尋ねる際の終結語尾。相手の意向を尋ねるが、実際はそのようなことはできないという意味を表すことが多い。「(私が)～しようか?」、「(私が)～するの?」。

- 바쁠 텐데 내가 대신 가**랴**?　　　忙しいだろうから私が代わりに行こうか。
- 청소를 늙은 내가 하**랴**?　　　　掃除を年老いている私にさせる気?

169　-(으)랴마는
～とは思わないけど

パ・無し	가다 ⇨	가**랴마는**	크다 ⇨	크**랴마는**
パ・「ㄹ」	살다 ⇨	살**랴마는**	길다 ⇨	길**랴마는**
指定詞	이다 ⇨	(이)**랴마는**	아니다 ⇨	아니**랴마는**
パ・有リ	먹다 ⇨	먹**으랴마는**	작다 ⇨	작**으랴마는**
過・未	갔다 ⇨	갔**으랴마는**	가겠다 ⇨	가겠**으랴마는**

ある状況が起こり得ないと反問しつつも、幾分の信用・期待・確信があることを表す際の連結語尾。「(まさか)～するとは思わないけど」、「(まさか)～するはずはないだろうが」。

- 문제가 있으랴마는 대책은 세우자.
  問題があるはずはないけど、対策だけは立てよう。
- 설마 헤어지랴마는 조금 걱정이다.
  まさか別れるとは思わないけど、ちょっと心配だ。

▶ 短縮表現 「−(으)랴만」。

170 −(으)러
~しに

パ・無し	보다 ⇨ 보러	자다 ⇨ 자러
パ・「ㄹ」	살다 ⇨ 살러	팔다 ⇨ 팔러
パ・有り	먹다 ⇨ 먹으러	읽다 ⇨ 읽으러

移動する動作を行う前に、移動する目的を表す際の連結語尾。「~しに」、「~するために」。

- 여긴 뭐 하러 온 거야?   ここは何しに来たの?
- 친구 만나러 나갔어.   友達に会いに出かけた。

▶ 類似表現 「−(으)려고 ❶」 → 172 参照。

171 −(으)려거든
~したかったら

パ・無し	가다 ⇨ 가려거든	자다 ⇨ 자려거든
パ・「ㄹ」	살다 ⇨ 살려거든	팔다 ⇨ 팔려거든
パ・有り	먹다 ⇨ 먹으려거든	읽다 ⇨ 읽으려거든

ある意図や目的をもっている場合を仮定して話す際の表現。後述文では助言や提案などの内容が多い。「~しようとするならば」、「~するつもりなら(~

- 합격하려거든 열심히 해.　　　　　合格したいなら頑張って。
- 자려거든 네 방으로 가.　　　　　　寝たかったら君の部屋に行って。

▶ 類似表現 「-(으)려면 ❶」 → 184 参照。

172 -(으)려고
~しようと

パ・無し	가다	⇨ 가려고	크다	⇨	크려고
パ・「ㄹ」	살다	⇨ 살려고	길다	⇨	길려고
指定詞	이다	⇨ (이)려고	아니다	⇨	아니려고
パ・有り	먹다	⇨ 먹으려고	작다	⇨	작으려고
過去形	갔다	⇨ 갔으려고	했다	⇨	했으려고

❶ ある行為を行う意図や目的があることを表す際の連結語尾。主に動詞と接続し、過去形の語尾「-았(었・였)」や未来形の語尾「-겠」とは接続しない。「~しようと思って」、「~するために」。

- 집을 사려고 저금을 해요.　　　　家を買おうと貯金をしています。
- 요리하려고 고기를 샀어요.　　　　料理しようと思って肉を買いました。

▶ 同意表現 「-ㄹ(을)려고」。집을 살려고 저금을 해요.

❷ 修辞疑問文として用い、前述文について強く疑うか、信じられない気持ちを表す際の終結語尾。「(まさか)~するとは思えない」、「~のはずがない」。

- 내 말까지 무시했으려고?　　　　私の言葉まで無視したとは思わない。
- 우리 아내보다 예쁘려고?　　　　うちの家内より綺麗なはずがない。

▶ 丁寧表現 「-(으)려고요」。

173 −(으)려고 하다
～しようとする・～しようとしている

パ・無し	가다 ⇨ 가려고 하다	자다 ⇨ 자려고 하다
パ・「ㄹ」	살다 ⇨ 살려고 하다	팔다 ⇨ 팔려고 하다
パ・有り	먹다 ⇨ 먹으려고 하다	읽다 ⇨ 읽으려고 하다

❶ ある行為を行う気持ちや意向があることを表す際の表現。「～しようと思う」、「～するつもりだ」。

- 정말로 술을 그만두려고 해요?　　本当にお酒を止めるつもりですか。
- 결혼식 때 기모노를 입으려고 해.　結婚式の時は着物を着るつもりよ。

❷ すぐ起きそうな動きや状態の変化を表す際の連結語尾。無生物が主語となる場合が多い。「～するところだ」、「～しつつあるところだ」。

- 기차가 출발하려고 해요.　　　　　汽車が出発しようとしています。
- 꽃이 피려고 하네.　　　　　　　　花が咲きそうだね。

▶ ❶ ❷ 短縮表現 「−(으)려 하다」。

174 −(으)려나
～するだろうか

パ・無し	가다 ⇨ 가려나	크다 ⇨ 크려나
パ・「ㄹ」	살다 ⇨ 살려나	길다 ⇨ 길려나
指定詞	이다 ⇨ (이)려나	아니다 ⇨ 아니려나
パ・有り	먹다 ⇨ 먹으려나	작다 ⇨ 작으려나
過去形	갔다 ⇨ 갔으려나	했다 ⇨ 했으려나

ある状態であるだろうと推測したり期待する際の終結語尾。友人や目下の人、あるいは独り言によく用いる。なお、未来・推測の語尾「−겠」とは接続

- 내가 이야기하면 믿으려나.　　　私が話したら信じてくれるだろうか。
- 내일은 오늘보다 추우려나.　　　明日は今日より寒いかな。

▶ 類似表現 「-ㄹ(을)까 ❶」 ➜ 208 参照。

175　-(으)려나 보다
～するようだ

パ・無し	가다 ⇨ 가려나 보다	자다 ⇨ 자려나 보다
パ・「ㄹ」	살다 ⇨ 살려나 보다	팔다 ⇨ 팔려나 보다
パ・有り	먹다 ⇨ 먹으려나 보다	읽다 ⇨ 읽으려나 보다

ある事が起こるか、ある状態になるだろうと推測する際の表現。主に動詞と接続するが、一部の形容詞や存在詞「있다」とも接続する。「(すぐ)～しそうだ」、「～くなるようだ」。

- 곧 겨울이 오려나 봅니다.　　　もうじき冬になりそうです。
- 교회를 지으려나 봐요.　　　教会を建てるようです。

▶ 拡張表現 「-(으)려고 하나 보다」。

176　-(으)려는
～しようという～・～しようとする～

パ・無し	가다 ⇨ 가려는	자다 ⇨ 자려는
パ・「ㄹ」	살다 ⇨ 살려는	팔다 ⇨ 팔려는
パ・有り	먹다 ⇨ 먹으려는	읽다 ⇨ 읽으려는

❶ ある行為を行う意図や目的があることを表し、後ろの体言を修飾する。「～しようとする～」、「～しようという～」。

- 시합에 이기**려는** 마음이 없어.　　試合に勝とうとする気持ちがない。
- 담배를 끊으**려는** 의지가 약하다.　　タバコを止めようとする意志が弱い。

❷ すぐ起きそうな動きや状態の変化を表し、後ろの体言を修飾する。主に動詞と接続するが、一部の形容詞や存在詞「있다」とも接続する。「～しようとしている～」、「～するところの～」。

- 출발하**려는** 버스에 탔어요.　　出発しようとするバスに乗りました。
- 곧 피**려는** 꽃을 왜 버려?　　もうじき咲きそうな花をどうして捨てるの?

▶ ❶❷ 拡張表現 「-(으)려고 하는」。

177　-(으)려는데
～しようとするけど・～しようとするところ

パ・無し	가다 ⇨ 가려는데	자다 ⇨ 자려는데
パ・「ㄹ」	살다 ⇨ 살려는데	팔다 ⇨ 팔려는데
パ・有り	먹다 ⇨ 먹으려는데	읽다 ⇨ 읽으려는데

❶ ある行動を行おうとする状況にあることを表す。「～しようと思うんだけど」、「～するつもりなのに」、「～したいけど」。

- 집을 사**려는데** 돈이 모자라.　　家を買うつもりだけど、お金が足りない。
- 저녁 먹으**려는데** 너는?　　夕食を食べようと思っているけど、君は?

❷ 自分の意思とは関係なく、すぐにもある事が起きそうな状況であることを表す。「～しそうなのに」、「～しそうだけど」、「～しようとしているのに」。

- 팀이 지**려는데** 넌 뭐 해?　　チームが負けそうなのに君は何をしているの?
- 비가 오**려는데** 외출한다고?　　雨が降ろうとしているのに外出するって?

▶ ❶❷ 拡張表現 「-(으)려고 하는데」。

178　-(으)려는지
～しようとするのか・～しそうだからか

パ・無し	가다 ⇨ 가려는지	자다 ⇨ 자려는지
パ・「ㄹ」	살다 ⇨ 살려는지	팔다 ⇨ 팔려는지
パ・有り	먹다 ⇨ 먹으려는지	읽다 ⇨ 읽으려는지

❶ ある行為の意図やすぐ起きそうな動きについて漠然と疑問を抱く際の表現。主に「알다」や「모르다」などと一緒に用いる。「(何を)しようとしているのか(分かる・分からない)」、「(何を)するつもりなのか」。

- 뭘 하려는지 모르겠어요.　　　　　　　何をするつもりか分かりません。
- 어떻게 살려는지 걱정이다.　　　　　　どうやって生きていくつもりか心配だ。

❷ ある行為の意図やすぐ起きそうな動きについて漠然と推測しながら、それが後ろの内容の理由や状況であることを表す際の表現。主に動詞と接続するが、一部の形容詞や存在詞とも接続する。「～しようとしているのか」、「～しそうなのか」、「～くなりそうなのか」。

- 추워지려는지 바람이 차네.　　　　　　寒くなるのか風が冷たいね。
- 비가 오려는지 무릎이 아프구나.　　　　雨が降りそうなのか、膝が痛むね。

▶ ❶ ❷ 拡張表現 「-(으)려고 하는지」。

179　-(으)려니
～するだろうと

パ・無し	가다 ⇨ 가려니	크다 ⇨ 크려니
パ・「ㄹ」	살다 ⇨ 살려니	길다 ⇨ 길려니
指定詞	이다 ⇨ (이)려니	아니다 ⇨ 아니려니
パ・有り	먹다 ⇨ 먹으려니	작다 ⇨ 작으려니

179 180 181

| 過・未 | 갔다 ⇨ 갔으려니 | 가겠다 ⇨ 가겠으려니 |

● ある状況であろうと推測するか、推し量ることを表す際の連結語尾。主に「하다」、「싶다」、「생각하다」などと一緒に使う。「~するだろうと(思っていた)」、「~するだろうと(思っていたけど)」。

- 학생이**려니** 했는데 아니더라.　学生だろうと思っていたが違っていたよ。
- 나보다 키가 크**려니** 생각했어.　私より背が高いだろうと思っていた。

180　-(으)려니까
~しようとすると

パ・無し	가다 ⇨ 가려니까	자다 ⇨ 자려니까
パ・「ㄹ」	살다 ⇨ 살려니까	팔다 ⇨ 팔려니까
パ・有り	먹다 ⇨ 먹으려니까	읽다 ⇨ 읽으려니까

● ある行為の意図を表しながら、それが後述文の背景や前提であることを表す際の表現。「(いざ)~しようとすると」、「~しようとするから」。

- 수술하**려니까** 손이 떨리더라.　手術をしようとしたら手が震えてたよ。
- 자**려니까** 잠이 안 오네.　寝ようと思ったら眠くないな。

▶ 拡張表現 「-(으)려고 하니까」。
▶ 短縮表現 「-(으)려니」。

181　-(으)려다가
~しようとしたが・~しそうだったけど

パ・無し	가다 ⇨ 가려다가	자다 ⇨ 자려다가
パ・「ㄹ」	살다 ⇨ 살려다가	팔다 ⇨ 팔려다가
パ・有り	먹다 ⇨ 먹으려다가	읽다 ⇨ 읽으려다가

① ある意図や目的をもった行為が中断されるか、他の行為へ変わることを表す表現。「〜しようとしていたけど(止めた・変更した)」、「〜していたけど」。

- 버스를 타**려다가** 걸어 갔어.　　バスに乗ろうとして止めて歩いて行った。
- 창을 닦으**려다가** 그만두었다.　　窓を拭こうと思ったけど、止めた。

② ある状態や状況が変化する過程で、その状況が中断するか変わることを表す表現。主に動詞と接続するが、一部の形容詞とも接続する。「〜しそうだったけど(変わった)」、「〜になりそうで(ならない)」。

- 비가 오**려다가** 안 오네.　　雨が降りそうだったけど降らないね。
- 상태가 좋아지**려다가** 오히려 나빠졌어요.
　　　　　　　　　　状態が良くなるのかと思ったら返って悪くなりました。

▶ **① ②** 拡張表現 「−(으)려고 하다가」。
▶ **① ②** 短縮表現 「−(으)려다」。

182 −(으)려도
〜しようとしても

パ・無し	가다 ⇨ 가려도	자다 ⇨ 자려도
パ・「ㄹ」	살다 ⇨ 살려도	팔다 ⇨ 팔려도
パ・有り	먹다 ⇨ 먹으려도	읽다 ⇨ 읽으려도

ある意図をもって行為を行うつもりだが、そのようにできないことを表す表現。「〜しようとしても(できない)」、「〜するつもりだけど(無理だ)」。

- 먹으**려도** 먹을 게 없어.　　食べようと思っても食べ物がない。
- 용서하**려도** 용서할 수 없었어요.　　許そうと思っても許せませんでした。

▶ 同意表現 「−(으)려 해도」。먹으려 해도 먹을 게 없어.
▶ 拡張表現 「−(으)려고 해도」。

183 -(으)려 들다
~しようとする

パ・無し	가다 ⇨ 가려 들다	자다 ⇨ 자려 들다
パ・「ㄹ」	살다 ⇨ 살려 들다	팔다 ⇨ 팔려 들다
パ・有り	먹다 ⇨ 먹으려 들다	읽다 ⇨ 읽으려 들다

ある行為を行う意図があることを表す際の表現。よく仮定の表現と接続して用いる。「～しようと(本気を出す)」、「～するために(本格的に取り組む)」。

- 마음먹고 하려 들면 할 수 있어.　　本気になってやろうと思えば出来る。
- 처음부터 이기려 들지 마라.　　最初からそんなに勝とうとするな。

▶ 拡張表現 「-(으)려고 들다」。
▶ 類似表現 「-(으)려고 하다 ❶」→ 173 参照。

184 -(으)려면
~しようとするなら・~するには・~するなら

パ・無し	가다 ⇨ 가려면	크다 ⇨ 크려면
パ・「ㄹ」	살다 ⇨ 살려면	길다 ⇨ 길려면
パ・有り	먹다 ⇨ 먹으려면	작다 ⇨ 작으려면

❶ ある行為を行う意図や意向がある場合を仮定する際の連結語尾。「～するためには」、「～したかったら」。

- 출세하려면 공부를 해.　　出世したかったら勉強しなさい。
- 먹으려면 먼저 돈을 내세요.　　食べたいなら先にお金を払って下さい。

❷ 将来、起きそうなことを仮定する際の連結語尾。「～するためには」、「～するまでには」、「～するには」。

- 선진국이 되려면 질서를 지켜라.　　先進国になるためには秩序を守ろう。

- 키가 크려면 우유를 마셔.　　　　背が大きくなりたいなら牛乳を飲んで。

3 ある状況が実現することを仮定して、その具体的な状況についての願望を表す際の連結語尾。「(もし)～するつもりならば」、「(どうせ)～するのであれば」。

- 용돈을 주려면 많이 주세요.　　　　お小遣いをくれるなら多めに下さい。
- 값을 깎으려면 반으로 깎아.　　　　値切るのであれば半値にしてもらって。

185　-(으)려무나
～しなさいね

パ・無し	가다 ⇨ 가려무나	자다 ⇨ 자려무나
パ・「ㄹ」	살다 ⇨ 살려무나	팔다 ⇨ 팔려무나
パ・有り	먹다 ⇨ 먹으려무나	읽다 ⇨ 읽으려무나

目下の人や友人のように親しい間柄で、優しく許諾するか、命令する際の終結語尾。「～してね」。

- 조심해서 다녀오려무나.　　　　気をつけて行っていらっしゃいね。
- 힘들더라도 참고 웃으려무나.　　　　大変でも我慢して笑ってね。

▶ 短縮表現 「-(으)렴」。

186　-(으)려야
～しようとしても・～しようとしないと

パ・無し	가다 ⇨ 가려야	자다 ⇨ 자려야
パ・「ㄹ」	살다 ⇨ 살려야	팔다 ⇨ 팔려야
パ・有り	먹다 ⇨ 먹으려야	읽다 ⇨ 읽으려야

1 ある意図をもって行為を行うつもりだが、そのようにできないことを表す表現。「〜しようとしても(できない)」、「〜するつもりだけど(無理だ)」。

- 참으려야 참을 수 없구나. 　　我慢しようとしても我慢ならん。
- 웃으려야 웃을 수 없는 상황이다. 　　笑おうとしても笑えない状況だ。

▶ 同意表現 「-ㄹ(을)래도」。참을래도 참을 수 없구나.
▶ 類似表現 「-(으)려도」→ 182 参照。

2 第三者がある意図をもって行為を行ってこそ、後述する内容が成立する際の表現。「〜しようとして(はじめて〜できる)」、「〜しないと(〜できない)」。

- 아이가 먹으려야 만들지. 　　子供が食べようとしないから作らない。
- 책을 읽으려야 사 주지. 　　本を読もうとするなら買ってあげるのに。

▶ 拡張表現 「-(으)려고 해야」。

187 -(으)련다
~するつもりだ

パ・無し	가다 ⇨ 가련다	자다 ⇨ 자련다
パ・「ㄹ」	살다 ⇨ 살련다	팔다 ⇨ 팔련다
パ・有り	먹다 ⇨ 먹으련다	읽다 ⇨ 읽으련다

主に目下の人や友人関係で用い、話し手の意志を表す表現。「〜しようと思っている」、「〜するつもりだ」。

- 고향에서 조용히 살련다. 　　故郷で静かに暮らすつもりだ。
- 입맛이 없으니 죽을 먹으련다. 　食欲がないのでお粥を食べようと思う。

▶ 同意表現 「-ㄹ(을)란다」。고향에서 조용히 살란다.

188 －(으)련마는
〜(すれば)いいものを

パ・無し	가다 ⇨	가련마는	크다 ⇨	크련마는
パ・「ㄹ」	살다 ⇨	살련마는	길다 ⇨	길련마는
指定詞	이다 ⇨	(이)련마는	아니다 ⇨	아니련마는
パ・有り	먹다 ⇨	먹으련마는	작다 ⇨	작으련마는
過・未	갔다 ⇨	갔으련마는	가겠다 ⇨	가겠으련마는

特定の条件が満たされる状況を期待するが、後述文の状況はそうではないことを表す際の連結語尾。主に「〜すれば」と接続して用いる。「(〜すれば)いいのに」、「(〜なら)いいものを(残念だ)」。

- 이제 포기할 때도 됐으련마는.　　　もう諦めてもいい頃なのに。
- 합격하면 좋으련마는 걱정이다.　合格してくれればいいんだけど心配だ。

▶ 短縮表現 「－(으)련만」。
▶ 類似表現 「－ㄴ(은・는)데 ❻」➡ 311 参照、「－ㄹ(을) 텐데」➡ 246 参照。

189 －(으)리
〜であろう・〜するつもりだ・〜するだろうか

パ・無し	가다 ⇨	가리	크다 ⇨	크리
パ・「ㄹ」	살다 ⇨	살리	길다 ⇨	길리
指定詞	이다 ⇨	(이)리	아니다 ⇨	아니리
パ・有り	먹다 ⇨	먹으리	작다 ⇨	작으리
過去形	갔다 ⇨	갔으리	했다 ⇨	했으리

❶ 話し手がそうであろうと推測する際の終結語尾。「〜だろう」、「〜だと思うよ」、「〜であろう」。

- 친구는 천국에서 잘 지내리.　　　友人は天国で元気であろう。

- 우리의 우정은 변함 없으리.　　　　　我々の友情は変わりないだろう。

❷ 話し手の意志や意向を表す際の終結語尾。主に動詞と接続する。「〜するつもりである」、「〜するぞ」、「〜するからね」。

- 너를 영원히 잊지 않으리.　　　　　君のことは永遠に忘れないよ。
- 다 포기하고 당신을 잊으리.　　　　全てを諦めてあなたのことは忘れるよ。

❸ 話し手が相手の意志や意向を尋ねる際の終結語尾。主に動詞と接続し、過去形の語尾「-았(었・였)」や未来形の語尾「-겠」とは接続しない。「〜するつもり?」、「〜するの?」。

- 네가 오리? 아니면 내가 가리?　　　君が来る? じゃなければ私が行く?
- 만들어 줄 테니까 먹으리?　　　　　作ってあげるから食べるかい?

▶ 類似表現 「-(으)랴 ❸」➡ 168 参照。

❹ 絶対そうであるはずがないことを反問しながら強調する際の表現。「そんなことはあり得ない」、「(どうして)〜だろうか」。

- 그걸 모르는 사람이 어디 있으리.　　それは皆、知ってるよ。
- 누가 내 맘을 알리.　　　　　　　　誰が私の気持ちを分かってくれるやら。

▶ 類似表現 「-(으)랴 ❶」➡ 168 参照。

▶ この表現はやや古めかしい言い方で、❸を除いて文語体である。
▶ ❶❷ 同意表現 「-(으)리라」。친구는 천국에서 잘 지내리라.
▶ ❶❷❹ 丁寧表現 「-(으)리오」。

190 -(으)리라고
〜すると・〜であろうと

パ・無し	가다	⇨ 가리라고	크다	⇨	크리라고
パ・「ㄹ」	살다	⇨ 살리라고	길다	⇨	길리라고
指定詞	이다	⇨ (이)리라고	아니다	⇨	아니리라고

パ・有り 過去形	먹다 ⇨ 먹으리라고 갔다 ⇨ 갔으리라고	작다 ⇨ 작으리라고 했다 ⇨ 했으리라고

❶ 主に自分の意志の内容を伝える際の表現。主に動詞と接続し、過去形の語尾「-았(었・였)」や未来形の語尾「-겠」とは接続しない。「~すると(決心した)」、「~したいと(言う)」。

- 꼭 살을 빼**리라고** 마음먹었어요.　　　必ず痩せると決心しました。
- 다시는 지지 않**으리라고** 결심했다.　　二度と負けまいと決心した。

❷ 推測や推量の内容を伝える際の表現。主に「믿다」、「생각하다」、「보다」などと一緒に用いる。「~であろうと(思う)」、「~するだろうと(考える)」、「~だろうと(信じる)」。

- 물가가 내리**리라고** 믿어요.　　　　　物価が下がるだろうと思います。
- 밖에서 잤**으리라고**는 생각 안 해요.　外で寝ただろうとは思いません。

▶ ❶ ❷ 短縮表現 「-(으)리라」。

191　-(으)리라는
～するという・～であろうという

パ・無し パ・「ㄹ」 指定詞	가다 ⇨ 가리라는 살다 ⇨ 살리라는 이다 ⇨ (이)리라는	크다 ⇨ 크리라는 길다 ⇨ 길리라는 아니다 ⇨ 아니리라는
パ・有り 過去形	먹다 ⇨ 먹으리라는 갔다 ⇨ 갔으리라는	작다 ⇨ 작으리라는 했다 ⇨ 했으리라는

❶ 主に自分の意志の内容を伝える際の表現。うしろに「결심」、「마음」などの名詞と一緒に用いる。主に動詞と接続し、過去形の語尾「-았(었・였)」や未来形の語尾「-겠」とは接続しない。「~するという(決心)」、「~したいという~」。

- 꼭 달성하**리라는** 의지가 보였다.　必ず達成するという意志が見えた。
- 가**리라는** 내 결심에 변화는 없다.　行くという私の決心に変わりはない。

❷ 推測や推量の内容を伝える際の表現。主に「추측」、「예상」、「생각」などの名詞と一緒に用いる。「～であろうという(推測)」、「～するだろうという(考え)」、「～だろうという(予想)」。

- 눈이 오**리라는** 얘기는 없었어.　雪が降るだろうという話はなかったよ。
- 거짓말이**리라는** 생각은 못 했어.　ウソだろうとは予想できなかった。

▶ ❶ ❷ 拡張表現 「-(으)리라고 하는」。

192　-(으)마
〜する(から)

パ・無し	가다 ⇨ 가마	자다 ⇨ 자마
パ・「ㄹ」	살다 ⇨ 살마	팔다 ⇨ 팔마
パ・有り	먹다 ⇨ 먹으마	읽다 ⇨ 읽으마

話し手が自分の意志を表したり約束する際の終結語尾。主に年配者がよく用いる表現で、丁寧形は存在しない。「(私が)〜するね」、「(私が)〜するつもりだからね」。

- 얼른 갔다 오**마**.　すぐに行って来るからね。
- 바쁘니까 나중에 먹**으마**.　忙しいからあとで食べるからね。

▶ 類似表現 「-ㄹ(을)게」 ➡ 207 参照。

193 －(으)며
～であり・～しながら

パ・無し	가다 ⇨	가며	크다	⇨	크며
パ・「ㄹ」	살다 ⇨	살며	길다	⇨	길며
指定詞	이다 ⇨	(이)며	아니다	⇨	아니며
パ・有り	먹다 ⇨	먹으며	작다	⇨	작으며
過・未	갔다 ⇨	갔으며	가겠다	⇨	가겠으며

❶ 二つ以上の行為や状態を対等に連結することを表す表現。英語の「and」のイメージで訳す。「～だし(そして)」、「～であり(また)」、「～くて」。

- 질이 좋으며 가격도 싸요.　　　　　質も良いし、価格も安いです。
- 얼굴도 예쁘며 성격도 좋았다.　　　顔も綺麗であり、性格も良かった。

▶ 類似表現 「－고 ❶」 ➡ 015 参照。

❷ 二つ以上の行為や状態を同時に行っていることを表す連結語尾。過去形の語尾「－았(었・였)」や未来形の語尾「－겠」とは接続しない。「～しながら」、「～でありながら」。

- 학생이 웃으며 손을 흔들었다.　　　学生は微笑みながら手を振った。
- 자리에 앉으며 고맙다고 했다.　　　席に腰掛けながらありがとうと言った。

▶ 類似表現 「－(으)면서 ❶」 ➡ 197 参照。

194 －(으)면
～ならば

パ・無し	가다 ⇨	가면	크다	⇨	크면
パ・「ㄹ」	살다 ⇨	살면	길다	⇨	길면
指定詞	이다 ⇨	(이)면	아니다	⇨	아니면

パ・有り	먹다 ⇨ 먹으면	작다 ⇨ 작으면
過・未	갔다 ⇨ 갔으면	가겠다 ⇨ 가겠으면

一定の事実を条件として話すか、後述する事実を実現するための単純な根拠の条件を話す際に用いる。「〜なら」、「〜ければ」、「〜だったら」、「〜であるなら」、「〜するとしたら」。

- 모두 다 왔으면 이제 떠납시다.　　皆そろったならばもう出発しましょう。
- 소문이 정말이면 어떡하지?　　噂が本当ならどうしよう?

▶ 類似表現 「時制＋다면 ❶ ❷」 ➡ 379 参照。

195　-(으)면 되다
〜すればいい

パ・無し	가다 ⇨ 가면 되다	크다 ⇨ 크면 되다
パ・「ㄹ」	살다 ⇨ 살면 되다	길다 ⇨ 길면 되다
指定詞	이다 ⇨ (이)면 되다	아니다 ⇨ 아니면 되다
パ・有り	먹다 ⇨ 먹으면 되다	작다 ⇨ 작으면 되다

条件として、ある行為を行うか、ある状態だけ整えば充分であるという表現。「〜ならば大丈夫だ」、「〜ければいい」。

- 삼 분만 기다리면 됩니다.　　三分だけ待っていればいいです。
- 양은 그 정도 있으면 돼요.　　量はそれぐらいあれば充分です。

▶ 過去形の場合、「-았(었・였)으면 되었다」の形で接続して「〜したならば(それで)良し」と訳す。

196 −(으)면 몰라도
〜するならともかく

パ・無し	가다	⇨ 가면 몰라도	크다	⇨	크면 몰라도
パ・「ㄹ」	살다	⇨ 살면 몰라도	길다	⇨	길면 몰라도
指定詞	이다	⇨ (이)면 몰라도	아니다	⇨	아니면 몰라도
パ・有り	먹다	⇨ 먹으면 몰라도	작다	⇨	작으면 몰라도
過去形	갔다	⇨ 갔으면 몰라도	했다	⇨	했으면 몰라도

まだ起きていない状況や行為を仮定し、その条件が満たされた場合のみ、後述文の状況が実現可能であることを表す表現。「〜ならばともかく」、「〜だったら可能性があるけど」、「〜だったらともかく」。

- 오늘이면 몰라도 내일은 안 돼. 　　今日ならともかく、明日はダメだよ。
- 시간이 없으면 몰라도 숙제는 해야지.
　　　　　　　　　　　時間がなければともかく、宿題はしないとね。

197 −(으)면서
〜しながら・〜するのに

パ・無し	가다	⇨ 가면서	크다	⇨	크면서
パ・「ㄹ」	살다	⇨ 살면서	길다	⇨	길면서
指定詞	이다	⇨ (이)면서	아니다	⇨	아니면서
パ・有り	먹다	⇨ 먹으면서	작다	⇨	작으면서
過去形	갔다	⇨ 갔으면서	했다	⇨	했으면서

① 二つ以上の行為や状態を同時に行っていることを表す連結語尾。過去形の語尾「−았(었・였)」や未来形の語尾「−겠」とは接続しない。「〜しながら」、「〜でありながら」。

- 졸면서 운전하면 위험해요. 　　居眠りしながら運転をすると危険です。

- 밥 먹으면서 이야기하지 마. ご飯を食べながらおしゃべりをするな。
▶ 類似表現 「−(으)며 ❷」 ➡ 193 参照。

❷ 二つ以上の行為や状態が相反する関係にあることを表す際の連結語尾。「〜しながらも」、「〜でありながら(も)」、「〜なのに」、「〜のくせに」。

- 좋으면서 싫은 척 했어요. 好きなくせに嫌いなふりをしました。
- 돈이 있으면서 없다고 했어. お金を持っているのにないと言った。
▶ 強調表現 「−(으)면서도」。

198 −(으)면 안 되다
〜してはいけない

パ・無し	가다 ⇨ 가면 안 되다	크다 ⇨ 크면 안 되다
パ・「ㄹ」	살다 ⇨ 살면 안 되다	길다 ⇨ 길면 안 되다
指定詞	이다 ⇨ (이)면 안 되다	아니다 ⇨ 아니면 안 되다
パ・有り	먹다 ⇨ 먹으면 안 되다	작다 ⇨ 작으면 안 되다
過去形	갔다 ⇨ 갔으면 안 되다	했다 ⇨ 했으면 안 되다

ある行為や状態について禁止するか制限することを表す際の表現。「〜しちゃだめだ」、「〜するとだめだ」、「〜したらいけない」、「〜してはだめだ」。過去形の場合は「〜したならばだめだ」と訳す。

- 함부로 만지면 안 돼요. 勝手に触ってはいけません。
- 이것보다 작으면 안 됩니다. これより小さいとダメです。
▶ 類似表現 「−아(어・여)서는 안 되다」 ➡ 272 参照。

199 -(으)면 좋겠다
～してほしい

パ・無し	가다 ⇨	가면 좋겠다	크다	⇨	크면 좋겠다
パ・「ㄹ」	살다 ⇨	살면 좋겠다	길다	⇨	길면 좋겠다
指定詞	이다 ⇨	(이)면 좋겠다	아니다	⇨	아니면 좋겠다
パ・有り	먹다 ⇨	먹으면 좋겠다	작다	⇨	작으면 좋겠다
過去形	갔다 ⇨	갔으면 좋겠다	했다	⇨	했으면 좋겠다

● 未来のあることを願う気持ちを表すか、現実と異なることを希望する際の表現。「～ならいいな」、「～してほしい」、「～したらいいな」、「～してもらいたい」。

- 내일 첫눈이 오면 좋겠다.　　　　　明日、初雪になればいいな。
- 사이즈가 조금 작으면 좋겠는데.　サイズが少し小さければ助かるわ。

▶ 類似表現 「-았(었・였)으면 하다」 ➡ 288 参照。

200 -(으)므로
～するので

パ・無し	가다 ⇨	가므로	크다	⇨	크므로
パ・「ㄹ」	살다 ⇨	살므로	길다	⇨	길므로
指定詞	이다 ⇨	(이)므로	아니다	⇨	아니므로
パ・有り	먹다 ⇨	먹으므로	작다	⇨	작으므로
過・未	갔다 ⇨	갔으므로	가겠다	⇨	가겠으므로

● 後述文の原因や根拠を表す際の連結語尾。主に文語体として用いる。後述文の内容が命令や勧誘を表す場合は使用不可。「～のゆえに」、「～であるので」、「～だから」、「～のために」。

- 사정이 있으므로 양해를 구합니다.　事情があります故ご諒解願います。

- 잘 끝났으므로 걱정이 없다.　　　　　無事に終わったので心配ない。

▶ 類似表現 「-기 때문에」 ➡ 045 参照。

201　-(으)세요
お〜になる(?)・〜して下さい

パ・無し	가다 ⇨ 가세요	크다 ⇨ 크세요
パ・「ㄹ」	살다 ⇨ 사세요	길다 ⇨ 기세요
指定詞	이다 ⇨ (이)세요	아니다 ⇨ 아니세요
パ・有り	읽다 ⇨ 읽으세요	작다 ⇨ 작으세요

◉ 「ㄹ」パッチム用言は「ㄹ」が脱落し、一定の文法表現が加わる。
◉ 過去形の語尾「-았(었・였)」や未来形の語尾「-겠」とは接続不可。

① 文の主語を高めつつ、話し手の考えや現在と近い未来の事実を話す際の終結語尾。いわゆる尊敬表現である。疑問文は「?」をつける。「〜でいらっしゃる(?)」、「お〜になる(?)」、「〜なさる(?)」、「〜される(?)」、「〜られる(?)」。

- 옷이 진짜 잘 어울리세요.　　　　　服が本当によくお似合いです。
- 무엇을 찾으세요?　　　　　　　　何をお探しですか。

② 尊敬する対象に対して、ある行動をすることを要求、命令する際の終結語尾。「〜しなさい」、「〜していただけますか」、「お〜下さい」。

- 이쪽으로 앉으세요.　　　　　　　こちらへおかけ下さい。
- 움직이지 말고 여기 보세요.　　　動かないでこちらを見て下さい。

▶ 類似表現 「-(으)십시오 ①」 ➡ 204 参照。
▶ 古風な類似表現として「-(으)시오」がある。

▶ ① ② 同意表現 「-(으)셔요」。이쪽으로 앉으셔요.
▶ 「-(으)셔요」は「-(으)세요」と比べて古風な表現である。

202 －(으)시－
お～になる

パ・無し	가다 ⇨ 가시－	크다 ⇨ 크시－
パ・「ㄹ」	살다 ⇨ 사시－	길다 ⇨ 기시－
指定詞	이다 ⇨ (이)시－	아니다 ⇨ 아니시－
パ・有り	읽다 ⇨ 읽으시－	작다 ⇨ 작으시－

○「ㄹ」パッチム用言は「ㄹ」が脱落し、一定の文法表現が加わる。

話し手がある行為の主語(所有物を含む)を高める際に用いる語尾。いわゆる尊敬形の語尾である。「～でいらっしゃる」、「お～になる」、「～なさる」、「～される」、「～られる」。

- 선생님께서 내일 오시겠답니다.　　先生が明日いらっしゃるそうです。
- 죄송하지만 누구시죠?　　すみませんが、どなたでしょうか。

203 －(으)시지요
～して下さい・～しましょうか

パ・無し	가다 ⇨ 가시지요	사다 ⇨ 사시지요
パ・「ㄹ」	살다 ⇨ 사시지요	팔다 ⇨ 파시지요
パ・有り	잡다 ⇨ 잡으시지요	읽다 ⇨ 읽으시지요

○「ㄹ」パッチム用言は「ㄹ」が脱落し、一定の文法表現が加わる。

話し手が聞く人に丁寧に命令するか、勧誘する際に用いる終結語尾。「～して下さいませ」、「～していただけますか」、「～しましょうか」。

- 이제 그만 주무시지요.　　もうそろそろお休みなさい。
- 책은 내일 읽으시지요.　　本は明日お読みになって下さい。

▶ 短縮表現 「－(으)시죠」。
▶ 類似表現 「－(으)세요 ❷」 ➡ 201 参照、「－(으)십시오」 ➡ 204 参照。

204　-(으)십시오
～して下さい

パ・無し	가다 ⇨ 가**십시오**	사다 ⇨ 사**십시오**
パ・「ㄹ」	살다 ⇨ 사**십시오**	팔다 ⇨ 파**십시오**
パ・有り	잡다 ⇨ 잡**으십시오**	읽다 ⇨ 읽**으십시오**

○「ㄹ」パッチム用言は「ㄹ」が脱落し、一定の文法表現が加わる。

● 尊敬する対象に対して、ある行動をすることを要求、命令する際の終結語尾。会議や演説などの公式的な場でよく用いる。「～しなさい」、「～していただけますか」、「お～下さい」。

- 의견을 말씀하**십시오**. 　　　　　意見をおっしゃって下さい。
- 모자를 벗**으십시오**. 　　　　　　帽子をお取り下さい。

▶ 類似表現 「-(으)세요 ❷」➡ 201 参照。
▶ 口語表現 「-(으)십시요」。

205　-ㄴ(은)들
～しても

パ・無し	가다 ⇨ 간들	크다 ⇨ 큰들
パ・「ㄹ」	살다 ⇨ 산들	길다 ⇨ 긴들
指定詞	이다 ⇨ ㄴ(인)들	아니다 ⇨ 아닌들
パ・有り	먹다 ⇨ 먹은들	작다 ⇨ 작은들

○「ㄹ」パッチム用言は「ㄹ」が脱落し、一定の文法表現が加わる。

● ある状況を仮定して認めるとしても、その結果が予想と異なる内容であることを表す連結語尾。「～であっても」、「～だとしても」。

- 앞으로 열심히 한들 소용 없어. 　　これから頑張っても意味ないよ。
- 내가 간들 해결되지 않을걸. 　　　私が行くとしても解決しないだろう。

▶ 類似表現 「-아(어・여)도 ②」→ 263 参照。

206 ｜ -ㄹ(을)걸
～だろう・～すれば良かった

パ・無し	가다 ⇨	갈걸	크다	⇨	클걸
パ・「ㄹ」	살다 ⇨	살걸	길다	⇨	길걸
指定詞	이다 ⇨	ㄹ(일)걸	아니다	⇨	아닐걸
パ・有り	먹다 ⇨	먹을걸	작다	⇨	작을걸
過去形	갔다 ⇨	갔을걸	했다	⇨	했을걸

◯ 「ㄹ」パッチム用言は「ㄹ」が脱落し、一定の文法表現が加わる。

❶ まだ起こっていないことやよく分からないことについて話し手の推測を表す終結語尾。未来形の語尾「-겠」とは接続しない。「(多分)～だろう」、「～であろう」、「(きっと)～だと思うよ」。過去形と接続した場合は「(多分)～しただろう」と訳す。

- 아마도 내일 비가 올걸.　　　　　きっと明日は雨が降るだろう。
- 아마 표가 없을걸.　　　　　　　多分チケットがないだろう。

▶ 丁寧表現 「-ㄹ(을)걸요」。

❷ 話し手が自分がしなかったことやできなかったことについての後悔や残念な気持ちを表す際の終結語尾。主に動詞と接続し、過去形の語尾「-았(었・였)」や未来形の語尾「-겠」とは接続しない。「(あの時)～すれば良かったよ」、「～すれば良かったのに」。

- 어제 동창회에 나도 갈걸.　　　　昨日の同窓会に私も行けば良かったよ。
- 용돈을 줄 때 받을걸.　　　　　　小遣いをくれる時もらっておけば良かった。

▶ 拡張表現 「-ㄹ(을)걸 그랬다」。

207 －ㄹ(을)게
～する(からね)

パ・無し	가다 ⇨ 갈게	사다 ⇨ 살게
パ・「ㄹ」	살다 ⇨ 살게	팔다 ⇨ 팔게
パ・有り	먹다 ⇨ 먹을게	읽다 ⇨ 읽을게

○ 「ㄹ」パッチム用言は「ㄹ」が脱落し、一定の文法表現が加わる。

● 話し手が主語となり、ある行為を行うという自分の意志を表すか、相手に約束することを表す際の終結語尾。「～するつもりだ」、「～するね」、「(必ず)～するからね」。

- 오늘은 내가 살게. 　　　　　今日は私がご馳走するよ。
- 도서관에서 기다리고 있을게. 　図書館で待っているからね。

▶ 丁寧表現 「－ㄹ(을)게요」。

208 －ㄹ(을)까
～であろうか・～しようか

パ・無し	가다 ⇨ 갈까	크다 ⇨ 클까
パ・「ㄹ」	살다 ⇨ 살까	길다 ⇨ 길까
指定詞	이다 ⇨ ㄹ(일)까	아니다 ⇨ 아닐까
パ・有り	먹다 ⇨ 먹을까	작다 ⇨ 작을까
過去形	갔다 ⇨ 갔을까	했다 ⇨ 했을까

○ 「ㄹ」パッチム用言は「ㄹ」が脱落し、一定の文法表現が加わる。

① 話し手が特定の事柄について自信がなく疑問を表す際や論文、新聞などで一般的な問題を提起する際の終結語尾。主に独り言や友人、目下の人に用いる。「～なのかな」、「(はたして)～であろうか」、「～だろうか」。

- 후지산은 언제 터질까? 　　　富士山はいつ噴火するだろうか。

- 그 사람은 왜 혼자 갔을까?   あの人はなぜ一人で行っただろうか。

② 相手の意向や意見を尋ねるか、相手に何かを提案する際の終結語尾。主に動詞と接続し、過去形の語尾「-았(었・였)」や未来形の語尾「-겠」とは接続しない。「～しようか」、「(一緒に)～しない？」、「～しようよ」。

- 시간 있으면 차라도 마실까?   時間あったらお茶でも飲もうか?
- 좁지만 여기 같이 앉을까?   狭いけど、ここに一緒に座る?

▶ ❶ ❷ 丁寧表現 「-ㄹ(을)까요」。

209 -ㄹ(을)까 보다
～かと思う・～しようかと思う

パ・無し	가다 ⇨	갈까 보다	크다 ⇨	클까 보다
パ・「ㄹ」	살다 ⇨	살까 보다	길다 ⇨	길까 보다
指定詞	이다 ⇨	ㄹ(일)까 보다	아니다 ⇨	아닐까 보다
パ・有り	먹다 ⇨	먹을까 보다	작다 ⇨	작을까 보다
過去形	갔다 ⇨	갔을까 보다	했다 ⇨	했을까 보다

○ 「ㄹ」パッチム用言は「ㄹ」が脱落し、一定の文法表現が加わる。

① ある事実や状況から推し量り、そのようだと推測する意味を表す表現。主に「-ㄹ(을)까 봐」の形で用いる。「～だろうかと思って」、「～かと思い」、「～だと判断して」。

- 걱정할까 봐 전화했어.   心配するかと思って電話したよ。
- 시험에 떨어질까 봐 걱정했어.   試験に落ちるかと思って心配したよ。

② まだ確実に決まってはいないものの、特定の行動をするつもりや考えがあることを表す表現。主に動詞と接続し、過去形の語尾「-았(었・였)」や未来形の語尾「-겠」とは接続しない。「～しようかと思っている」、「～する予定でいる」。

[209] [210] [211]

- 난 지갑을 살**까 봐**.　　　　　私は財布を買おうかと思っている。
- 집에서 책이라도 읽을**까 봐**.　　家で本でも読もうかな。

▶ 同意表現 「-ㄹ(을)까 하다」。난 지갑을 살**까 해**.

▶ ❶ ❷ 同意表現 「-ㄹ(을)까 싶다」。난 지갑을 살**까 싶어**.

210　-ㄹ(을)꼬
～するのかな

パ・無し	가다 ⇨	갈꼬	크다 ⇨	클꼬
パ・「ㄹ」	살다 ⇨	살꼬	길다 ⇨	길꼬
指定詞	이다 ⇨	ㄹ(일)꼬	아니다 ⇨	아닐꼬
パ・有り	먹다 ⇨	먹을꼬	작다 ⇨	작을꼬
過去形	갔다 ⇨	갔을꼬	했다 ⇨	했을꼬

○「ㄹ」パッチム用言は「ㄹ」が脱落し、一定の文法表現が加わる。

疑問詞とともに用い、話し手の疑問や疑心を表す表現。やや古めかしい表現であり、主に文学的な表現や年配者の独り言でよく用いる。「～するだろうか」、「(なんで)～だろうか」。

- 이제 어떻게 살아 갈**꼬**?　　これからどうやって生活すればいいんだろう。
- 이 코끼리는 왜 이렇게 작을**꼬**?　この象はどうしてこんなに小さいかな。

211　-ㄹ(을)는지
～するだろうか

パ・無し	가다 ⇨	갈는지	크다 ⇨	클는지
パ・「ㄹ」	살다 ⇨	살는지	길다 ⇨	길는지
指定詞	이다 ⇨	ㄹ(일)는지	아니다 ⇨	아닐는지

パ・有り	먹다 ⇨	먹을는지	작다 ⇨	작을는지
過去形	갔다 ⇨	갔을는지	했다 ⇨	했을는지

○「ㄹ」パッチム用言は「ㄹ」が脱落し、一定の文法表現が加わる。

前述文の実現可能性について、話し手自らの疑問や疑心を表す連結語尾。後述文を省略すると終結語尾としても使用できる。「~するだろうか(分からない)」、「~だろうか(疑問だ・心配だ)」。

- 친구가 김치를 먹을는지 모르겠네.
  友人がキムチを食べてくれるだろうか分かんないな。
- 나랑 같이 갈는지 걱정이야.　私と一緒に行ってくれるだろうか心配だ。

212　-ㄹ(을) 따름이다
~するだけだ

パ・無し	가다 ⇨	갈 따름이다	크다 ⇨	클 따름이다
パ・「ㄹ」	살다 ⇨	살 따름이다	길다 ⇨	길 따름이다
指定詞	이다 ⇨	ㄹ(일) 따름이다	아니다 ⇨	아닐 따름이다
パ・有り	먹다 ⇨	먹을 따름이다	작다 ⇨	작을 따름이다
過去形	갔다 ⇨	갔을 따름이다	했다 ⇨	했을 따름이다

○「ㄹ」パッチム用言は「ㄹ」が脱落し、一定の文法表現が加わる。

現在の状況以外に他の可能性や状況は存在せず、他の選択は排除することを表す表現。「~するのみである」、「~する他ない」、「(他に方法がなく)~するしかない」。

- 시키는 대로 할 따름이에요.　　　指示通りにするだけです。
- 전 따라서 갔을 따름입니다.　　　私はついて行っただけです。

▶ 類似表現 「-ㄹ(을) 뿐이다」 ➡ 228 参照。

213 －ㄹ(을) 때
〜する時

パ・無し	가다 ⇨	갈 때	크다 ⇨	클 때
パ・「ㄹ」	살다 ⇨	살 때	길다 ⇨	길 때
指定詞	이다 ⇨	ㄹ(일) 때	아니다 ⇨	아닐 때
パ・有り	먹다 ⇨	먹을 때	작다 ⇨	작을 때
過去形	갔다 ⇨	갔을 때	했다 ⇨	했을 때

○「ㄹ」パッチム用言は「ㄹ」が脱落し、一定の文法表現が加わる。

● ある行為や状況が続く間や時間、または行為や状況が起こった場合を表す表現。未来形の語尾「－겠」とは接続しない。「〜する時」、「〜した時」。

- 운전할 때는 앞을 잘 보세요.　　運転する時は前方をしっかり見なさい。
- 밥을 먹을 때 그릇을 들지 마.　　ご飯を食べる時、お茶碗を手に持つな。

214 －ㄹ(을)라
〜するかも(だから)

パ・無し	가다 ⇨	갈라	크다 ⇨	클라
パ・「ㄹ」	살다 ⇨	살라	길다 ⇨	길라
指定詞	이다 ⇨	ㄹ(일)라	아니다 ⇨	아닐라
パ・有り	먹다 ⇨	먹을라	작다 ⇨	작을라
過去形	갔다 ⇨	갔을라	했다 ⇨	했을라

○「ㄹ」パッチム用言は「ㄹ」が脱落し、一定の文法表現が加わる。

● 話し手が、前述の内容のようになるか心配する気持ちを表す終結語尾。未来形の語尾「－겠」とは接続しない。「〜するかもしれないから(心配だ)」、「〜しないようにね」。

- 조심해라. 미끄러질라.　　　　気をつけて。滑って転ばないように。

• 언니가 혼자 다 먹을라.　　　姉が一人で全部食べるかも(心配だ)よ。

215 ー ㄹ(을)라고
～するはずがない・～するだろう

パ・無し	가다 ⇨	갈라고	크다	⇨	클라고
パ・「ㄹ」	살다 ⇨	살라고	길다	⇨	길라고
指定詞	이다 ⇨	ㄹ(일)라고	아니다	⇨	아닐라고
パ・有り	먹다 ⇨	먹을라고	작다	⇨	작을라고
過去形	갔다 ⇨	갔을라고	했다	⇨	했을라고

○「ㄹ」パッチム用言は「ㄹ」が脱落し、一定の文法表現が加わる。

❶ 修辞疑問文として用い、前述文について強く疑うか信じられない気持ちを表す終結語尾。「(まさか)～するとは思えない」、「～だとは考えられない」、「～のはずがない」。

・설마 그렇게 비쌀라고?　　　まさかそんなに高いはずがないよ。
・코끼리가 개보다 작을라고?　　象が犬より小さいとは思えない。

▶ 類似表現 「-(으)려고 ❷」 ➡ 172 参照。

❷ 特定の状況や事実について確信したり、認める際の終結語尾。「～するに違いない」、「(きっと)～すると思うよ」、「～するだろう(と信じている)」。

・어련히 알아서 할라고.　　　　きっとしっかりやるに違いない。
・얼마나 슬프면 자살까지 했을라고.　悲し過ぎて自殺までしたんだろうね。

▶ ❶ ❷ 丁寧表現 「-ㄹ(을)라고요」。

216　-ㄹ(을)라치면
~しようとすると

パ・無し	가다 ⇨ 갈라치면	사다 ⇨ 살라치면
パ・「ㄹ」	살다 ⇨ 살라치면	팔다 ⇨ 팔라치면
パ・有り	먹다 ⇨ 먹을라치면	읽다 ⇨ 읽을라치면

○ 「ㄹ」パッチム用言は「ㄹ」が脱落し、一定の文法表現が加わる。

● 何かを行おうと意図すると後述文の状況が生じ、思うようにはできないことを表す連結語尾。主に口語表現として用いる。「~しようとすると」、「~しようと思ったら」、「~ともなれば」。

- 내가 살라치면 물건이 없더라.　私が買おうとするといつも物がないんだ。
- 점심을 먹을라치면 손님이 오네.
　　　　　　　　　　　昼食を食べようとするとお客さんが来るね。

▶ 類似表現　「-(으)려고 하다 ❶」➡ 173 参照。

217　-ㄹ(을)락 말락 하다
(ほとんど)~しそうだ

パ・無し	가다 ⇨ 갈락 말락 하다	사다 ⇨ 살락 말락 하다
パ・「ㄹ」	울다 ⇨ 울락 말락 하다	졸다 ⇨ 졸락 말락 하다
パ・有り	먹다 ⇨ 먹을락 말락 하다	읽다 ⇨ 읽을락 말락 하다

○ 「ㄹ」パッチム用言は「ㄹ」が脱落し、一定の文法表現が加わる。

● あることがほぼ起こりそうであるか、その状態になりつつあることを表す表現。「(まさに)~の状態である」、「~するかしないか(ギリギリの状態である)」、「~しそうな(状態である)」。

- 멀리 산이 보일락 말락 한다.　遠くに山が見えそうで見えないね。
- 손이 닿을락 말락 해요.　手がギリギリ届かないんです。

218 -ㄹ(을)래
〜するつもりだ

パ・無し	가다 ⇨ 갈래	사다 ⇨ 살래
パ・「ㄹ」	살다 ⇨ 살래	팔다 ⇨ 팔래
パ・有り	먹다 ⇨ 먹을래	읽다 ⇨ 읽을래

○「ㄹ」パッチム用言は「ㄹ」が脱落し、一定の文法表現が加わる。

話し手が、ある行為を行おうとする意向があることを表す終結語尾。疑問文では、相手の意思や意向を尋ねる際の終結語尾。「〜するつもり(?)」、「〜しようと思っている(?)」、「〜するからね」。

- 홍차보다 커피 마실래.　　　　紅茶よりコーヒーにするね。
- 사과는 있어. 먹을래?　　　　りんごならあるよ。食べる?

▶ 丁寧表現 「-ㄹ(을)래요」。

219 -ㄹ(을)래야
〜しようとしても

パ・無し	가다 ⇨ 갈래야	사다 ⇨ 살래야
パ・「ㄹ」	살다 ⇨ 살래야	팔다 ⇨ 팔래야
パ・有り	먹다 ⇨ 먹을래야	읽다 ⇨ 읽을래야

○「ㄹ」パッチム用言は「ㄹ」が脱落し、一定の文法表現が加わる。

ある意図をもって行為を行うつもりだが、そのようにできないことを表す表現。後述文の内容は否定や不可能表現となる。「〜しようとしても(できない)」、「〜するつもりだけど(無理だ)」。

- 허락을 할래야 허락할 수 없다.　　許可しようにも許可できない。
- 웃을래야 웃을 기운도 없다.　　　笑おうとしても笑う元気がない。

▶ 類似表現 「-(으)려도」 ➡ 182 参照。

220　-ㄹ(을) 리가 없다
～するはずがない

パ・無し	가다 ⇨ 갈 리가 없다	크다 ⇨ 클 리가 없다
パ・「ㄹ」	살다 ⇨ 살 리가 없다	길다 ⇨ 길 리가 없다
指定詞	이다 ⇨ ㄹ(일) 리가 없다	아니다 ⇨ 아닐 리가 없다
パ・有り	먹다 ⇨ 먹을 리가 없다	작다 ⇨ 작을 리가 없다
過去形	갔다 ⇨ 갔을 리가 없다	했다 ⇨ 했을 리가 없다

○「ㄹ」パッチム用言は「ㄹ」が脱落し、一定の文法表現が加わる。

前述文の内容がいつも事実ではないという話し手の確信、考えを表す表現。「～のはずがない」、「～するわけがない」。

- 돈이 없을 리가 없어.　　　　　　　　お金がないはずがない。
- 쥐가 고양이한테 이길 리가 없어.　　ネズミが猫に勝つわけがないよ。

▶「-ㄹ(을) 리가 있다(～するはずがある)」を修辞疑問文形式に使って「-ㄹ(을) 리가 없다」と同じ意味となる。
  - 돈이 없을 리가 있어? = 돈이 없을 리가 없어.

221　-ㄹ(을) 만하다
～するだけの価値がある・十分に～できる

パ・無し	가다 ⇨ 갈 만하다	사다 ⇨ 살 만하다
パ・「ㄹ」	살다 ⇨ 살 만하다	팔다 ⇨ 팔 만하다
パ・有り	먹다 ⇨ 먹을 만하다	읽다 ⇨ 읽을 만하다

○「ㄹ」パッチム用言は「ㄹ」が脱落し、一定の文法表現が加わる。

❶ ある人や事物がそのような行為を行う価値があることを表す表現。「(なかなか)いい」、「(一度)～してみる価値はある」、「～に値する」。

- 근처에 잘 만한 호텔 없어?　　近くに泊まれそうなホテルないの?

- 믿을 만한 사람을 찾아 봐.　　　　　信じられそうな人を探してみて。

❷ 特定の出来事が起こるに十分な根拠や理由、あるいは程度であることを表す表現。「~するのも理解できる」、「~するのも当たり前だ」、「ほどよく~できる」。

- 못 잤으니 잠도 올 만하지.　　　　　寝ていないので眠いのも当然だ。
- 어렵지만 지낼 만합니다.　　　　　　大変だけど、何とか過せそうです。

222　-ㄹ(을)망정
~するといえども・~することがあっても

パ・無し	가다	⇨	갈망정	크다 ⇨ 클망정	
パ・「ㄹ」	살다	⇨	살망정	길다 ⇨ 길망정	
指定詞	이다	⇨	ㄹ(일)망정	아니다 ⇨ 아닐망정	
パ・有り	먹다	⇨	먹을망정	작다 ⇨ 작을망정	
過去形	갔다	⇨	갔을망정	했다 ⇨ 했을망정	

○「ㄹ」パッチム用言は「ㄹ」が脱落し、一定の文法表現が加わる。

❶ 否定的な前述文の内容と異なる内容を後述文で述べる際の連結語尾。「(たとえ)~であっても」、「(たとえ)~であるとも」、「~とはいえ」。

- 가난할망정 도둑질은 안 해.　　　　貧しくとも泥棒はしない。
- 몸은 약할망정 마음은 강하다.　　　病弱でも気持ちだけは強い。

❷ 否定的な状況を仮定して、そのようなことがあっても後述文の内容が確固たるものである際の連結語尾。「(もし)~することがあっても」、「(もし)~になるとしても」、「(いざ)~といえども」。

- 차라리 죽을망정 항복은 못 해.　いっそ死ぬことになっても降伏はしない。
- 굶을망정 라면은 안 먹어.　食事を抜く事があってもラーメンは食べない。

▶ ❶ ❷ 類似表現 「-ㄹ(을)지라도」 ➡ 237 参照、「-ㄹ(을)지언정 ❶ ❷」 ➡ 238 参照。

223 －ㄹ(을) 바에
～するなら(むしろ)

パ・無し	가다 ⇨ 갈 바에	사다 ⇨ 살 바에
パ・「ㄹ」	살다 ⇨ 살 바에	팔다 ⇨ 팔 바에
パ・有り	먹다 ⇨ 먹을 바에	읽다 ⇨ 읽을 바에

○ 「ㄹ」パッチム用言は「ㄹ」が脱落し、一定の文法表現が加わる。

● 前述文の内容が後述文の内容より劣ると判断し、前述文の内容を拒否して後述文の内容を選択する際の表現。「～するより(むしろ～)」、「(どうせ)～するんだったら」。

- 대만에 갈 **바에** 중국에 가겠다.　　台湾なら、むしろ中国へ行きたい。
- 어차피 먹을 **바에** 전부 다 먹자.　　どうせ食べるなら全部食べよう。

224 －ㄹ(을) 법하다
～もあり得る

パ・無し	가다 ⇨ 갈 법하다	사다 ⇨ 살 법하다
パ・「ㄹ」	살다 ⇨ 살 법하다	팔다 ⇨ 팔 법하다
パ・有り	먹다 ⇨ 먹을 법하다	읽다 ⇨ 읽을 법하다

○ 「ㄹ」パッチム用言は「ㄹ」が脱落し、一定の文法表現が加わる。

● 話し手が、ある状況や事実について考えてみたら、それらしい理由がありそうだということを表す表現。「(～することも)あり得る」、「～らしい」、「(さも)～しそうだ」。

- 형이 화도 낼 **법하**네.　　兄が怒るのも当然かもな。
- 설명하면 용서해 줄 **법한**데.　　説明すると許してくれるかも。

▶ 類似表現 「－ㄹ(을) 만하다 ❷」 ➡ 221 参照。

225 －ㄹ(을) 뻔하다
(危うく)〜しそうだ

パ・無し	가다 ⇨ 갈 뻔하다	사다 ⇨ 살 뻔하다
パ・「ㄹ」	살다 ⇨ 살 뻔하다	팔다 ⇨ 팔 뻔하다
パ・有り	먹다 ⇨ 먹을 뻔하다	읽다 ⇨ 읽을 뻔하다

○「ㄹ」パッチム用言は「ㄹ」が脱落し、一定の文法表現が加わる。

実際には起きていないが、特定の出来事がほぼ起こりそうだったということを表す表現。主に「－ㄹ(을) 뻔했다」の形で使われて「(危うく)〜するところだった」、「〜しそうになった」と訳す。

- 막차를 놓칠 뻔했어요.　　　　終電に乗り遅れるところでした。
- 배고파서 죽을 뻔했어요.　　　お腹が空いて死ぬかと思いました。

226 －ㄹ(을) 뿐더러
〜するだけでなく

パ・無し	가다 ⇨ 갈 뿐더러	크다 ⇨ 클 뿐더러
パ・「ㄹ」	살다 ⇨ 살 뿐더러	길다 ⇨ 길 뿐더러
指定詞	이다 ⇨ ㄹ(일) 뿐더러	아니다 ⇨ 아닐 뿐더러
パ・有り	먹다 ⇨ 먹을 뿐더러	작다 ⇨ 작을 뿐더러
過去形	갔다 ⇨ 갔을 뿐더러	했다 ⇨ 했을 뿐더러

○「ㄹ」パッチム用言は「ㄹ」が脱落し、一定の文法表現が加わる。

ある事実や状況に加えて他の事実や状況も存在することを表す際の連結語尾。後述文の状況はさらに深刻な内容が続く場合が多い。「〜だけでなく」、「〜のみならず」、「〜に加え」。

- 물건이 비쌀 뿐더러 질도 나쁘다.　　品物が高いだけでなく質も悪い。
- 시간이 없을 뿐더러 돈도 없다.　　　時間がないだけでなくお金もない。

226 **227** **228**

▶ 類似表現 「-ㄹ(을) 뿐만 아니라」 ➡ **227** 参照。

227 -ㄹ(을) 뿐만 아니라
～するだけでなく

パ・無し	가다	⇨	갈 뿐만 아니라	크다	⇨	클 뿐만 아니라
パ・「ㄹ」	살다	⇨	살 뿐만 아니라	길다	⇨	길 뿐만 아니라
指定詞	이다	⇨	ㄹ(일) 뿐만 아니라	아니다	⇨	아닐 뿐만 아니라
パ・有り	먹다	⇨	먹을 뿐만 아니라	작다	⇨	작을 뿐만 아니라
過去形	갔다	⇨	갔을 뿐만 아니라	했다	⇨	했을 뿐만 아니라

◯ 「ㄹ」パッチム用言は「ㄹ」が脱落し、一定の文法表現が加わる。

前述の内容だけでなく、後述する内容までそうだとか、前述の状況に加え、後述する状況まで同じであることを表す表現。「～だけでなく」、「～のみならず」、「～に加えて」。

- 집이 좁을 뿐만 아니라 더럽다.　　　家が狭いだけでなく汚い。
- 사람이 많을 뿐만 아니라 차도 많다.　人が多いだけでなく車も多い。

▶ 類似表現 「-ㄹ(을) 뿐더러」 ➡ **226** 参照。

228 -ㄹ(을) 뿐이다
～するだけだ

パ・無し	가다	⇨	갈 뿐이다	크다	⇨	클 뿐이다
パ・「ㄹ」	살다	⇨	살 뿐이다	길다	⇨	길 뿐이다
指定詞	이다	⇨	ㄹ(일) 뿐이다	아니다	⇨	아닐 뿐이다
パ・有り	먹다	⇨	먹을 뿐이다	작다	⇨	작을 뿐이다
過去形	갔다	⇨	갔을 뿐이다	했다	⇨	했을 뿐이다

○「ㄹ」パッチム用言は「ㄹ」が脱落し、一定の文法表現が加わる。

● 現在の状況以外に他の可能性や状況はないし、他の選択は排除するという表現。「～するのみである」、「～する他ない」、「(他に方法がなく)～するしかない」。

- 맛은 없고 매울 **뿐이야**.　　　　　美味しくはなく辛いだけだよ。
- 가라고 하니까 갔을 **뿐이에요**.　　行けと言われたから行っただけです。

▶ 類似表現 「-ㄹ(을) 따름이다」 ➡ 212 参照。

229　-ㄹ(을)수록
〜するほど

パ・無し	가다 ⇨	**갈수록**	크다 ⇨	**클수록**
パ・「ㄹ」	살다 ⇨	**살수록**	길다 ⇨	**길수록**
指定詞	이다 ⇨	**ㄹ(일)수록**	아니다 ⇨	**아닐수록**
パ・有り	먹다 ⇨	**먹을수록**	작다 ⇨	**작을수록**

○「ㄹ」パッチム用言は「ㄹ」が脱落し、一定の文法表現が加わる。

● 前述文の状況や程度がもっと激しくなる場合、後述文の結果や状況もそれに比例して動くことを表す連結語尾。「(〜すれば)〜するほど」、「〜するほど(それに比例して)」、「〜するにつれて」。

- 외국어 공부는 **할수록** 어렵다.　　外国語は勉強すればするほど難しい。
- 고추는 **작을수록** 매운 법이에요.　唐辛子は小さいほど辛いものです。

▶ 同意表現 「-(으)면 -ㄹ(을)수록」。외국어 공부는 **하면 할수록** 어렵다.

230　-ㄹ(을) 수밖에 없다
～するしかない

パ・無し	가다 ⇨ 갈 수밖에 없다	크다 ⇨ 클 수밖에 없다
パ・「ㄹ」	살다 ⇨ 살 수밖에 없다	길다 ⇨ 길 수밖에 없다
指定詞	이다 ⇨ ㄹ(일) 수밖에 없다	아니다 ⇨ 아닐 수밖에 없다
パ・有り	먹다 ⇨ 먹을 수밖에 없다	작다 ⇨ 작을 수밖에 없다

○ 「ㄹ」パッチム用言は「ㄹ」が脱落し、一定の文法表現が加わる。

それ以外、他の方法や可能性がないことを表す表現。「～するのみである」、「～する他ない」、「(他に方法がなく)～するしかない」。

- 예약을 했으니 갈 수밖에 없어.　　予約をしたから行くしかないよ。
- 어이가 없어 웃을 수밖에 없었다.　呆れてしまって笑うしかなかった。

▶ 類似表現　「-ㄹ(을) 따름이다」 ➡ 212 参照。

231　-ㄹ(을) 수 없다
～することができない

パ・無し	가다 ⇨ 갈 수 없다	사다 ⇨ 살 수 없다
パ・「ㄹ」	살다 ⇨ 살 수 없다	팔다 ⇨ 팔 수 없다
パ・有り	먹다 ⇨ 먹을 수 없다	읽다 ⇨ 읽을 수 없다

○ 「ㄹ」パッチム用言は「ㄹ」が脱落し、一定の文法表現が加わる。

特定の行為を行うことが状況的に不可能であることを表す表現。「～できない」、「～られない」、「～することが無理だ」。

- 돈이 없어 여행을 갈 수 없어.　　お金がなくて旅行に行けないよ。
- 더 이상 참을 수 없습니다.　　これ以上、我慢できません。

▶ 類似表現　「-지 못하다 ❶」 ➡ 134 参照。
▶ 関連表現　「-ㄹ(을) 줄 모르다」 ➡ 233 参照。

232 －ㄹ(을) 수 있다
～することができる・十分に～できる

パ・無し	가다 ⇨ 갈 수 있다	크다 ⇨ 클 수 있다
パ・「ㄹ」	살다 ⇨ 살 수 있다	길다 ⇨ 길 수 있다
指定詞	이다 ⇨ ㄹ(일) 수 있다	아니다 ⇨ 아닐 수 있다
パ・有り	먹다 ⇨ 먹을 수 있다	작다 ⇨ 작을 수 있다

○ 「ㄹ」パッチム用言は「ㄹ」が脱落し、一定の文法表現が加わる。

❶ 特定の行為を行うことが状況的に可能であることを表す表現。「～できる」、「～られる」、「～することが可能だ」。

- 몇 시까지 올 수 있어요? 　　　　何時まで来られますか。
- 삼 인분은 먹을 수 있어요. 　　　三人前は食べられます。

▶ 関連表現 「－ㄹ(을) 줄 알다」➡ 234 参照。

❷ ある状況が、特定の出来事を引き起こすに十分な可能性があることを表す表現。「～するのも理解できる」、「～するのもあり得る」、「～する可能性がある」。

- 사람이니까 실수를 할 수도 있지. 　人間だからミスをするのも分かる。
- 그것도 있을 수 있는 일이겠다. 　　それもあり得る話だね。

233 －ㄹ(을) 줄 모르다
～することができない

パ・無し	가다 ⇨ 갈 줄 모르다	사다 ⇨ 살 줄 모르다
パ・「ㄹ」	만들다 ⇨ 만들 줄 모르다	팔다 ⇨ 팔 줄 모르다
パ・有り	먹다 ⇨ 먹을 줄 모르다	읽다 ⇨ 읽을 줄 모르다

○ 「ㄹ」パッチム用言は「ㄹ」が脱落し、一定の文法表現が加わる。

233 234 235

特定の行為を行う能力や具体的な方法が分からなくて実現不可能であることを表す表現。「〜できない」、「〜られない」、「〜する仕方が分からない」、「〜する方法が分からない」。

- 차는 있지만 운전할 줄 몰라.　　車は持っているけど、運転はできない。
- 종이학은 접을 줄 모릅니다.　　　折鶴は折ることができません。

▶ 関連表現 「-ㄹ(을) 수 없다」➡ 231 参照、「連体形＋줄 몰랐다」➡ 346 参照。

234　-ㄹ(을) 줄 알다
〜することができる

パ・無し	가다 ⇨ **갈 줄 알다**	사다 ⇨ **살 줄 알다**
パ・「ㄹ」	만들다 ⇨ **만들 줄 알다**	열다 ⇨ **열 줄 알다**
パ・有り	먹다 ⇨ **먹을 줄 알다**	읽다 ⇨ **읽을 줄 알다**

○「ㄹ」パッチム用言は「ㄹ」が脱落し、一定の文法表現が加わる。

特定の行為を行う能力や具体的な方法が分かり、実現可能であることを表す表現。「〜できる」、「〜する仕方が分かる」。

- 손금을 볼 줄 알아요?　　　　　手相の見方が分かりますか。
- 면허는 없지만 운전할 줄 알아요.　免許はないけど、運転はできます。

▶ 関連表現 「-ㄹ(을) 수 있다 ❶」➡ 232 参照、「連体形＋줄 알다」➡ 345 参照。

235　-ㄹ(을)지
〜するか

パ・無し	가다 ⇨ **갈지**	크다 ⇨ **클지**
パ・「ㄹ」	살다 ⇨ **살지**	길다 ⇨ **길지**
指定詞	이다 ⇨ **ㄹ(일)지**	아니다 ⇨ **아닐지**

パ・有り	먹다 ⇨	먹을지	작다 ⇨	작을지
過去形	갔다 ⇨	갔을지	했다 ⇨	했을지

○「ㄹ」パッチム用言は「ㄹ」が脱落し、一定の文法表現が加わる。

❶ 推測についての漠然とした疑問を表す連結語尾。「～するだろうか」、「～であろうか」、「～なのか」。

- 갈지 안 갈지 아무도 몰라요.　　　　行くか行かないか誰も分かりません。
- 언제가 좋을지 물어 보자.　　　　　いつが良いのか聞いてみよう。

▶ 類似表現 「-ㄴ(은・는)지 ❶」 ➡ 315 参照。

❷ 後述文の内容について漠然とした理由や状況の推定を表す連結語尾。「～するだろうか」、「～であろうか」、「～するつもりなのか」。

- 누구랑 결혼할지 정말 걱정이다.　　誰と結婚するか本当に心配だ。
- 눈이 올지 하늘이 어둡네.　　　　　雪が降りそうで空が暗いね。

236 －ㄹ(을)지 모르다
～するかも知れない・～するか心配だ

パ・無し	가다 ⇨	갈지 모르다	크다 ⇨	클지 모르다
パ・「ㄹ」	살다 ⇨	살지 모르다	길다 ⇨	길지 모르다
指定詞	이다 ⇨	ㄹ(일)지 모르다	아니다 ⇨	아닐지 모르다
パ・有り	먹다 ⇨	먹을지 모르다	작다 ⇨	작을지 모르다
過去形	갔다 ⇨	갔을지 모르다	했다 ⇨	했을지 모르다

○「ㄹ」パッチム用言は「ㄹ」が脱落し、一定の文法表現が加わる。

❶ 前述文について推測する際の連結語尾。「～するかも知れない」、「～なのかも知れない」、「～の可能性もある」。

- 생각보다 월급이 적을지 몰라.　　思ったより月給が少ないかも知れない。
- 세일은 끝났을지 모릅니다.　　　　セールは終わったかも知れません。

236 **237** **238**

❷ 前述文について心配する際の連結語尾。「〜するか(分からない)」、「〜するか気になる」、「〜するか気がかりだ」。

- 잘 지내고 있을지 모르겠다.　　　　元気にしているか気がかりだ。
- 요리가 입에 맞을지 모르겠습니다.　料理が口に合うか気になります。

▶ 類似表現 「-ㄴ(은・는)지 ❸」 ➡ 315 参照。

237　-ㄹ(을)지라도
〜するといえども

パ・無し	가다 ⇨ 갈지라도	크다 ⇨ 클지라도
パ・「ㄹ」	살다 ⇨ 살지라도	길다 ⇨ 길지라도
指定詞	이다 ⇨ ㄹ(일)지라도	아니다 ⇨ 아닐지라도
パ・有り	먹다 ⇨ 먹을지라도	작다 ⇨ 작을지라도
過去形	갔다 ⇨ 갔을지라도	했다 ⇨ 했을지라도

◯「ㄹ」パッチム用言は「ㄹ」が脱落し、一定の文法表現が加わる。

⬢ 否定的な前述文の内容と異なる内容を後述文で述べる際の連結語尾。「(たとえ)〜であっても」、「(たとえ)〜であるとも」、「〜とはいえ」。

- 후회할지라도 고백할 거야.　　後悔する事があっても、告白するつもりだ。
- 힘은 없을지라도 머리는 좋다.　たとえ腕力はなくても、頭は良い。

▶ 類似表現 「-ㄹ(을)지언정」 ➡ 238 参照、「-더라도」 ➡ 094 参照。

238　-ㄹ(을)지언정
〜するといえども・〜することがあっても

| パ・無し | 가다 ⇨ 갈지언정 | 크다 ⇨ 클지언정 |
| パ・「ㄹ」 | 살다 ⇨ 살지언정 | 길다 ⇨ 길지언정 |

指定詞	이다 ⇨ ㄹ(일)지언정	아니다 ⇨ 아닐지언정
パ・有り	먹다 ⇨ 먹을지언정	작다 ⇨ 작을지언정
過去形	갔다 ⇨ 갔을지언정	했다 ⇨ 했을지언정

○「ㄹ」パッチム用言は「ㄹ」が脱落し、一定の文法表現が加わる。

❶ 否定的な前述文の内容と異なる内容を後述文で述べる際の連結語尾。「~であっても」、「(いくら)~であるとも」、「~とはいえ」、「~するけど」。

- 몸은 작을지언정 체력은 있다.　　　　体が小さくても体力はある。
- 규모는 컸을지언정 내용은 별로였다.
　　　　　　　　　　　規模は大きかったけど、中身はイマイチだった。

❷ 前述文において否定的か極端な状況を仮定して、後述文の内容を強調する際の連結語尾。主に動詞と接続し、過去形の語尾「-았(었・였)」や未来形の語尾「-겠」とは接続しない。「(たとえ)~であっても」、「(もし)~であるとも」、「~とはいえ」。

- 벌금을 낼지언정 인정할 수 없어.　　罰金を払うことがあっても認めない。
- 죽을지언정 타협은 안 해.　　たとえ死ぬことがあっても妥協はしない。

▶ ❶ ❷ 類似表現 「-ㄹ(을)지라도」➡ 237 参照、「-더라도」➡ 094 参照。

239 -ㄹ(을) 테고
~するはずだし

パ・無し	가다 ⇨ 갈 테고	크다 ⇨ 클 테고
パ・「ㄹ」	살다 ⇨ 살 테고	길다 ⇨ 길 테고
指定詞	이다 ⇨ ㄹ(일) 테고	아니다 ⇨ 아닐 테고
パ・有り	먹다 ⇨ 먹을 테고	작다 ⇨ 작을 테고
過去形	갔다 ⇨ 갔을 테고	했다 ⇨ 했을 테고

○「ㄹ」パッチム用言は「ㄹ」が脱落し、一定の文法表現が加わる。

239 240 241

● ある状況や状態であろうと推測するか、確信しながら続けて話す際に用いる表現。一般的には話し手が主語にはなれないが、自分の未来に関する事実を推測する際には使用可。「〜だろうし」、「〜であるはずで」。

- 넌 먹었을 테고 네 동생은?　　　君はきっと食べたはずで、君の弟は?
- 엄마는 잘 테고 아빠는 집에 없을 거야.
　　　　　　　　　　母は寝ているだろうし、父は家にいないと思う。

240 －ㄹ(을) 테냐
〜するつもりか

パ・無し	가다 ⇨ 갈 테냐	사다 ⇨ 살 테냐
パ・「ㄹ」	살다 ⇨ 살 테냐	팔다 ⇨ 팔 테냐
パ・有り	먹다 ⇨ 먹을 테냐	읽다 ⇨ 읽을 테냐

○「ㄹ」パッチム用言は「ㄹ」が脱落し、一定の文法表現が加わる。

● 目下の人や友人のように親しい間柄で、何かを行う意志があるのかを尋ねる際の表現。「〜するかい?」、「〜するつもりかい?」。

- 비행기로 갈 테냐?　　　　　　飛行機で行くつもりなの?
- 언제까지 여기 있을 테냐?　　　いつまでここに居るつもりなの?

▶ **同意表現**「－ㄹ(을) 거냐」。비행기로 갈 거냐?
▶ **類似表現**「－ㄹ(을) 테야 ❷」➡ **244** 参照。

241 －ㄹ(을) 테니까
〜するつもりだから・〜するだろうから

パ・無し	가다 ⇨ 갈 테니까	크다 ⇨ 클 테니까
パ・「ㄹ」	살다 ⇨ 살 테니까	길다 ⇨ 길 테니까

指定詞	이다 ⇨ ㄹ(일) 테니까	아니다 ⇨ 아닐 테니까
パ・有り	먹다 ⇨ 먹을 테니까	작다 ⇨ 작을 테니까
過去形	갔다 ⇨ 갔을 테니까	했다 ⇨ 했을 테니까

○ 「ㄹ」パッチム用言は「ㄹ」が脱落し、一定の文法表現が加わる。

❶ 後述文の内容についての条件として、話し手の意志を表す際の表現。主に動詞と接続し、過去形の語尾「-았(었・였)」や未来形の語尾「-겠」とは接続しない。「(私が)~するから(~しなさい)」、「(私は)~するつもりだから(~しなさい)」。

- 내가 치울 테니까 넌 쉬어.　　私が片付けるから、君は休んでいて。
- 내가 남을 테니까 넌 퇴근해.　　私が残るから、君は退社して。

❷ 後述文の内容についての条件として、話し手の強い推測を表す際の表現。「(多分)~だろうから(~しなさい)」、「(多分)~であろうから(~しなさい)」。

- 비가 올 테니까 우산 가져 가.　雨が降るだろうから、傘を持って行って。
- 아무 일도 없을 테니까 걱정마.　何事もないはずだから、心配しないで。

▶ ❶ ❷ 短縮表現 「-ㄹ(을) 테니」。

242 －ㄹ(을) 테다
～するつもりだ

パ・無し	가다 ⇨ 갈 테다	사다 ⇨ 살 테다
パ・「ㄹ」	살다 ⇨ 살 테다	팔다 ⇨ 팔 테다
パ・有り	먹다 ⇨ 먹을 테다	읽다 ⇨ 읽을 테다

○ 「ㄹ」パッチム用言は「ㄹ」が脱落し、一定の文法表現が加わる。

　　話し手があることを必ず行うという強い意志や計画を表す際の表現。目下の人や友人のように親しい間柄、または独り言で用いる。「(私が)~する」、「~するつもりだ」、「~するぞ」。

242 243 244

- 아버지의 원수를 꼭 갚을 테다.　　　父の仇は必ずとるつもりだ。
- 사법 시험에 꼭 합격할 테다.　　　　司法試験にきっと合格するぞ。

▶ 類似表現 「連体形＋것이다 ❸」 ➡ 319 参照、「-ㄹ(을) 테야 ❶」 ➡ 244 参照。

243　-ㄹ(을) 테면
〜するつもりなら

パ・無し	가다 ⇨ 갈 테면	사다 ⇨ 살 테면
パ・「ㄹ」	살다 ⇨ 살 테면	팔다 ⇨ 팔 테면
パ・有り	먹다 ⇨ 먹을 테면	읽다 ⇨ 읽을 테면

○ 「ㄹ」パッチム用言は「ㄹ」が脱落し、一定の文法表現が加わる。

● 後述文の条件として、聞き手が特定の行為を行う意思を表す際の表現。同一の動詞を反復的に用いて表現する場合が多い。「〜したかったら(〜しなさい)」、「〜するつもりならば(〜しなさい)」。

- 갈 테면 너 혼자 가.　　　　　　　行くつもりなら君一人で行って。
- 잘 테면 방에 가서 자.　　　　　　寝るつもりなら部屋に行って寝て。

▶ 類似表現 「-(으)려면 ❶」 ➡ 184 参照。

244　-ㄹ(을) 테야
〜するつもりだ

パ・無し	가다 ⇨ 갈 테야	사다 ⇨ 살 테야
パ・「ㄹ」	살다 ⇨ 살 테야	팔다 ⇨ 팔 테야
パ・有り	먹다 ⇨ 먹을 테야	읽다 ⇨ 읽을 테야

○ 「ㄹ」パッチム用言は「ㄹ」が脱落し、一定の文法表現が加わる。

❶ 話し手が、あることを必ず行うという強い意志や計画を表す際の表現。目

下の人や友人のように親しい間柄、または独り言で用いる。「(私が)〜する」、「〜するつもりだ」、「〜するぞ」。

- 장래 프로야구 선수가 될 **테야**.　　　将来、プロ野球選手になるつもりだ。
- 널 평생 잊지 않을 **테야**.　　　　　　君の事、一生忘れないからね。

▶ 類似表現 「連体形＋것이다 ❸」➡ 319 参照、「-ㄹ(을) 테다」➡ 242 参照。

❷ 疑問文の形で、あることを必ず行うという意志や計画の有無を相手に確認する際の表現。「〜するのかい?」、「〜するつもり(があるの)?」、「〜するの?」。

- 너 언제까지 날 속일 **테야**?　　　君、いつまで私を騙すつもり?
- 오늘 저녁에 뭐 먹을 **테야**?　　　今日の夕食、何を食べる予定?

▶ 類似表現 「-ㄹ(을) 테냐」➡ 240 参照。

245　-ㄹ(을) 테지만
〜するだろうが

パ・無し	가다 ⇨	갈 테지만	크다 ⇨	클 테지만
パ・「ㄹ」	살다 ⇨	살 테지만	길다 ⇨	길 테지만
指定詞	이다 ⇨	ㄹ(일) 테지만	아니다 ⇨	아닐 테지만
パ・有り	먹다 ⇨	먹을 테지만	작다 ⇨	작을 테지만
過去形	갔다 ⇨	갔을 테지만	했다 ⇨	했을 테지만

◯ 「ㄹ」パッチム用言は「ㄹ」が脱落し、一定の文法表現が加わる。

前述文の内容を確信するが、後述文の内容はそれと異なることを表す際の表現。「〜するだろうけど(しかし)」、「〜すると思うが(しかし)」。

- 바쁠 **테지만** 꼭 와 주길 바래.　　　忙しいだろうけど必ず来てね。
- 시간이 없을 **테지만** 부탁할게.　　　時間はないだろうけど頼むわ。

246 -ㄹ(을) 텐데
~だろうけど・~だろうから

パ・無し	가다 ⇨ 갈 텐데	크다 ⇨ 클 텐데
パ・「ㄹ」	살다 ⇨ 살 텐데	길다 ⇨ 길 텐데
指定詞	이다 ⇨ ㄹ(일) 텐데	아니다 ⇨ 아닐 텐데
パ・有り	먹다 ⇨ 먹을 텐데	작다 ⇨ 작을 텐데
過去形	갔다 ⇨ 갔을 텐데	했다 ⇨ 했을 텐데

○「ㄹ」パッチム用言は「ㄹ」が脱落し、一定の文法表現が加わる。

ある事実や状況について強い推測を表しつつ、続けてそれと関連する内容を提示する際の表現。終結語尾として用いると、話し手の推測を表す表現となる。「~だと思うんだけど」、「~だろうから」、「~であろうに」、「~だろうね」。

- 피곤할 텐데 일찍 쉬어라.　　　　お疲れだろうから早く休んでね。
- 아마 빈 자리가 없을 텐데.　　　　たぶん空席がないだろうね。

247 -ㅁ(음)
~すること

パ・無し	가다 ⇨ 감	크다 ⇨ 큼
パ・「ㄹ」	살다 ⇨ 삶	길다 ⇨ 김
指定詞	이다 ⇨ 임	아니다 ⇨ 아님
パ・有り	먹다 ⇨ 먹음	작다 ⇨ 작음
過・未	갔다 ⇨ 갔음	가겠다 ⇨ 가겠음

○「ㄹ」パッチム用言は「ㄹ」が脱落し、一定の文法表現が加わる。
○「살다」は例外的不規則で「삶」となる。

❶ 該当する単語が文章の中で主語や目的語などの名詞の役割ができるように

する語尾。いわゆる該当する単語の名詞化表現である。「～すること」、「～さ」、「～み」。

- 이상 없음이 확인되었다.   異常がないこと(異常無し)が確認された。
- 맑음과 흐림 마크 알아?   晴れと曇りのマーク知ってる?

2 広告文やメモのように使い、ある事実を簡単に記録するか知らせる際の語尾。主に終結語尾として用いる。「～する」、「～である」。

- 아래와 같이 인사 이동을 알림.   下記のように人事異動を知らせる。
- 하숙생 구함.   下宿生求む。

248 －ㅂ(읍)시다
～しましょう・～だとしましょう

パ・無し	가다	⇨ **갑시다**	사다	⇨ **삽시다**
パ・「ㄹ」	살다	⇨ **삽시다**	팔다	⇨ **팝시다**
パ・有り	먹다	⇨ **먹읍시다**	읽다	⇨ **읽읍시다**

○「ㄹ」パッチム用言は「ㄹ」が脱落し、一定の文法表現が加わる。

1 一緒に行動することを提案する際の終結語尾。あるいは、要請に対して承諾をするか、あることを要求して了承を求める際の終結語尾。主に動詞と接続するが、一部の形容詞と接続する場合もある。また過去形の語尾「－았(었・였)」や未来形の語尾「－겠」とは接続しない。「(一緒に)～しましょう(よ)」、「(そのように)しましょう」。

- 다음에 또 만납시다.   今度また会いましょう。
- 화해하고 다 같이 웃읍시다.   和解して皆、一緒に笑いましょう。

2 特定の状況を仮定することを提案する際の終結語尾。主に動詞「하다」か「치다」と接続する。「(～だと)～しましょう(よ)」、「(～であると仮定)しましょう」、「～したことにしましょう」。

- 예를 들어 내가 사장이라 **합시다**.　　　たとえば私が社長だとしましょう。
- 가령 모두 죽었다 **칩시다**.　　　たとえ、皆が死んだとしましょう。

▶ 自分より年上の人に使用することは控えたほうがよい。

249　-ㅂ(습)니까
～しますか・～ですか

パ・無し	가다	⇒ 갑니까	크다	⇒ 큽니까
パ・「ㄹ」	살다	⇒ 삽니까	길다	⇒ 깁니까
指定詞	이다	⇒ 입니까	아니다	⇒ 아닙니까
パ・有り	먹다	⇒ 먹습니까	작다	⇒ 작습니까
過・未	갔다	⇒ 갔습니까	가겠다	⇒ 가겠습니까

◐「ㄹ」パッチム用言は「ㄹ」が脱落し、一定の文法表現が加わる。

❶ 話し手が聞く人に対して丁寧に尋ねる際の終結語尾。一般的に会議や演説、発表、報告など公式的な場や初めて会った人によく用いる。「～ですか」、「～ますか」、「～なんですか」。

- 중국 사람**입니까**?　　　中国人ですか。
- 저녁에 약속 있**습니까**?　　　夕方、約束ありますか。

▶ 肯定表現 「-ㅂ(습)니다」。
▶ 類似表現 「-아(어・여) ❹」 → 251 参照。

❷ 修辞疑問文として用い、話し手が自分の話す内容を強調する際の終結語尾。「～しますか(しませんね)」、「～ですか(違うでしょう)」、「～すると思いますか」。

- 제가 바보로 보**입니까**?　　　私のことをバカだと思っていません?
- 이렇게 바쁜데 갈 수 있겠**습니까**?　　　こんなに忙しいのに行けます?

▶「-ㅂ(습)니까」の表現は、以前の標準語規定において、「-ㅂ(읍)니까」で表記した前例もあり、本書の分類の便宜上【-으」添加有無形】として取り扱うことにする。

250 －ㅂ(습)디까
～していましたか・～かったですか

パ・無し	가다	⇨ 갑디까	크다	⇨	큽디까
パ・「ㄹ」	살다	⇨ 삽디까	길다	⇨	깁디까
指定詞	이다	⇨ 입디까	아니다	⇨	아닙디까
パ・有り	먹다	⇨ 먹습디까	작다	⇨	작습디까
過・未	갔다	⇨ 갔습디까	가겠다	⇨	가겠습디까

○ 「ㄹ」パッチム用言は「ㄹ」が脱落し、一定の文法表現が加わる。

● 過去に他の現場や状況、場面で見たり聞いたりしたもの、経験したものを尋ねる際の終結語尾。「～していましたか」、「～だったんですか」。

- 그 가게는 쌉디까?   あの店は安かったですか。
- 어제 본 영화 재미있습디까?   昨日見た映画、面白かったですか。

▶ 肯定表現 「－ㅂ(습)디다」。

▶「－ㅂ(습)디까」の表現は、以前の標準語規定において、「－ㅂ(읍)디까」で表記した前例もあり、本書の分類の便宜上【「－으」添加有無形】として取り扱うことにする。

SUPER HANGUL HANDBOOK

3
ーの(어・여)選別形

基本形の語尾である「―다」の手前の文字の母音の種類によって「―아」か
「―어」か「―여」を選んでからそれぞれの文法表現を接続させるタイプ

－아(어・여)選別形の特長説明

【－아(어・여)選別形】とは、基本形の語尾である「－다」の手前の文字の母音の種類によって「－아」か「－어」か「－여」を選んでからそれぞれの文法表現を接続させるタイプです。

接続例

陽性母音	받다 ⇨ 받아요		좋다 ⇨ 좋아요
陰性母音	먹다 ⇨ 먹어요		없다 ⇨ 없어요
－하다	하다 ⇨ 하여요 ⇨ (해요)		

- 品詞に関係なく、基本形の語尾である「－다」の手前の文字の母音が「ㅏ・ㅗ・ㅑ」のような「陽性母音」ならば「－아」を選んでから後続する文法表現を付け加えて下さい。

- 品詞に関係なく、基本形の「－다」の手前の文字の母音が「ㅏ・ㅗ・ㅑ」の「陽性母音」でない「陰性母音」「ㅓ・ㅜ・ㅡ・ㅣ」などの場合は「－어」を選んでから後続する文法表現を付け加えて下さい。

- 該当する単語が「하다」や「－하다」の場合は「－여」を選んでから後続する文法表現を付け加えて下さい。なお、口語体では一般的に「하여」は「해」と短縮して用います。

- 「하다」のほかにも、基本形の語尾である「－다」の手前の文字に「パッチム」がついていない単語は、主にして母音の短縮や縮約現象が生じます。

  「가다 ⇨ 가아 ⇨ 가」、「서다 ⇨ 서어 ⇨ 서」、
  「오다 ⇨ 오아 ⇨ 와」、「주다 ⇨ 주어 ⇨ 줘」、
  「지다 ⇨ 지어 ⇨ 져」、「되다 ⇨ 되어 ⇨ 돼」などです。

251 －아(어・여)
～して・～するので・～するために・～しよう

陽性母音	받다 ⇨ 받아	좋다 ⇨ 좋아
陰性母音	먹다 ⇨ 먹어	없다 ⇨ 없어
－하다	하다 ⇨ 하여 ⇨ 해	

❶ 行為を時間の順に従ってつなぐ連結語尾。「～して(そこで・そして・それで)」。

- 아침부터 도서관에 **가** 공부했다.　　朝から図書館へ行って勉強をした。
- 구두를 벗**어** 신발장에 넣었다.　　靴を脱いで靴箱に入れた。

❷ 前述文の行為や状態が原因や理由であることを表す連結語尾。「～なので」、「～するので」、「～くて」。

- 많이 먹**어** 배탈이 났어요.　　食べ過ぎたのでお腹をこわしました。
- 방이 깨끗**해** 기분이 좋구나.　　部屋がきれいで気分がいいね。

▶ 類似表現 「－기 때문에」 ➡ 045 参照。

❸ 前述文の行為が目的であることを表す連結語尾。「～するために」、「～しようと」。

- 엄마 찾**아** 일본에 왔어요.　　母を捜そうと日本に来ました。
- 집을 구**해** 돌아다녔다.　　家を見つけるために歩き回った。

❹ 話し手の考えや事実を話す際の終結語尾。「～する」、「～だよ」。

- 난 절대 뇌물은 안 받**아**.　　私は決して賄賂は受け取らないよ。
- 요즘은 밥보다 빵을 먹**어**.　　最近はご飯よりパンを食べているよ。

❺ 聞き手に考えや事実を尋ねる際の終結語尾。「～なの?」、「～か?」。

- 무슨 불만이 그렇게 많**아**?　　どうしてそんなに不満が多いの?
- 정말 바람이 많이 불**어**?　　本当に風が強く吹いているの?

251 **252**

❻ 聞き手に対してある行動をすることを命令、勧誘する際の終結語尾。「〜しろ」、「〜して」、「〜しなさい」。

- 시간 없으니까 빨리 먹어. 　　時間がないから急いで食べてね。
- 다시는 안 그러겠다고 약속해. 　二度とやらないって約束して。

▶ 類似表現 「-아(어・여)라 ❶」 ➡ 267 参照。

❼ 聞き手に対してある行動をすることを提案、要求する際の終結語尾。「〜しようか」、「〜しよう」。

- 내 방에서 같이 자. 　　　　今日は私の部屋で一緒に寝よう。
- 내일 같이 저녁 먹어. 　　　明日一緒に夕食を食べよう。

▶ 類似表現 「-자 ❹」 ➡ 109 参照。

▶ ❶❷❸ 拡張表現 「-아(어・여)서」。
▶ ❹❺❻❼ 丁寧表現 「-아(어・여)요」。

252　-아(어・여) 가다
〜するところだ

陽性母音	살다 ⇨ 살아 가다	오다 ⇨	와 가다
陰性母音	먹다 ⇨ 먹어 가다	죽다 ⇨	죽어 가다
-하다	하다 ⇨ 하여 가다 ⇨ 해 가다		

● ある行為や状態の変化が続くか、進行していることを表す際の表現。「(そろそろ)〜するところだ」、「〜していくところだ」。

- 다 끝나 가니까 잠깐 기다려. 　そろそろ終わるから少し待ってね。
- 거의 다 읽어 갑니다. 　　　　そろそろ読み終わります。

253 －아(어・여) 가며
～しながら

陽性母音	받다 ⇨ 받아 가며	보다 ⇨ 봐 가며
陰性母音	먹다 ⇨ 먹어 가며	죽다 ⇨ 죽어 가며
－하다	하다 ⇨ 하여 가며 ⇨ 해 가며	

● ある行為を行うと同時にまた異なる行為を続けることを表す際の表現。「～する一方で」、「～しながらも」。

- 비를 맞아 가며 걸었다. 　　　　　　　　雨に濡れながら歩いた。
- 아르바이트 해 가며 공부했대. 　　　　バイトをやりながら勉強したって。

▶ 同意表現 「－아(어・여) 가면서」。비를 맞아 가면서 걸었다.
▶ 類似表現 「－(으)면서 ❶」 ➡ 197 参照。

254 －아(어・여) 가지고
～して(そして)・～するので

陽性母音	받다 ⇨ 받아 가지고	좋다 ⇨ 좋아 가지고
陰性母音	먹다 ⇨ 먹어 가지고	없다 ⇨ 없어 가지고
－하다	하다 ⇨ 하여 가지고 ⇨ 해 가지고	

❶ 行為を時間の順に従ってつなぐ際の連結語尾。「～して(そこで・そして・それで)」。

- 서류를 받아 가지고 회사로 와. 　　　書類を受け取って会社へ来て。
- 잘 준비해 가지고 왔습니까? 　　　　きちんと準備をして来ましたか。

❷ 前述文の行為や状態が原因や理由であることを表す連結語尾。「～するので」、「～だから」。

- 성격이 너무 좋아 가지고 문제야. 　　性格が優しすぎるので問題だよ。

254 255 256

- 용기가 없어 가지고 고백 못 했어.　勇気がなくて告白ができなかったよ。

▶ ❶ ❷ 類似表現 「−아(어・여) ❶ ❷」 → 251 参照。
▶ ❶ ❷ 短縮表現 「−아(어・여) 갖고」。

255　−아(어・여) 가지고야
～しては

陽性母音	받다 ⇨ 받아 가지고야	좋다 ⇨ 좋아 가지고야
陰性母音	먹다 ⇨ 먹어 가지고야	없다 ⇨ 없어 가지고야
−하다	하다 ⇨ 하여 가지고야 ⇨ 해 가지고야	

● 修辞疑問文として使い、前述の事実が後述する内容を作る条件として足りないことを表す連結語尾。「〜しては(〜は無理・だめだろう)」、「〜くては(〜は無理・だめだろう)」。

- 이렇게 벌어 가지고야 집 사겠어?　このように稼いで家は買えないね。
- 월급쟁이로 일해 가지고야 재벌이 될 수 있겠어?
　　　　　　　　月給取りとして働いて財閥になれそう？(財閥にはなれないね)。

▶ 拡張表現 「−아(어・여) 가지고서야」。
▶ 短縮表現 「−아(어・여) 갖고야」。

256　−아(어・여) 내다
～し抜く・～を成し遂げる

陽性母音	받다 ⇨ 받아 내다	참다 ⇨ 참아 내다
陰性母音	이기다 ⇨ 이겨 내다	겪다 ⇨ 겪어 내다
−하다	하다 ⇨ 하여 내다 ⇨ 해 내다	

● あることを成し遂げるか、あるいは特定の過程を経てなされた結果であるこ

とを表す際の表現。「(最後まで)〜し抜いた」、「(完璧に)〜を成し遂げた」。

- 끝까지 참아 내고 성공했어요.　　　最後まで耐え抜いて成功しました。
- 무슨 일이 있어도 이겨 내자.　　　何があっても必ず頑張り抜こう。

257 －아(어・여) 놓다
～しておく

陽性母音	받다 ⇨ 받아 놓다	보다 ⇨ 봐 놓다
陰性母音	먹다 ⇨ 먹어 놓다	열다 ⇨ 열어 놓다
－하다	하다 ⇨ 하여 놓다 ⇨ 해 놓다	

● ある行為を終えてその状態を維持することを表す際の表現。主に動詞と接続する。「〜しておく」、「〜し終えて」。

- 과일은 내가 사 놓았어.　　　果物は私が買っておいたよ。
- 준비를 해 놓았으니까 걱정 없어.　　　準備しておいたから心配ない。

▶ **類似表現**「－아(어・여) 두다」➡ 265 参照。
▶「置いておいた」は「놓아 두다」となる。

258 －아(어・여) 놓아서
～なので

陽性母音	많다 ⇨ 많아 놓아서	작다 ⇨ 작아 놓아서
陰性母音	길다 ⇨ 길어 놓아서	적다 ⇨ 적어 놓아서
－하다	착하다 ⇨ 착하여 놓아서 ⇨ 착해 놓아서	

● 前述の行為や状態が後述する行為や状態の原因、理由になる表現。一部の形容詞とのみ接続する。「〜であるので」、「〜くて」。

- 성격이 급해 놓아서 걱정이에요.　　　せっかちなので心配です。

[258] [259] [260]

- 이렇게 바지가 **길어 놓아서** 어떡해?
  こんなにズボンの裾が長くてどうする？

▶ 類似表現 「-아(어·여) ❷」 ➡ [251] 参照。

259 　-아(어·여)다가
　　　　　～して(そして)

陽性母音	받다 ⇨ 받아다가	팔다 ⇨ 팔아다가
陰性母音	벌다 ⇨ 벌어다가	빌리다 ⇨ 빌려다가
-하다	하다 ⇨ 하여다가 ⇨ 해다가	

● 前の行為を行った後、その結果で後述の行為を行うことを表す際の連結語尾。「～して(来て・おいて)」、「～して(それから・そして)」。

- 반지를 **팔아다가** 약을 샀어.　　　　指輪を売った金で薬を買った。
- 돈을 **벌어다가** 전부 도박을 했다.　お金を稼いで全額、賭博に使った。

▶ 短縮表現 「-아(어·여)다」。
▶ 類似表現 「-아(어·여) ❶」 ➡ [251] 参照。

260 　-아(어·여)다 드리다
　　　　　～して(それを)さしあげる

陽性母音	받다 ⇨ 받아다 드리다	사다 ⇨ **사다 드리다**
陰性母音	벌다 ⇨ 벌어다 드리다	빌리다 ⇨ 빌려다 드리다
-하다	하다 ⇨ 하여다 드리다 ⇨ 해다 드리다	

● 前の行為を行った後、その結果で後述の行為を行うことを表す際の連結語尾。「～して(持ってきて)さしあげる」。

- 잊지 않고 **사다 드릴게요.**　　　　忘れず買ってきてさしあげます。

- 표는 제가 구**해다** 드리지요.　　　　切符は私が手に入れて来ます。
- ▶ 関連表現 「−아(어・여)다 주다」 ➡ 261 参照。

261 −아(어・여)다 주다
～して(それを)あげる

陽性母音	받다 ⇨ 받**아다 주다**		사다 ⇨ **사다 주다**
陰性母音	벌다 ⇨ 벌**어다 주다**		빌리다 ⇨ **빌려다 주다**
−하다	하다 ⇨ 하**여다 주다** ⇨ **해다 주다**			

前の行為を行った後、その結果で後述の行為を行うことを表す際の連結語尾。「～して(持ってきて)あげる」、「～して(持ってきて)やる」。

- 내가 받**아다** 줄게.　　　　　私がもらって届けてやるよ。
- 돈은 내가 벌**어다** 줄게.　　　お金は私が稼いで持ってくるよ。

▶ 関連表現 「−아(어・여)다 드리다」 ➡ 260 参照。

262 −아(어・여) 대다
(下品に)～し続ける

陽性母音	받다 ⇨ 받**아 대다**		보다 ⇨ **봐 대다**
陰性母音	먹다 ⇨ 먹**어 대다**		열다 ⇨ **열어 대다**
−하다	하다 ⇨ 하**여 대다** ⇨ **해 대다**			

ある行動の程度がひどいか、度が過ぎるほど繰り返すことを表す際の表現。「마구」、「함부로」などの副詞とよく用いる。「(下品に)～し続ける」、「～しまくる」。

- 조금도 쉬지 않고 떠들**어 대**네.　　少しも休まずしゃべり続けているね。
- 함부로 욕을 **해 대**면 안 되지.　　やたらと悪口を言い放すといけないよ。

263 －아(어・여)도
～しても・～すれば・～しても(しても)

陽性母音	받다 ⇨ 받아도	좋다 ⇨ 좋아도
陰性母音	먹다 ⇨ 먹어도	없다 ⇨ 없어도
－하다	하다 ⇨ 하여도 ⇨ 해도	

● 「指定詞」・「過去形」とは「−어도」を用いて接続する。

❶ 前述文の行為や状態と関係なく、必ず後述する内容がその結果となることを表す際の連結語尾。「〜しても」。

- 아무리 공부**해도** 모르겠어요.　　いくら勉強しても分かりません。
- 노력**해도** 안 되는 일이 있어.　　努力してもダメなことがある。

❷ 前述文の行為や状態を根拠として話す際の連結語尾。「〜であれば」、「〜すること(だけ)で」、「〜(さえ)しても」。

- 표정만 **봐도** 다 알아요.　　表情だけ見ても全てが分かります。
- 문을 조금만 **열어도** 시원해요.　　ドアを少しだけ開けても涼しいです。

❸ 反復して用いて前述文の行為や状態を強調する際の連結語尾。「(いくら)〜しても〜しても」。

- 거울을 닦**아도** 닦**아도** 더럽네.　　鏡を磨いても磨いても汚いね。
- 먹**어도** 먹**어도** 배가 고파.　　食べても食べてもお腹がすくよ。

▶ ❶ ❷ 類似表現 「−더라도」➡ 094 参照、「−ㄹ(을)지라도」➡ 237 参照。

264 －아(어・여)도 되다
～してもいい

陽性母音	받다 ⇨ 받아도 되다	많다 ⇨ 많아도 되다

陰性母音	먹다 ⇨ 먹어도 되다	없다 ⇨ 없어도 되다
-하다	하다 ⇨ 하여도 되다 ⇨ 해도 되다	

● 「指定詞」・「過去形」とは「-어도 되다」を用いて接続する。

許諾や許容の意味を表す連結語尾。「되다」の代わりに「좋다」、「괜찮다」、「상관없다」などを用いる場合もある。「～しても(大丈夫だ)」、「～であっても(大丈夫だ)」。

- 같이 앉아도 될까요? 　　　　　　一緒に座ってもいいでしょうか。
- 걱정 말고 안심해도 됩니다. 　　　心配せず安心してもいいです。

265　-아(어・여) 두다
～しておく

陽性母音	받다 ⇨ 받아 두다	보다 ⇨ 봐 두다
陰性母音	먹다 ⇨ 먹어 두다	열다 ⇨ 열어 두다
-하다	하다 ⇨ 하여 두다 ⇨ 해 두다	

ある行為を終えて、その状態を維持することを表す際の表現。あるいは他の行為を準備するために、ある行為を先に行う際の表現。「～しておく」。

- 창문은 계속 열어 두세요. 　　　　窓はずっと開けておいて下さい。
- 내 말을 꼭 명심해 둬. 　　　　　　私の話を必ず肝に銘じておけ。

▶ 類似表現 「-아(어・여) 놓다」➡ 257 参照。

266　-아(어・여) 드리다
～してさしあげる

陽性母音	받다 ⇨ 받아 드리다	보다 ⇨ 봐 드리다
陰性母音	먹다 ⇨ 먹어 드리다	열다 ⇨ 열어 드리다

-하다	하다 ⇨ 하여 드리다 ⇨ 해 드리다

目上の人のために、ある行為を行うことを表す際の表現。「〜してあげる」、「〜してさしあげる」。

- 지금 보여 드리겠습니다. 　　　　今、見せてさしあげます。
- 시내를 안내해 드리겠습니다. 　　市内を案内してさしあげます。

▶ 関連表現 「-아(어・여) 주다」 ➡ 280 参照。

267 -아(어・여)라
〜しろ・〜だよ

陽性母音	받다 ⇨ 받아라	많다 ⇨ 많아라
陰性母音	먹다 ⇨ 먹어라	맛있다 ⇨ 맛있어라
-하다	하다 ⇨ 하여라 ⇨ 해라	

❶ 目下の人や友人のように親しい間柄で命令の意味を表す際の表現。「〜しなさい」、「〜せよ」、「〜してね」。

- 추우니까 문 좀 닫아라. 　　　　寒いからドアを閉めてね。
- 울고 싶으면 마음껏 울어라. 　　泣きたければ思いっきり泣いて。

▶ 類似表現 「-아(어・여) ❻」 ➡ 251 参照。

❷ 話し手の感情や感じを素直に強く表現する際の終結語尾。主に形容詞と接続する。「(本当に)〜だな」、「〜だなんて」。

- 좋아라. 정말 외식하는 거야? 　　嬉しいな。本当に外食するの?
- 아유, 맛있어라. 좀 먹어 봐. 　　あぁ、美味しいね。君も食べてみて。

268 -아(어・여) 버리다
～してしまう

陽性母音	받다 ⇨ 받아 버리다	보다 ⇨ 봐 버리다
陰性母音	먹다 ⇨ 먹어 버리다	열다 ⇨ 열어 버리다
-하다	하다 ⇨ 하여 버리다 ⇨ 해 버리다	

● ある行為を最後まで完全に終えたことを表す際の表現。あるいは思わぬ結果となってしまったことを表す際の表現。「～してしまう」。

- 주식을 다 팔아 버렸어요. 　　　　株を全部、売ってしまいました。
- 지갑을 잃어 버렸어요. 　　　　　　財布を失くしてしまいました。

▶ 類似表現 「-고 말다」 ➡ 023 参照。

269 -아(어・여) 보다
～してみる

陽性母音	받다 ⇨ 받아 보다	보다 ⇨ 봐 보다
陰性母音	먹다 ⇨ 먹어 보다	열다 ⇨ 열어 보다
-하다	하다 ⇨ 하여 보다 ⇨ 해 보다	

● ある行為を一度、試すか経験することを表す際の表現。「～してみる」。

- 먹어 보니까 좀 싱겁더라. 　　　　食べてみたらちょっと味が薄かったよ。
- 나한테 뭐든지 물어 봐. 　　　　　私に何でも聞いてみて。

270 －아(어・여) 보았자
～してみたところで

陽性母音	받다 ⇨ 받아 보았자	많다 ⇨ 많아 보았자
陰性母音	먹다 ⇨ 먹어 보았자	없다 ⇨ 없어 보았자
－하다	하다 ⇨ 하여 보았자 ⇨ 해 보았자	

何をしてもその結果が無駄であることを表す際の連結語尾。「～したところで(無駄である)」、「～であるとしても(結果は決っている)」。

- 이야기를 들어 보았자 의미 없어.　　話を聞いたとしても意味ないよ。
- 부탁해 보았자 소용 없을 거야.　　頼んでみたところで無駄でしょう。

▶ 短縮表現 「－아(어・여) 봤자」。
▶ 類似表現 「－ㄴ(은)들」 ➡ 205 参照。

271 －아(어・여) 보이다
～してみえる

陽性母音	많다 ⇨ 많아 보이다	작다 ⇨ 작아 보이다
陰性母音	길다 ⇨ 길어 보이다	적다 ⇨ 적어 보이다
－하다	하다 ⇨ 하여 보이다 ⇨ 해 보이다	

ある対象について表面的にそのように感じられるか、想像がつくことを表す際の表現。主に形容詞と接続する。「～のようにみえる」、「～くみえる」。

- 기분이 좋아 보이네요.　　気分が良さそうにみえますね。
- 정말 젊어 보이시네요.　　本当に若くみえますね。

272 －아(어・여)서는 안 되다
～してはいけない

陽性母音	받다 ⇨ 받아서는 안 되다	많다 ⇨ 많아서는 안 되다
陰性母音	먹다 ⇨ 먹어서는 안 되다	없다 ⇨ 없어서는 안 되다
－하다	하다 ⇨ 하여서는 안 되다 ⇨ 해서는 안 되다	

● ある行為や状態について禁止するか制限することを表す際の表現。「～してはいけない」、「～しちゃだめだ」。

- 잊어버려서는 안 돼요.　　　　　　　　忘れてはいけません。
- 절대 용서해서는 안 돼.　　　　　　　　絶対、許してはダメ。

▶ 類似表現 「－(으)면 안 되다」➡ 198 参照。

273 －아(어・여)서인지
～するからなのか

陽性母音	받다 ⇨ 받아서인지	많다 ⇨ 많아서인지
陰性母音	먹다 ⇨ 먹어서인지	없다 ⇨ 없어서인지
－하다	하다 ⇨ 하여서인지 ⇨ 해서인지	

● 前述文の状態が後述文の原因や理由になりそうだけど、はっきりと断定できないことを表す際の表現。「～するからなのか」、「～だからなのか」、「～のせいか」。

- 월급이 적어서인지 불만이 많아.　　　給料が少ないせいか不満が多い。
- 머리가 둔해서인지 잘 모르겠다.　　　頭が悪いせいかよく分からない。

▶ 同意表現 「－아(어・여)서 그런지」。월급이 적어서 그런지 불만이 많아.

274 －아(어・여)야
～してこそ・～しても

陽性母音	받다 ⇨ 받아야	많다 ⇨ 많아야
陰性母音	먹다 ⇨ 먹어야	없다 ⇨ 없어야
－하다	하다 ⇨ 하여야 ⇨ 해야	

●「指定詞」・「過去形」とは「－어야」を用いて接続する。

❶ 前述文の行為や状態が後述文の必須条件であることを表す連結語尾。「～してこそ」、「～しないと(～できない)」。

- 기자가 **와야** 회견을 합니다.　　記者が来ないと会見を始められません。
- 투자를 **해야** 이익도 있지요.　　投資をしてこそ利益も期待できます。

▶ 類似表現 「－아(어・여)야지 ❶」 ➡ 277 参照。
▶ 強調表現 「－아(어・여)야만」。

❷ ある状況を仮定するとしても、それは何の意味もないことを表す連結語尾。「～して(みた)ところで」、「～したところで」。

- 좋**아야** 얼마나 좋겠어?　　良いと言ったってどれほど良いだろう?
- 아무리 일**해야** 승진은 무리야.　　どんなに働いたところで昇進は無理だ。

▶ 類似表現 「－아(어・여) 보았자」 ➡ 270 参照。

275 －아(어・여)야겠다
～するつもりだ・～しなくちゃ

陽性母音	받다 ⇨ 받아야겠다	많다 ⇨ 많아야겠다
陰性母音	먹다 ⇨ 먹어야겠다	없다 ⇨ 없어야겠다
－하다	하다 ⇨ 하여야겠다 ⇨ 해야겠다	

● ある一定の状況でないといけないという強い意志を表すか、推測する際の

表現。「〜するぞ」、「〜でなければいけない」。

- 일곱 시니까 좀 더 **자야겠다**. 　　　7時だからもう少し寝よう。
- 내일은 대청소를 **해야겠어요**. 　　　明日は大掃除をするつもりです。

▶ 文語表現 「−아(어・여)야 하겠다」。

276　−아(어・여)야 되다
　　　〜しなければならない

陽性母音	받다 ⇨ 받**아야 되다**	많다 ⇨ 많**아야 되다**
陰性母音	먹다 ⇨ 먹**어야 되다**	없다 ⇨ 없**어야 되다**
−하다	하다 ⇨ 하**여야 되다** ⇨ **해야 되다**	

ある行為を必ず行うという義務や必ずある状態である必要があることを表す際の表現。「〜すべきである」、「〜でなければいけない」。

- 약을 먹고 푹 **쉬어야 돼**. 　　　薬を飲んでゆっくり休まなければならない。
- 몇 시 기차를 **타야 됩니까**? 　　　何時の列車に乗らなければなりませんか。

▶ 同意表現 「−아(어・여)야 하다」。약을 먹고 푹 **쉬어야 해**.
▶ 同意表現 「−지 않으면 안 되다」。약을 먹고 푹 **쉬지 않으면 안 돼**.

277　−아(어・여)야지
　　　〜してこそ・〜しなくちゃ・〜でなくちゃ

陽性母音	받다 ⇨ 받**아야지**	많다 ⇨ 많**아야지**
陰性母音	먹다 ⇨ 먹**어야지**	없다 ⇨ 없**어야지**
−하다	하다 ⇨ 하**여야지** ⇨ **해야지**	

○ 「指定詞」・「過去形」とは「−어야지」を用いて接続する。

❶ 前述文の行為や状態が後述文の必須条件であることを表す連結語尾。「〜し

277 278

てこそ」、「〜しないと(〜できない)」。

- 날씨가 좋**아야지** 운동회를 할텐데.
  天気がよくないと運動会ができないだろうに。
- 주인공이 죽**어야지** 드라마가 끝나지.
  主人公が死なないとドラマは終わらない。

▶ 類似表現 「아(어・여)야 ❶」 ➡ 274 参照。
▶ 強調表現 「아(어・여)야지만」。

❷ 話し手の決心や強い意志を表す際の終結語尾。主に動詞と接続する。「〜するつもりだ」、「〜しないと」、「〜するぞ」。

- 올해야말로 살을 **빼야지**.   今年こそダイエットしなくちゃ。
- 내일부터 일찍 일어**나야지**.   明日から早起きするぞ。

❸ 何かがある状態でなければいけないことを表す語尾。「〜すべきである」、「〜でなければいけない」。

- 잠이 오면 일단 **자야지**.   眠かったら、とりあえず寝なければ。
- 퇴근했으면 집으로 **가야지**.   退社したなら家に帰らなくちゃ。

❹ ある状況であるべきだが、実際はそうでないことを強調する際の連結語尾。「〜でないといけないけど(実際は)〜ではない」、「〜でなければいけないだろうに」。

- 짧아도 일 미터는 **돼야지**.   短くても1メートルはないと。
- 여름이면 여름답게 더**워야지**.   夏なら夏らしく暑くないと。

▶ ❷❸❹ 丁寧表現 「−아(어・여)야지요」(短縮形：「−아(어・여)야죠」)。

278 −아(어・여) 오다
~してくる・~(の状態と)なってくる

| 陽性母音 | 받다 ⇨ 받아 오다 | 밝다 ⇨ 밝아 오다 |

陰性母音	벌다 ⇨ 벌어 오다	굶다 ⇨ 굶어 오다
−하다	하다 ⇨ 하여 오다 ⇨ 해 오다	

● ある行為や状態の変化が続くか進行していることを表す際の表現。あるいは、ある現象や状態が話す人に起こることを表す際の表現。主に変化の性質をもった動詞や形容詞と接続する。「〜してくる」、「(〜の状態と)なってくる」。

- 날이 밝아 왔네요.　　　　　　　そろそろ明るくなってきましたね。
- 정신이 멍해 오기 시작했어요.　　頭がぼーとしてきました。

279　−아(어・여) 있다
(ある結果が持続)している

陽性母音	앉다 ⇨ 앉아 있다	살다 ⇨ 살아 있다
陰性母音	들다 ⇨ 들어 있다	죽다 ⇨ 죽어 있다
−하다	하다 ⇨ 하여 있다 ⇨ 해 있다	

● ある行為や変化が終わった後、その状態や結果が持続していることを表す際の表現。目的語を必要としない自動詞にだけ接続する。「〜した(状態が)続いている」、「〜している」。

- 자리에 앉아 있어요.　　　　　　席に座っています。
- 냉장고 안에 들어 있어.　　　　　冷蔵庫の中に入っている。

▶ 関連表現 「−고 있다」 ➡ 030 参照。

280　−아(어・여) 주다
〜してあげる

陽性母音	받다 ⇨ 받아 주다	보다 ⇨ 봐 주다
陰性母音	먹다 ⇨ 먹어 주다	열다 ⇨ 열어 주다

-하다	하다 ⇨ 하여 주다 ⇨ 해 주다

ある行為を行うことを表す際の表現。「～してやる」、「～してくれる」、「～してもらう」。

- 조금만 더 깎아 주세요.   もう少し安くして下さい。
- 부탁을 들어 주시겠어요?   頼みを聞いて下さいますか。

▶ 関連表現 「-아(어・여) 드리다」 ➡ 266 参照。

281 -아(어・여)지다
～られる・～くなる

陽性母音	많다 ⇨ 많아지다	작다 ⇨ 작아지다
陰性母音	길다 ⇨ 길어지다	적다 ⇨ 적어지다
-하다	하다 ⇨ 하여지다 ⇨ 해지다	

1 ある動作が自然に発生して、その状態になることを表す際の表現。一部の動詞とだけ接続し、受身の表現で訳す。

- 생각보다 잘 만들어졌어요.   思ったより上手く作られました。
- 접시가 깨졌어요.   皿が割れました。

2 変化をしながら、ある状態になりつつあることを表す際の表現。主に形容詞と接続する。「～くなる」、「～になる」、「(～の状態)になる」。

- 낮 시간이 길어졌네요.   昼の時間が長くなりましたね。
- 환경 문제가 심각해졌어요.   環境問題が深刻になりました。

282 －아(어・여) 치우다
〜して片付ける

陽性母音	받다 ⇨ 받아 치우다	보다 ⇨ 봐 치우다
陰性母音	먹다 ⇨ 먹어 치우다	열다 ⇨ 열어 치우다
－하다	하다 ⇨ 하여 치우다 ⇨ 해 치우다	

ある行為の結果が全く残らないように素早く完全に終わらせることを表す際の表現。「〜して(片付けて)しまう」、「〜し尽くす」。

- 먹이를 금방 먹어 치웠어.　　　　　エサをすぐ食べてしまった。
- 이번에 실수하지 말고 해 치워.　　　今度は失敗しないでやっちまえ。

283 －았(었・였)다
〜した・(きっと)〜だろう

陽性母音	받다 ⇨ 받았다	많다 ⇨ 많았다
陰性母音	먹다 ⇨ 먹었다	없다 ⇨ 없었다
－하다	하다 ⇨ 하였다 ⇨ 했다	

❶ 話す時点を基準に、文章が表す状況や事件が既に起こったことを表す際の語尾。いわゆる「過去形」の表現である。

- 문을 왜 열어 두었어요?　　　　　どうしてドアを開けておきましたか。
- 잘못을 인정하고 사과했습니다.　　間違いを認めて謝りました。

❷ 文章が表す状況や事件が過去のことではなく、未来に起こることについて確信をもって表す際の語尾。「(多分)〜であろう」、「〜は(無理)だろう」。

- 숙제가 많으니 놀러는 다 갔다.　　宿題が多いから遊びは行けないね。
- 넌 내일 엄마한테 죽었어.　　　　君は明日、母にこっ酷く叱られるだろう。

▶「다－았(었・였)다」の形で「(〜は)きっと無理であろう」の意味。

284 -았(었·였)더라면
~だったならば

陽性母音	받다 ⇨ 받았더라면	많다 ⇨ 많았더라면
陰性母音	먹다 ⇨ 먹었더라면	없다 ⇨ 없었더라면
-하다	하다 ⇨ 하였더라면 ⇨ 했더라면	

現在の事実と異なることを仮定しながら、後悔やもどかしさを表す際の連結語尾。「～だったならば(～できたのに)」、「～であったならば」。

- 더 젊었더라면 해 볼 텐데.　　　もう少し若かったらやってみるのに。
- 돈이 많았더라면 살 건데.　　　お金が多かったら買うだろうに。

285 -았(었·였)던
~していた~

陽性母音	받다 ⇨ 받았던	많다 ⇨ 많았던
陰性母音	먹다 ⇨ 먹었던	없다 ⇨ 없었던
-하다	하다 ⇨ 하였던 ⇨ 했던	

過去の事件や状態を再び思い出すか、その事件や状態が完了してなく中断しているという断絶、未完の意味を表す際の表現。「～していた～」。

- 내가 살았던 마을이에요.　　　私が住んでいた町です。
- 걱정했던 일이 현실로 되었군.　心配していたことが現実となったな。

▶ 類似表現 「-던 ❶」 ➡ 096 参照。

286 －았(었・였)었다
～していた

陽性母音	받다 ⇨ 받았었다	많다 ⇨ 많았었다
陰性母音	먹다 ⇨ 먹었었다	없다 ⇨ 없었었다
－하다	하다 ⇨ 하였었다 ⇨ 했었다	

● 過去にあったある状況が続かず他の状況に変わったことを表す。あるいは事件や行為が完了し、完了した状況が続いていることを表す。「～した」、「～していた」。

- 옛날에는 나도 머리가 좋았었다. 　　昔は私も頭が良かったんだ。
- 예전에는 자주 그 노랠 불렀었어. 　　昔はよくその歌を歌っていたよ。

▶ 関連表現 「－았(었・였)다 ❶」 ➡ 283 参照。

287 －았(었・였)으면
～したならば

陽性母音	받다 ⇨ 받았으면	많다 ⇨ 많았으면
陰性母音	먹다 ⇨ 먹었으면	없다 ⇨ 없었으면
－하다	하다 ⇨ 하였으면 ⇨ 했으면	

● 前述する内容を前提条件として、後述する行為を行うことを表す際の表現。あるいは、過去や現在の状況と異なる仮定をしながら、現在はそうでないことを表す際の表現。「～したならば」、「(もし)～であるならば」。

- 자리에 앉았으면 건배하자. 　　席に着いたならば乾杯しよう。
- 좀 더 노력했으면 좋았을텐데. 　　もう少し努力したなら良かったのに。

288 -았(었·였)으면 하다
～したらいいな

陽性母音	받다 ⇨ 받았으면 하다	많다 ⇨ 많았으면 하다
陰性母音	먹다 ⇨ 먹었으면 하다	없다 ⇨ 없었으면 하다
-하다	하다 ⇨ 하였으면 하다 ⇨ 했으면 하다	

● 話し手の希望や願望を表す際の表現。形は過去形であるが、これからの希望、願望の意味で訳す。「～してほしい」、「～したいな」。

- 봄이 빨리 왔으면 해요.　　　　　　春が早く来て欲しいですね。
- 넓은 마음으로 용서했으면 한다.　　広い心で許して欲しい。

▶ **同意表現**「-았(었·였)으면 좋겠다」。봄이 빨리 왔으면 좋겠다.

SUPER HANGUL HANDBOOK

4
ー(으・ㄴ)選別形

品詞、あるいは基本形の語尾である「ーダ」の手前の文字にパッチムがついているか否かによって接続するポイントが異なるタイプ

－(으・ㄴ)選別形の特長説明

【－(으・ㄴ)選別形】とは、品詞、あるいは基本形の語尾である「－다」の手前の文字にパッチムがついているか否かによって接続するポイントが下記のように異なるタイプです。

接続例

パ無し形容詞	크다 ⇨ 크냐		싸다 ⇨ 싸냐
「ㄹ」パ形容詞	달다 ⇨ 다냐		길다 ⇨ 기냐
指　定　詞	이다 ⇨ (이)냐		아니다 ⇨ 아니냐
パ有り形容詞	좋다 ⇨ 좋으냐		작다 ⇨ 작으냐
動　　　詞	가다 ⇨ 가느냐		먹다 ⇨ 먹느냐
「ㄹ」パ動詞	살다 ⇨ 사느냐		놀다 ⇨ 노느냐
存　在　詞	있다 ⇨ 있느냐		없다 ⇨ 없느냐
過去・未来	갔다 ⇨ 갔느냐		가겠다 ⇨ 가겠느냐

● 基本形の語尾である「－다」の手前の文字に「パッチム」がついていない形容詞と「ㄹパッチム」の形容詞、そして指定詞の現在形の場合は、語尾「－다」を取り除き、一定の文法表現を付け加えて下さい。なお、指定詞「이다」の場合は、接続する体言(名詞や代名詞)の最後の文字に「パッチム」がついていれば「－이」が必要となります。

● 基本形の語尾である「－다」の手前の文字に「パッチム」がついている形容詞の現在形は、語尾「－다」の代わりに「－으」を付け加えてから一定の文法表現をつけます。

● 「ㄹパッチム」を含むすべての動詞や存在詞、各品詞の過去形や未来形には「－느」を付け加えてから一定の文法表現をつけます。なお、「ㄹパッチム」の場合は、接続の際「ㄹ」が脱落します。そして、「－으」や「－느」を用いて接続する場合、後続の文字が「－냐」の際には、「－으」や「－느」を省略することも可能です。

289 －(으・느)냐
～なのか

パ無し形容詞	크다	⇨ 크냐	싸다	⇨	싸냐
「ㄹ」パ形容詞	달다	⇨ 다냐	길다	⇨	기냐
指　定　詞	이다	⇨ (이)냐	아니다	⇨	아니냐
パ有り形容詞	좋다	⇨ 좋으냐	작다	⇨	작으냐
動　　　詞	가다	⇨ 가느냐	먹다	⇨	먹느냐
「ㄹ」パ動詞	살다	⇨ 사느냐	놀다	⇨	노느냐
存　在　詞	있다	⇨ 있느냐	없다	⇨	없느냐
過去・未来	갔다	⇨ 갔느냐	가겠다	⇨	가겠느냐

○ 「-으냐」と「-느냐」の形は、それぞれ「-으」、「-느」を省いて「-냐」で接続して使用可。

目下の人や友人など、親しい間柄で質問する際の終結語尾。ある程度の地位をもっている人や年配者がよく使用する。「～かい」、「～か」、「～なの?」。

- 손에 든 그게 무엇이냐?　　　　　手に持っているそれは何なの?
- 산이 좋으냐? 바다가 좋으냐?　　山がいいのか? 海がいいのか?

▶ 類似表現 「-니」→ 081 参照。

290 －(으・느)냐고
～なのかと(言われた)・～なのかって?

パ無し形容詞	크다	⇨ 크냐고	싸다	⇨	싸냐고
「ㄹ」パ形容詞	달다	⇨ 다냐고	길다	⇨	기냐고
指　定　詞	이다	⇨ (이)냐고	아니다	⇨	아니냐고
パ有り形容詞	좋다	⇨ 좋으냐고	작다	⇨	작으냐고
動　　　詞	가다	⇨ 가느냐고	먹다	⇨	먹느냐고
「ㄹ」パ動詞	살다	⇨ 사느냐고	놀다	⇨	노느냐고
存　在　詞	있다	⇨ 있느냐고	없다	⇨	없느냐고

| 過去・未来 | 갔다 ⇨ 갔느냐고 | 가겠다 ⇨ 가겠느냐고 |

○ 「-으냐고」と「-느냐고」の形は、それぞれ「-으」、「-느」を省いて「-냐고」で接続して使用可。

① 前述した質問の内容を引用するか、伝える際の表現。主に「묻다・질문하다」(質問する)や「하다・말하다」(言う)などとよく接続する。「～なのかと(聞いた・質問した・言われた)」。

- 자신이 있**냐고** 했다.　　　　　　　自信があるのかと言った。
- 선물로 뭐가 좋**으냐고** 물었다.　　プレゼントに何がいいのかと聞いた。

② 目下の人や友人など、親しい間柄で繰り返し質問する際の終結語尾。文末が疑問文となるので「?」をつける。「～かと(聞いたの?)」、「～なのかって?」。肯定文では「～かってよ」、「～なのかって(言われた)」と訳す。

- 이걸 어디서 샀**느냐고**?　　　　　これをどこで買ったのかって?
- 뭐? 어디 가**냐고**?　　　　　　　何? どこへ行くのかって?

▶ 丁寧表現 「-(으・느)냐고요」。

291 -(으・느)냐기에
～かと言うので

パ無し形容詞	크다 ⇨ 크냐기에	싸다 ⇨ 싸냐기에
「ㄹ」パ形容詞	달다 ⇨ 다냐기에	길다 ⇨ 기냐기에
指定詞	이다 ⇨ (이)냐기에	아니다 ⇨ 아니냐기에
パ有り形容詞	좋다 ⇨ 좋으냐기에	작다 ⇨ 작으냐기에
動詞	가다 ⇨ 가느냐기에	먹다 ⇨ 먹느냐기에
「ㄹ」パ動詞	살다 ⇨ 사느냐기에	놀다 ⇨ 노느냐기에
存在詞	있다 ⇨ 있느냐기에	없다 ⇨ 없느냐기에
過去・未来	갔다 ⇨ 갔느냐기에	가겠다 ⇨ 가겠느냐기에

○ 「-으냐기에」と「-느냐기에」の形は、それぞれ「-으」、「-느」を省いて「-냐기에」で接

● 相手の質問に対する答えや具体的な行動を表す際の表現。「(誰々が)〜かと言うので」、「(誰々に)〜かと言われたので」。

- 크냐기에 크다고 했다. 　　　　大きいのかと言われてそうだと答えた。
- 어디 갔느냐기에 모른다고 대답했어.
　　　　　どこ行ったのかと言われたので知らないと答えた。

▶ 拡張表現 「−(으・느)냐고 하기에」。
▶ 同意表現 「−(으・느)냐고 해서」。크냐고 해서 크다고 했다.

292　−(으・느)냐는
〜かという〜

パ無し形容詞	크다 ⇨ 크냐는	싸다 ⇨ 싸냐는
「ㄹ」パ形容詞	달다 ⇨ 다냐는	길다 ⇨ 기냐는
指定詞	이다 ⇨ (이)냐는	아니다 ⇨ 아니냐는
パ有り形容詞	좋다 ⇨ 좋으냐는	작다 ⇨ 작으냐는
動詞	가다 ⇨ 가느냐는	먹다 ⇨ 먹느냐는
「ㄹ」パ動詞	살다 ⇨ 사느냐는	놀다 ⇨ 노느냐는
存在詞	있다 ⇨ 있느냐는	없다 ⇨ 없느냐는
過去・未来	갔다 ⇨ 갔느냐는	가겠다 ⇨ 가겠느냐는

○「−으냐는」と「−느냐는」の形は、それぞれ「−으」、「−느」を省いて「−냐는」で接続して使用可。

● 質問する言葉を引用して後述文を修飾する表現。「〜かという(質問・話)」、「〜するのかという(質問・話)」。

- 가도 좋으냐는 질문 있었어? 　　行ってもいいのかという質問はあった?
- 총각이냐는 질문은 기분 좋군. 　独身かと言われるのは気分がいいね。

▶ 拡張表現 「−(으・느)냐고 하는」。

293 -(으·느)냐는데
~なのかと言うけど

パ無し形容詞	크다 ⇨ 크냐는데	싸다 ⇨ 싸냐는데
「ㄹ」パ形容詞	달다 ⇨ 다냐는데	길다 ⇨ 기냐는데
指 定 詞	이다 ⇨ (이)냐는데	아니다 ⇨ 아니냐는데
パ有り形容詞	좋다 ⇨ 좋으냐는데	작다 ⇨ 작으냐는데
動 詞	가다 ⇨ 가느냐는데	먹다 ⇨ 먹느냐는데
「ㄹ」パ動詞	살다 ⇨ 사느냐는데	놀다 ⇨ 노느냐는데
存 在 詞	있다 ⇨ 있느냐는데	없다 ⇨ 없느냐는데
過去・未来	갔다 ⇨ 갔느냐는데	가겠다 ⇨ 가겠느냐는데

○ 「-으냐는데」と「-느냐는데」の形は、それぞれ「-으」、「-느」を省いて「-냐는데」で接続して使用可。

❶ 誰かに言われた質問を引用して後述文を引き出す際の表現。「(誰々が)~かと言うんだけど」、「(誰々に)~するのかと言われたんだけど」。

- 왜 그만두**냐는데** 할 말이 없었어.
  どうして止めるのかと言われたけど、何も言えなかったよ。
- 사장님이 뭘 먹었**느냐는데** 대답을 못 했어.
  社長に何を食べたのかと言われたけど、答えられなかった。

❷ 言われた質問を他の人に引用して伝える際の終止形の表現。「~なのかと質問していたよ」、「~なのかと聞いていたけど」。

- 요즘은 운동 안 하**냐는데**. 　　　最近、運動しないのかと言われたけど。
- 나한테 어디 출신이**냐는데**. 　　私にどこの出身かと質問していたんだ。

▶ 丁寧表現 「-(으·느)냐는데요」。

▶ ❶❷ 拡張表現 「-(으·느)냐고 하는데」。

294 -(으・느)냐니
~なのかと言ったら・~なのかと聞くとは

パ無し形容詞	크다	⇨ 크냐니	싸다	⇨	싸냐니
「ㄹ」パ形容詞	달다	⇨ 다냐니	길다	⇨	기냐니
指 定 詞	이다	⇨ (이)냐니	아니다	⇨	아니냐니
パ有り形容詞	좋다	⇨ 좋으냐니	작다	⇨	작으냐니
動 詞	가다	⇨ 가느냐니	먹다	⇨	먹느냐니
「ㄹ」パ動詞	살다	⇨ 사느냐니	놀다	⇨	노느냐니
存 在 詞	있다	⇨ 있느냐니	없다	⇨	없느냐니
過去・未来	갔다	⇨ 갔느냐니	가겠다	⇨	가겠느냐니

◎ 「-으냐니」と「-느냐니」の形は、それぞれ「-으」、「-느」を省いて「-냐니」で接続して使用可。

① 言われた質問を引用しながら、それを根拠にして話す際の表現。「~かと聞いたら」、「~なのかと質問したら」、「(誰々に)~なのかと言われて(~だった)」。

- 독신이**냐니** 결혼했대. 　　　　独身かと聞いたら結婚したって。
- 왜 저금이 없**느냐니** 아직 학생이래.
　　　　　　　　　どうして貯金がないかと聞いたらまだ学生だって。

▶ 類似表現 「-(으・느)냐니까 ②」 ➡ 295 参照。

② 他人が質問した内容を引用しながら、それについての驚き・感嘆・憤慨・疑心などの感情を表す際の表現。終結語尾としても用いる。「~なのかと言うなんて」、「~だなんて」。

- 초면에 몇 살이**냐니** 심하다. 　　初対面でいくつなのかって、酷いね。
- 먹을 것도 없으면서 뭘 먹고 싶**냐니**.
　　　　　　　　食べ物もないくせに、何が食べたいのかと聞くとは。

▶ 終結形の丁寧表現 「-(으・느)냐니요」。

295 −(으・ㄴ)냐니까
~なのかってば・~なのかと聞いたら

パ無し形容詞	크다 ⇨ 크냐니까	싸다 ⇨ 싸냐니까
「ㄹ」パ形容詞	달다 ⇨ 다냐니까	길다 ⇨ 기냐니까
指　定　詞	이다 ⇨ (이)냐니까	아니다 ⇨ 아니냐니까
パ有り形容詞	좋다 ⇨ 좋으냐니까	작다 ⇨ 작으냐니까
動　　　　詞	가다 ⇨ 가느냐니까	먹다 ⇨ 먹느냐니까
「ㄹ」パ動詞	살다 ⇨ 사느냐니까	놀다 ⇨ 노느냐니까
存　在　詞	있다 ⇨ 있느냐니까	없다 ⇨ 없느냐니까
過去・未来	갔다 ⇨ 갔느냐니까	가겠다 ⇨ 가겠느냐니까

◯ 「-으냐니까」と「-느냐니까」の形は、それぞれ「-으」、「-느」を省いて「-냐니까」で接続して使用可。

❶ 質問した内容について反応がない時や疑わしい時に再度、問い詰めるように質問する際の終結語尾。「~なのかと聞いているの」、「~かってば」。

- 왜 이렇게 늦었**냐니까**?　　　どうしてこんなに遅かったのかってば?
- 정말 괜찮**냐니까**?　　　　　本当に大丈夫かってば?

▶ 丁寧表現 「-(으・ㄴ)냐니까요」。

❷ 他人への質問の内容に続き、その反応や答えを表す際の表現。「~なのかと聞いたら」、「~と質問したら」。

- 회의가 끝났**느냐니까** 끝났대.
　　　　　　　会議が終わったのかと聞いたら終わったって。
- 중국 사람이**냐니까** 화를 내더라.　中国人なのかと聞いたら怒ってたよ。

▶ ❶❷ 強調表現 「-(으・ㄴ)냐니까는」(短縮形:「-(으・ㄴ)냐니깐」)。

296　-(으・ㄴ)냐더니
～なのかと聞いては・～と言っていたのに

パ無し形容詞	크다	⇨ 크냐더니	싸다	⇨	싸냐더니
「ㄹ」パ形容詞	달다	⇨ 다냐더니	길다	⇨	기냐더니
指　定　詞	이다	⇨ (이)냐더니	아니다	⇨	아니냐더니
パ有り形容詞	좋다	⇨ 좋으냐더니	작다	⇨	작으냐더니
動　　　詞	가다	⇨ 가느냐더니	먹다	⇨	먹느냐더니
「ㄹ」パ動詞	살다	⇨ 사느냐더니	놀다	⇨	노느냐더니
存　在　詞	있다	⇨ 있느냐더니	없다	⇨	없느냐더니
過去・未来	갔다	⇨ 갔느냐더니	가겠다	⇨	가겠느냐더니

● 「-으냐더니」と「-느냐더니」の形は、それぞれ「-으」、「-느」を省いて「-냐더니」で接続して使用可。

❶ 過去に言われた質問を思い浮かべながら、それと関わりがあるか、もしくは違う状況になったことを伝える際の表現。「～なのかと聞いたあと」、「～と言ってたのに」。

- 여동생이 미인이**냐더니** 소개해 달래.
  妹が美人なのかと聞いてからは紹介して欲しいって。
- 빵을 먹겠**느냐더니** 초밥을 먹재.
  パンを食べたいのかと聞いては寿司を食べようって。

❷ 過去に言われた質問を思い浮かべて現在の状況がそれとは違うことを暗示し、言葉尻を濁す終結語尾の表現。「～と聞いていたのに」、「～と言っておいてはね」。

- 무엇을 갖고 싶**으냐더니**.　　　何が欲しいのかと聞いていたのに。
- 영화 보러 가겠**느냐더니**.　　　映画を見に行きたいかと聞いていたのに。

▶ ❶ ❷ 拡張表現 「-(으・ㄴ)냐고 하더니」。

297 −(으・느)냐던데
~と言われたけど・~と聞いていたよ

パ無し形容詞	크다 ⇨	크냐던데	싸다 ⇨	싸냐던데
「ㄹ」パ形容詞	달다 ⇨	다냐던데	길다 ⇨	기냐던데
指　定　詞	이다 ⇨	(이)냐던데	아니다 ⇨	아니냐던데
パ有り形容詞	좋다 ⇨	좋으냐던데	작다 ⇨	작으냐던데
動　　　詞	가다 ⇨	가느냐던데	먹다 ⇨	먹느냐던데
「ㄹ」パ動詞	살다 ⇨	사느냐던데	놀다 ⇨	노느냐던데
存　在　詞	있다 ⇨	있느냐던데	없다 ⇨	없느냐던데
過去・未来	갔다 ⇨	갔느냐던데	가겠다 ⇨	가겠느냐던데

◦ 「-으냐던데」と「-느냐던데」の形は、それぞれ「-으」、「-느」を省いて「-냐던데」で接続して使用可。

❶ 過去に言われた質問を思い浮かべながら、それを根拠に話すか、質問や提案をする際の表現。「~と聞かれたけど」、「~と言われたんだけど」。

- 왜 샀**느냐던데** 왜 샀는지 잊어버렸어.
　　　　　　　何故買ったのかと言われたけど、何故買ったか忘れた。
- 시간이 있**냐던데** 웬일이지?
　　　　　　　時間があるのかと聞かれたけど、どうしてかな？

❷ 過去に言われた質問を思い浮かべて聞き手に伝える際に使う終結語尾の表現。「~と質問していたよ」、「~と言ってたよ」。

- 뭘 하려고 하**느냐던데**.　　　　　　何するつもりかと聞いていたよ。
- 어디가 얼마나 나쁘**냐던데**.　　どこがどれくらい悪いのかと聞いていたよ。

▶ 丁寧表現 「-(으・느)냐던데요」。
▶ 類似表現 「-(으・느)냐데」 ➡ 298 参照。

▶ ❶❷ 拡張表現 「-(으・느)냐고 하던데」。

298 -(으·느)냐데
〜と聞いていたよ

パ無し形容詞	크다	⇨ 크냐데	싸다	⇨	싸냐데
「ㄹ」パ形容詞	달다	⇨ 다냐데	길다	⇨	기냐데
指 定 詞	이다	⇨ (이)냐데	아니다	⇨	아니냐데
パ有り形容詞	좋다	⇨ 좋으냐데	작다	⇨	작으냐데
動 詞	가다	⇨ 가느냐데	먹다	⇨	먹느냐데
「ㄹ」パ動詞	살다	⇨ 사느냐데	놀다	⇨	노느냐데
存 在 詞	있다	⇨ 있느냐데	없다	⇨	없느냐데
過去・未来	갔다	⇨ 갔느냐데	가겠다	⇨	가겠느냐데

○ 「-으냐데」と「-느냐데」の形は、それぞれ「-으」、「-느」を省いて「-냐데」で接続して使用可。

過去に言われた質問を思い浮かべて聞き手に伝える際に使う終結形の表現。「〜と質問していたよ」、「〜と言ってたよ」。

- 관광을 하러 왔느냐데.　　　観光しに来たのかと言っていたよ。
- 어느 가게가 맛있느냐데.　　どの店が美味しいのかと言われたよ。

▶ **丁寧表現** 「-(으·느)냐데요」。
▶ **拡張表現** 「-(으·느)냐고 하데」。
▶ **類似表現** 「-(으·느)냐던데」 ➡ **297** 参照。

299 -(으·느)냐디
〜なのかと聞いていた?

パ無し形容詞	크다	⇨ 크냐디	싸다	⇨	싸냐디
「ㄹ」パ形容詞	달다	⇨ 다냐디	길다	⇨	기냐디
指 定 詞	이다	⇨ (이)냐디	아니다	⇨	아니냐디
パ有り形容詞	좋다	⇨ 좋으냐디	작다	⇨	작으냐디

4 -(으·느)選別形 : 239

299 300

動　　　詞	가다 ⇨ 가느냐디	먹다 ⇨ 먹느냐디
「ㄹ」パ動詞	살다 ⇨ 사느냐디	놀다 ⇨ 노느냐디
存　在　詞	있다 ⇨ 있느냐디	없다 ⇨ 없느냐디
過去・未来	갔다 ⇨ 갔느냐디	가겠다 ⇨ 가겠느냐디

○ 「-으냐디」と「-느냐디」の形は、それぞれ「-으」、「-느」を省いて「-냐디」で接続して使用可。

● 第三者が聞き手に質問した内容を、聞き手に確認する際の表現。「(誰々が)~かと質問していた?」、「(誰々が)~かと言っていた?」、「~と言われた?」。

- 엄마가 너한테도 먹겠**냐디**?　　ママが君にも食べるかと聞いていた?
- 너한테 시간이 있느**냐디**?　　時間があるのかと君に聞いていた?

▶ 拡張表現 「-(으・느)냐고 하디」。
▶ 同意表現 「-(으・느)냐던」。 엄마가 너한테도 먹겠**냐던**?

300　-(으・느)냐며
　　　　~なのかと言いながら

パ無し形容詞	크다 ⇨ 크냐며	싸다 ⇨ 싸냐며
「ㄹ」パ形容詞	달다 ⇨ 다냐며	길다 ⇨ 기냐며
指　定　詞	이다 ⇨ (이)냐며	아니다 ⇨ 아니냐며
パ有り形容詞	좋다 ⇨ 좋으냐며	작다 ⇨ 작으냐며
動　　　詞	가다 ⇨ 가느냐며	먹다 ⇨ 먹느냐며
「ㄹ」パ動詞	살다 ⇨ 사느냐며	놀다 ⇨ 노느냐며
存　在　詞	있다 ⇨ 있느냐며	없다 ⇨ 없느냐며
過去・未来	갔다 ⇨ 갔느냐며	가겠다 ⇨ 가겠느냐며

○ 「-으냐며」と「-느냐며」の形は、それぞれ「-으」、「-느」を省いて「-냐며」で接続して使用可。

● ある質問をしながら同時に他の行為を行うか、他の話をする際の表現。「~と質問しながら」、「~かと言いながら」。

- 너무 적**으냐며** 더 주셨어.　　　少なすぎるかと言いながらもっと下さった。
- 시간이 있**느냐며** 같이 가재.
　　　　　　　　　　時間があるのかと聞きながら一緒に行こうって。

▶ 拡張表現 「−(으・느)냐고 하며」。

▶ 同意表現 「−(으・느)냐면서」。너무 적**으냐면서** 더 주셨어.

301 −(으・느)냐면
〜なのかと言えば・〜なのかと言われたら

パ無し形容詞	크다	⇨ 크냐면	싸다	⇨	싸냐면
「ㄹ」パ形容詞	달다	⇨ 다냐면	길다	⇨	기냐면
指　定　詞	이다	⇨ (이)냐면	아니다	⇨	아니냐면
パ有り形容詞	좋다	⇨ 좋으냐면	작다	⇨	작으냐면
動　　　詞	가다	⇨ 가느냐면	먹다	⇨	먹느냐면
「ㄹ」パ動詞	살다	⇨ 사느냐면	놀다	⇨	노느냐면
存　在　詞	있다	⇨ 있느냐면	없다	⇨	없느냐면
過去・未来	갔다	⇨ 갔느냐면	가겠다	⇨	가겠느냐면

◎「−으냐면」と「−느냐면」の形は、それぞれ「−으」、「−느」を省いて「−냐면」で接続して使用可。

① ある事柄について話すために話題を導入しながら説明する際の連結語尾。「〜かと言えば」、「〜なのかと言うならば」。

- 언제 한국에 가**냐면** 내일이야.　　いつ韓国へ行くのかと言えば明日だ。
- 뭐가 좋**으냐면** 웃는 얼굴요.　　　何が良いかと言えば笑顔です。

▶ 丁寧表現 「−(으・느)냐면요」。

② 質問の内容を引用して、そのような質問を言われるという状況を仮定する際の表現。「(もし誰々に)〜なのかと言われたら」。

- 왜 결근했**느냐면** 뭐라고 하지?
　　　　　　　　　どうして欠勤したのかと言われたら何と言おう？

- 왜 뚱뚱하**냐면** 체질이라고 해.
  なぜ太っているのかと言われたら体質だと言って。

▶ ❶ ❷ 拡張表現 「-(으・느)냐고 하면」。

302 -(으・느)냐지
～かと言われたでしょう？

パ無し形容詞	크다 ⇨ 크냐지	싸다 ⇨ 싸냐지
「ㄹ」パ形容詞	달다 ⇨ 다냐지	길다 ⇨ 기냐지
指 定 詞	이다 ⇨ (이)냐지	아니다 ⇨ 아니냐지
パ有り形容詞	좋다 ⇨ 좋으냐지	작다 ⇨ 작으냐지
動 詞	가다 ⇨ 가느냐지	먹다 ⇨ 먹느냐지
「ㄹ」パ動詞	살다 ⇨ 사느냐지	놀다 ⇨ 노느냐지
存 在 詞	있다 ⇨ 있느냐지	없다 ⇨ 없느냐지
過去・未来	갔다 ⇨ 갔느냐지	가겠다 ⇨ 가겠느냐지

○ 「-으냐지」と「-느냐지」の形は、それぞれ「-으」、「-느」を省いて「-냐지」で接続して使用可。

● 第三者が聞き手に聞いた質問を、話し手が確認の意味で尋ねる際の表現。「(誰々が)～かと言ったでしょう？」、「(誰々に)～と言われたでしょう？」。

- 뭐가 그렇게 바쁘**냐지**? 何でそんなに忙しいのかと言われたでしょう？
- 왜 그걸 샀**느냐지**? どうしてそれを買ったのかと言われたでしょう？

▶ 丁寧表現 「-(으・느)냐지요」。
▶ 拡張表現 「-(으・느)냐고 하지」。

303 -(으・느)냐지만
〜なのかと言うけれど

パ無し形容詞	크다 ⇨	크냐지만	싸다 ⇨	싸냐지만
「ㄹ」パ形容詞	달다 ⇨	다냐지만	길다 ⇨	기냐지만
指 定 詞	이다 ⇨	(이)냐지만	아니다 ⇨	아니냐지만
パ有り形容詞	좋다 ⇨	좋으냐지만	작다 ⇨	작으냐지만
動 詞	가다 ⇨	가느냐지만	먹다 ⇨	먹느냐지만
「ㄹ」パ動詞	살다 ⇨	사느냐지만	놀다 ⇨	노느냐지만
存 在 詞	있다 ⇨	있느냐지만	없다 ⇨	없느냐지만
過去・未来	갔다 ⇨	갔느냐지만	가겠다 ⇨	가겠느냐지만

○ 「-으냐지만」と「-느냐지만」の形は、それぞれ「-으」、「-느」を省いて「-냐지만」で接続して使用可。

● 相手の質問や反対意見を認めつつも、後述文にはそれと関係ない内容を表す際の表現。「(誰々が)〜かと言うけれど」、「(誰々に)〜と言われたけど」。

- 왜 비밀이냐지만 사정이 있어.
  どうして秘密なのかと言われたけど、事情があるよ。
- 왜 사랑하느냐지만 나도 몰라.
  なんで愛しているのかと言われたが、私も知らない。

▶ 拡張表現 「-(으・느)냐고 하지만」。

304 -(으・느)니
〜だとか(〜だとか)・〜するものだ

パ無し形容詞	크다 ⇨	크니	싸다 ⇨	싸니
「ㄹ」パ形容詞	달다 ⇨	다니	길다 ⇨	기니
指 定 詞	이다 ⇨	(이)니	아니다 ⇨	아니니

4 -(으・느)選別形 : 243

パ有り形容詞	좋다	⇨ 좋으니	작다	⇨	작으니
動　　　詞	가다	⇨ 가느니	먹다	⇨	먹느니
「ㄹ」パ動詞	살다	⇨ 사느니	놀다	⇨	노느니
存　在　詞	있다	⇨ 있느니	없다	⇨	없느니
過去・未来	갔다	⇨ 갔느니	가겠다	⇨	가겠느니

❶ 反復して使用する形で、対立する言葉や意見などを並べる際の連結語尾。前後の文は反対概念の文がよく使われる。「〜するとか〜するとか」、「〜やら〜やら」。

- 크니 작으니 불만이 많더라.　　大きいとか小さいとか不満が多かったよ。
- 맛이 있느니 없느니 싸우고 있더라.
　　　　　　　　　　　　　美味しいとか、まずいとかで喧嘩をしていたよ。

❷ 自分より目下の人に対して自分の経験を基準に、真理や当然なことを知らせる際の終結語尾。「〜すべきであろう」、「〜するものなのに」、「〜しなければいけないだろうに」。

- 사람이란 예의가 있어야 하느니.　　人とは礼儀がないとだめであろう。
- 찬 물에도 순서가 있느니.　　たかが水でも飲む順番というのがあるよ。

▶古めかしい表現であり、「丁寧表現」は存在しない。

305　-(으・느)니만큼
〜するので(だから)

パ無し形容詞	크다	⇨ 크니만큼	싸다	⇨	싸니만큼
「ㄹ」パ形容詞	달다	⇨ 다니만큼	길다	⇨	기니만큼
指　定　詞	이다	⇨ (이)니만큼	아니다	⇨	아니니만큼
パ有り形容詞	좋다	⇨ 좋으니만큼	작다	⇨	작으니만큼
動　　　詞	가다	⇨ 가느니만큼	먹다	⇨	먹느니만큼

「ㄹ」パ動詞	살다	⇨ 사느니만큼	놀다	⇨	노느니만큼
存在詞	있다	⇨ 있느니만큼	없다	⇨	없느니만큼
過去・未来	갔다	⇨ 갔느니만큼	가겠다	⇨	가겠느니만큼

● 前述文の内容を認めつつ、それが後述文の内容の原因や根拠になることを表す際の連結語尾。「〜するから(その分だけ〜)」、「〜なので(なおさら〜)」。

- 중요한 문제**니만큼** 잘 처리해.　　重要な問題だから上手く処理しなさい。
- 일찍 출발하**느니만큼** 시간은 괜찮겠지.
　　　　　　　　　　　　　　早く出発する分だけ時間は大丈夫だろう。

SUPER HANGUL HANDBOOK

5
ーㄴ(은・는)選別形

品詞、あるいは基本形の語尾である「ーCト」の手前の文字に「パッチム」がついているか否かによって接続するポイントが異なるタイプ

ㅡㄴ(은・는)選別形の特長説明

【ㅡㄴ(은・는)選別形】とは、品詞、あるいは基本形の語尾である「ㅡ다」の手前の文字に「パッチム」がついているか否かによって接続するポイントが下記のように異なるタイプです。

接続例

パ無し形容詞	크다 ⇨	큰가	싸다 ⇨	싼가
「ㄹ」パ形容詞	달다 ⇨	단가	길다 ⇨	긴가
指　定　詞	이다 ⇨	ㄴ(인)가	아니다 ⇨	아닌가
パ有り形容詞	좋다 ⇨	좋은가	작다 ⇨	작은가
動　　　詞	가다 ⇨	가는가	먹다 ⇨	먹는가
「ㄹ」パ動詞	살다 ⇨	사는가	놀다 ⇨	노는가
存　在　詞	있다 ⇨	있는가	없다 ⇨	없는가
過去・未来	갔다 ⇨	갔는가	가겠다 ⇨	가겠는가

- 基本形の語尾である「ㅡ다」の手前の文字に「パッチム」がついていない形容詞と「ㄹパッチム」の形容詞、そして指定詞の現在形の場合は、語尾「ㅡ다」を取り除いて「ㅡㄴ」を選んだ後、一定の文法表現を付け加えて下さい。なお、指定詞「이다」の場合は、接続する体言(名詞や代名詞)の最後の文字に「パッチム」がついていなければ「ㅡㄴ」、ついていれば「ㅡ인」と接続します。

- 「パッチム」がついている形容詞の現在形は、語尾「ㅡ다」の代わりに「ㅡ은」を付け加えてから一定の文法表現をつけます。

- 「ㄹパッチム」を含むすべての動詞や存在詞、各品詞の過去形や未来形には「ㅡ는」を付け加えてから一定の文法表現をつけます。なお、「ㄹパッチム」の場合は、接続の際「ㄹ」が脱落します。

306 −ㄴ(은・는)가
～なのか・～なのかな

パ無し形容詞	크다 ⇨	큰가	싸다 ⇨	싼가
「ㄹ」パ形容詞	달다 ⇨	단가	길다 ⇨	긴가
指　定　詞	이다 ⇨	ㄴ(인)가	아니다 ⇨	아닌가
パ有り形容詞	좋다 ⇨	좋은가	작다 ⇨	작은가
動　　　詞	가다 ⇨	가는가	먹다 ⇨	먹는가
「ㄹ」パ動詞	살다 ⇨	사는가	놀다 ⇨	노는가
存　在　詞	있다 ⇨	있는가	없다 ⇨	없는가
過去・未来	갔다 ⇨	갔는가	가겠다 ⇨	가겠는가

❶ 目上の人が目下の人に質問する際の終結語尾。「～かい?」、「～なのかね?」、「～なのか」。

- 그동안 잘 지냈**는가**?　　　　今まで元気だったかい?
- 입어 봐. 큰**가**? 작은**가**?　　着てみて。大きい? 小さい?

▶ 丁寧表現 「−ㄴ(은・는)가요」。
▶ 類似表現 「−나 ❶」 ➡ 066 参照。

❷ 話し手の疑心や疑問を表す際の終結語尾。主に独り言でよく用いる。「～なのかな?」、「～だろうか?」。

- 어제는 내가 좀 심했**는가**?　　昨日は私がちょっとひどかったのかな?
- 어? 아무도 안 계신**가**?　　　あれ? 誰もいらっしゃらないのかな?

▶ 類似表現 「−나 ❸」 ➡ 066 参照。

❸ 一般的な問題を提起する際の終結語尾。主に論文や新聞の記事で用いる。「～なのか」、「～するのか」、「～か」。

- 온난화 현상이란 무엇인**가**?　　温暖化現象というのは何なのか。
- 친일파와 지일파는 뭐가 다른**가**?　親日派と知日派は何が異なるか。

307 -ㄴ(은・는)가 싶다
~のようだ・~かと思う

パ無し形容詞	크다	⇨ 큰가 싶다	싸다	⇨	싼가 싶다
「ㄹ」パ形容詞	달다	⇨ 단가 싶다	길다	⇨	긴가 싶다
指 定 詞	이다	⇨ ㄴ(인)가 싶다	아니다	⇨	아닌가 싶다
パ有り形容詞	좋다	⇨ 좋은가 싶다	작다	⇨	작은가 싶다
動 詞	가다	⇨ 가는가 싶다	먹다	⇨	먹는가 싶다
「ㄹ」パ動詞	살다	⇨ 사는가 싶다	놀다	⇨	노는가 싶다
存 在 詞	있다	⇨ 있는가 싶다	없다	⇨	없는가 싶다
過去・未来	갔다	⇨ 갔는가 싶다	가겠다	⇨	가겠는가 싶다

● 話し手の考えや推測を表す際の終結語尾。「~であるようだ」、「~しているようだ」、「~かと思う」。

- 거짓말인가 싶어서 확인해 봤어.　　　ウソだと思って確認してみた。
- 출발했는가 싶었는데 안 했어?　出発したのかと思ったけど、まだなの?

308 -ㄴ(은・는)가 보다
~のようだ・~しそうだ

パ無し形容詞	크다	⇨ 큰가 보다	싸다	⇨	싼가 보다
「ㄹ」パ形容詞	달다	⇨ 단가 보다	길다	⇨	긴가 보다
指 定 詞	이다	⇨ ㄴ(인)가 보다	아니다	⇨	아닌가 보다
パ有り形容詞	좋다	⇨ 좋은가 보다	작다	⇨	작은가 보다
動 詞	가다	⇨ 가는가 보다	먹다	⇨	먹는가 보다
「ㄹ」パ動詞	살다	⇨ 사는가 보다	놀다	⇨	노는가 보다
存 在 詞	있다	⇨ 있는가 보다	없다	⇨	없는가 보다
過去・未来	갔다	⇨ 갔는가 보다	가겠다	⇨	가겠는가 보다

● ある事実や状況から推し量り、そのようだと推測する際の終結語尾。「〜であるようだ」、「〜しているようだね(?)」。

- 무슨 일이 생겼는가 봐요.　　　　何か問題が生じたようです。
- 요즘 많이 바쁜가 봐?　　　　　　最近、とても忙しいみたいだね?

▶ 類似表現 「連体形+것 같다」➡ 318 参照、「-나 보다」➡ 067 参照。

309　-ㄴ(은・는)가 하면
〜なのかと思えば・〜だけでなく

パ無し形容詞	크다 ⇨	큰가 하면	싸다 ⇨	싼가 하면
「ㄹ」パ形容詞	달다 ⇨	단가 하면	길다 ⇨	긴가 하면
指　定　詞	이다 ⇨	ㄴ(인)가 하면	아니다 ⇨	아닌가 하면
パ有り形容詞	좋다 ⇨	좋은가 하면	작다 ⇨	작은가 하면
動　　　　詞	가다 ⇨	가는가 하면	먹다 ⇨	먹는가 하면
「ㄹ」パ動詞	살다 ⇨	사는가 하면	놀다 ⇨	노는가 하면
存　在　詞	있다 ⇨	있는가 하면	없다 ⇨	없는가 하면
過去・未来	갔다 ⇨	갔는가 하면	가겠다 ⇨	가겠는가 하면

● 前述文と後述文が対立している状況を表す際の表現。「〜なのかと思えば」、「〜することもあれば(〜することもある)」、「〜だけでなく」、「〜する一方で〜も」。

- 남자가 있는가 하면 여자도 있었다.　　男子だけでなく女子もいた。
- 키가 큰가 하면 그렇지도 않다.　　　　背が高いかと言えばそうでもない。

310 －ㄴ(은・는)걸
～だね・～だよ

パ無し形容詞	크다 ⇨	큰걸	싸다 ⇨	싼걸
「ㄹ」パ形容詞	달다 ⇨	단걸	길다 ⇨	긴걸
指 定 詞	이다 ⇨	ㄴ(인)걸	아니다 ⇨	아닌걸
パ有り形容詞	좋다 ⇨	좋은걸	작다 ⇨	작은걸
動 詞	가다 ⇨	가는걸	먹다 ⇨	먹는걸
「ㄹ」パ動詞	살다 ⇨	사는걸	놀다 ⇨	노는걸
存 在 詞	있다 ⇨	있는걸	없다 ⇨	없는걸
過去・未来	갔다 ⇨	갔는걸	가겠다 ⇨	가겠는걸

❶ 話し手が新しく知り得た事実に感嘆していることを表す際の終結語尾。友人関係や親しい間柄、または年下の人によく使うが、独り言でも用いる。「～なんだね」、「～だな」。

- 좋은 성적이 나왔는걸.　　　　　　　　良い成績が取れたね。
- 생각보다 훨씬 예쁜걸.　　　　　　　　思っていたよりはるかに綺麗だね。

▶ 類似表現 「－ㄴ(은・는)데 ❺」 ➡ 311 参照。

❷ 自分の考えや主張を説明するように話すか、あるいは話の根拠を挙げる際の終結語尾。軽くやり返すニュアンスが含まれる。「～なんだよ」、「～するもの」、「～なんだけど」。

- 맛없니? 내 입에는 맞는걸.　美味しくない？ 私の口には合うんだけどね。
- 작아? 나한테는 큰걸.　　　　小さい？ 私には大きいんだけど。

▶ ❶ ❷ 丁寧表現 「－ㄴ(은・는)걸요」。

311 －ㄴ(은・는)데
~けど・~なので・~なのに・~だね

パ無し形容詞	크다	⇨ 큰데	싸다	⇨	싼데
「ㄹ」パ形容詞	달다	⇨ 단데	길다	⇨	긴걸
指 定 詞	이다	⇨ ㄴ(인)데	아니다	⇨	아닌데
パ有り形容詞	좋다	⇨ 좋은데	작다	⇨	작은데
動 詞	가다	⇨ 가는데	먹다	⇨	먹는데
「ㄹ」パ動詞	살다	⇨ 사는데	놀다	⇨	노는데
存 在 詞	있다	⇨ 있는데	없다	⇨	없는데
過去・未来	갔다	⇨ 갔는데	가겠다	⇨	가겠는데

❶ 提案や命令、あるいは質問をする前にその背景や状況などを提示する際に用いる連結語尾。「~なんだけど」、「~だけど」、「~なのに」。

- 좀 작은데 큰 사이즈 없어?　　少し小さいけど、大きいサイズはない?
- 아까 먹었는데 또 먹어?　　さっき食べたのにまた食べるの?

❷ ある事実の紹介や後述文の具体的な内容を展開するための状況を提示する際の連結語尾。「~なんだけど」、「~なので」、「~しているところに」。

- 밥 먹는데 전화가 왔어.　　ご飯を食べているところ電話がかかってきた。
- 아까 봤는데 너무 멋있더라.　　さっき見かけたけど、本当に素敵だったよ。

❸ 後述する行動についての理由や根拠を提示する際の連結語尾。「~するから」、「~なので」、「~だから」。

- 몸도 안 좋은데 쉬어.　　具合も悪いんだから休みなさい。
- 겨우 잠들었는데 깨우지 마.　　やっと眠ったから起こさないで。

▶ 類似表現 「–(으)니까 ❶」 ➡ 138 参照。

❹ 前述文の事実について反対の結果や状況が続くか、対照する二つの事実を話す際の連結語尾。「~だけど」、「~なのに」。

- 봄인데 날씨가 너무 추워요.　　　　　春なのに寒すぎます。
- 키는 작은데 농구 선수래.　　　　　　背は低いのにバスケの選手だって。

▶ 類似表現 「-지만 ❶」➡ 132 参照。

❺ 自分で感じた事実について驚きや意外性を感嘆するように話す際の終結語尾。「(意外と)～なんだね」、「(思ったより)～なんだな」。

- 월급이 생각보다 많은데.　　　　　　月給が思ったより多いんだね。
- 지난달보다 성적이 올랐는데.　　　　先月より成績がよくなったんだな。

▶ 類似表現 「-ㄴ(은・는)걸 ❶」➡ 310 参照。

❻ ある状況を伝えながら聞く側の反応を期待する際の終結語尾。あるいは、ある状況を心配して独り言のように話す際の終結語尾。「～なんだけどね」、「～だよな」。

- 오늘까지 끝내야 되는데.　今日まで終わらせないといけないんだけどな。
- 그런 뜻으로 말한 게 아닌데.　そんな意味で言ったわけではないんだけど。

❼ 疑問詞とともに使われ、具体的な答えを要求しながら尋ねる意味を表す終結語尾。「～かい?」、「～だい?」、「～するの?」。

- 그렇게 이야기하는 근거가 뭔데?　　そのように話す根拠は何なの?
- 뭐가 그렇게 불만이 많은데?　　　　何がそんなに不満が多いわけ?

▶ ❺❻❼ 丁寧表現 「-ㄴ(은・는)데요」。

312　-ㄴ(은・는)데다가
～であるうえに(さらに)

パ無し形容詞	크다 ⇨ 큰데다가	싸다 ⇨ 싼데다가
「ㄹ」パ形容詞	달다 ⇨ 단데다가	길다 ⇨ 긴데다가
指　定　詞	이다 ⇨ ㄴ(인)데다가	아니다 ⇨ 아닌데다가

パ有り形容詞	좋다	⇨ 좋은데다가	작다	⇨	작은데다가
動　　詞	가다	⇨ 가는데다가	먹다	⇨	먹는데다가
「ㄹ」パ動詞	살다	⇨ 사는데다가	놀다	⇨	노는데다가
存　在　詞	있다	⇨ 있는데다가	없다	⇨	없는데다가
過去・未来	갔다	⇨ 갔는데다가	가겠다	⇨	가겠는데다가

● 前の状態や行為に他の状態や行為がつけ加えられて程度がさらに増すことを表す表現。「〜であるうえに」、「〜に加えて」。

- 애인이 예쁜데다가 부자란다.　　　恋人が綺麗なうえにお金持ちだって。
- 일이 없는데다가 저금도 없어.　　　仕事がないことに加えて貯金もないよ。

313　−ㄴ(은・는)데도
　　　〜であるのにも(かかわらず)

パ無し形容詞	크다	⇨ 큰데도	싸다	⇨	싼데도
「ㄹ」パ形容詞	달다	⇨ 단데도	길다	⇨	긴데도
指　定　詞	이다	⇨ ㄴ(인)데도	아니다	⇨	아닌데도
パ有り形容詞	좋다	⇨ 좋은데도	작다	⇨	작은데도
動　　詞	가다	⇨ 가는데도	먹다	⇨	먹는데도
「ㄹ」パ動詞	살다	⇨ 사는데도	놀다	⇨	노는데도
存　在　詞	있다	⇨ 있는데도	없다	⇨	없는데도
過去・未来	갔다	⇨ 갔는데도	가겠다	⇨	가겠는데도

● 前の状況に関係なく後ろの状況が起こることを表す表現。「〜であるにも(かかわらず)」、「〜であるのに」、「〜なんだけど(関係なく)」。

- 비가 오는데도 공사를 해?　　　雨が降っているのに工事をやってる?
- 성격이 좋은데도 친구가 없어.　　性格が良いのに友達がいない。

▶ 同意表現 「−ㄴ(은・는)데도 불구하고」。비가 오는데도 불구하고 공사를 해?

314 -ㄴ(은・는)데야
~(まで)~するんだから

パ無し形容詞	크다 ⇨	큰데야	싸다 ⇨	싼데야
「ㄹ」パ形容詞	달다 ⇨	단데야	길다 ⇨	긴데야
指 定 詞	이다 ⇨	ㄴ(인)데야	아니다 ⇨	아닌데야
パ有り形容詞	좋다 ⇨	좋은데야	작다 ⇨	작은데야
動 詞	가다 ⇨	가는데야	먹다 ⇨	먹는데야
「ㄹ」パ動詞	살다 ⇨	사는데야	놀다 ⇨	노는데야
存 在 詞	있다 ⇨	있는데야	없다 ⇨	없는데야
過去・未来	갔다 ⇨	갔는데야	가겠다 ⇨	가겠는데야

● 前の状況のせいで後ろの事実がどうすることもできないことを表す表現。「~なんだから(仕方ない)」、「~までするから(無理だ)」。

・죽어도 가는데야 막을 수 없지.
　　　　　　　どうしても行くもんだから止めさせられないよ。

・그렇게 비싼데야 누가 사겠니?　あんなに高くては誰も買えないね。

315 -ㄴ(은・는)지
~なのか・~なのかな

パ無し形容詞	크다 ⇨	큰지	싸다 ⇨	싼지
「ㄹ」パ形容詞	달다 ⇨	단지	길다 ⇨	긴지
指 定 詞	이다 ⇨	ㄴ(인)지	아니다 ⇨	아닌지
パ有り形容詞	좋다 ⇨	좋은지	작다 ⇨	작은지
動 詞	가다 ⇨	가는지	먹다 ⇨	먹는지
「ㄹ」パ動詞	살다 ⇨	사는지	놀다 ⇨	노는지
存 在 詞	있다 ⇨	있는지	없다 ⇨	없는지
過去・未来	갔다 ⇨	갔는지	가겠다 ⇨	가겠는지

① 後述する内容についての理由や状況を表すか、あるいは漠然とした疑問を表す際の連結後尾。「～なのか」、「～か」。

- 어떤 음식을 좋아하는지 알아?　　　どんな食べ物が好きなのか分かる?
- 잘 지내고 있는지 걱정이야.　　　元気にしているのかどうか心配だ。

② 主に「얼마나」、「어찌나」と接続して「-ㄴ(은・는)지 모르다」の構成で、前述の状況が相当のものであることを強調する連結語尾。「(どれほど)～なのか(分からない)」、「ものすごく～である」。

- 얼마나 잘 생겼는지 몰라요.　　　とても格好いいんです。
- 사람이 얼마나 좋은지 몰라요.　　　人が良すぎるほどです。

③ 「-ㄴ(은・는)지 모르다」の構成で、前述の内容についての推測をする際の連結語尾。「～なのかもしれない」、「～なのか(分からない)」、「～の可能性がある」。

- 안 가는 게 좋은지 몰라.　　　行かないほうが良いかも知れない。
- 그게 사실인지도 모르겠다.　　　それが事実かもね。

▶ 類似表現 「-ㄹ(을)지 모르다 ①」 → 236 参照。

④ 終結語尾として用いて、漠然とした疑問、あるいは話し手の疑問や感嘆を表す。「～だろうか」、「～か」、「～なの?」。

- 왜 나한테만 비밀인지.　　　どうして私にだけ秘密なのかな。
- 오늘은 왜 이렇게 피곤한지.　　　今日はどうしてこんなに疲れるかな。

▶ 丁寧表現 「-ㄴ(은・는)지요」。
▶ 類似表現 「-지 ②」 → 131 参照。

▶ ① ② ③ ④ 関連表現 「連体形＋지」 → 347 参照。

SUPER HANGUL HANDBOOK

6
連体接続形

動詞や形容詞などの用言が後続する体言(名詞や代名詞)を修飾する際の文法表現である「連体形」に特定の文法表現を接続するタイプ

連体接続形の特長説明

【連体接続形】とは、動詞や形容詞などの用言が後続する体言(名詞や代名詞)を修飾する際の文法表現である「連体形」に特定の文法表現を接続するタイプです。

接続例

品詞	パッチム	基本形	現在	過去	未来	接続表現
動詞	無し	가다	가는	간	갈	(体言)
	ㄹ	울다	우는	운	울	
	有り	먹다	먹는	먹은	먹을	
存在詞	有り	있다	있는	-----	있을	
形容詞	無し	크다	큰	-----	클	
	有り	작다	작은	-----	작을	
指定詞	無し	이다	인	-----	일	

- 動詞や存在詞の現在形は、基本形の語尾「-다」の代わりに「-는」を付け加えてから一定の文法表現をつけます。

- 動詞の過去形は基本形の「-다」の手前の文字に「パッチム」がない場合は「-ㄴ」を、「パッチム」がある場合は「-은」を選んでから一定の文法表現をつけます。また、形容詞や指定詞の現在形も同様に「パッチム」がない場合は「-ㄴ」を、「パッチム」がある場合は「-은」を選んでから一定の文法表現をつけます。

- 各品詞の未来形は基本形の語尾「-다」の手前に「パッチム」がない場合は「-ㄹ」を、「パッチム」がある場合は「-을」を選んでから一定の文法表現をつけます。

- なお、形容詞や存在詞、指定詞の「連体形の過去形」に関しては他の連体形語尾と形や用法が異なるためにここでは取り扱いません。

316 「ㄴ・는・ㄹ・은・을」(連体形)

品詞	パッチム	基本形	現在	過去	未来	接続表現
動詞	無し	가다	가는	간	갈	(体言)
動詞	ㄹ	울다	우는	운	울	(体言)
動詞	有り	먹다	먹는	먹은	먹을	(体言)
存在詞	有り	있다	있는	-----	있을	(体言)
形容詞	無し	크다	큰	-----	클	(体言)
形容詞	有り	작다	작은	-----	작을	(体言)
指定詞	無し	이다	인	-----	일	(体言)

● 名詞や代名詞を修飾し、その品詞で表現する行為や状態が各時制(現在・過去・未来)に発生するか、発生したことを表す際の連結語尾。「(現在)〜する(体言)」、「(過去)〜した(体言)」、「(未来)〜する(体言)」。

- 매일 만나는 사람이야.　　　　　　毎日、会っている人だよ。
- 어제 만난 사람이야.　　　　　　　昨日、会った人だよ。

317 連体形＋것
〜すること

品詞	パッチム	基本形	現在	過去	未来	接続表現
動詞	無し	가다	가는	간	갈	것
動詞	ㄹ	울다	우는	운	울	것
動詞	有り	먹다	먹는	먹은	먹을	것
存在詞	有り	있다	있는	-----	있을	것
形容詞	無し	크다	큰	-----	클	것
形容詞	有り	작다	작은	-----	작을	것
指定詞	無し	이다	인	-----	일	것

317 **318**

● 特定の行為や事実を表すか、ある事物を説明する際の表現。「(現在)～すること(もの)」、「(過去)～したこと(もの)」、「(未来)～すること(もの)」。

- 글을 쓰는 것이 직업이에요.　　　文を書くことが仕事です。
- 내일 먹을 것이 없어.　　　　　　明日、食べるものがないよ。

▶「口語表現」では「것」の「ㅅ」を省いて「거」で表現する。

318 連体形＋것 같다
~しそうだ

品詞	パッチム	基本形	現在	過去	未来	接続表現
動詞	無し	가다	가는	간	갈	
	ㄹ	울다	우는	운	울	
	有り	먹다	먹는	먹은	먹을	
存在詞	有り	있다	있는	----	있을	것 같다
形容詞	無し	크다	큰	----	클	
	有り	작다	작은	----	작을	
指定詞	無し	이다	인	----	일	

● 特定の状態であるだろうと推測することを表す際の表現。「(現在)～しているようだ」、「(過去)～したようだ」、「(未来)～しそうだ」。

- 지금 비가 오는 것 같아요.　　　今、雨が降っているようです。
- 내일도 비가 올 것 같아요.　　　明日も雨が降りそうです。

▶ **類似表現** 「-나 보다」➡ **067** 参照、「連体形＋듯하다」➡ **333** 参照。

319 連体形＋것이다
～することだ・～するだろう・～するつもりだ

品詞	パッチム	基本形	現在	過去	未来	接続表現
動詞	無し	가다	가는	간	갈	
	ㄹ	울다	우는	운	울	
	有り	먹다	먹는	먹은	먹을	
存在詞	有り	있다	있는	----	있을	것이다
形容詞	無し	크다	큰	----	클	
	有り	작다	작은	----	작을	
指定詞	無し	이다	인	----	일	

❶ 主に現在形や過去形と接続し、変わらない真実を述べたり、事柄を断定する際に用いる表現。「(現在)～することだ(ものだ)」、「(過去)～したの(もの)である」。

- 그건 한국에도 있는 **것**입니다. 　　　それは韓国にもあるものです。
- 그것이 사람의 도리인 **것**이지요. 　　それが人の道理であるのです。

❷ 主に未来形と接続し、当時の状況や状態を見て推測するか、推定して話す際の語尾表現。「(多分)～することだろう」、「～であろう」、「～だろうと思う」。

- 오늘은 한국이 이길 **것**입니다. 　　今日は韓国が勝つでしょう。
- 아마 집에 있을 **거예**요. 　　　　多分、家にいるでしょう。

❸ 主に未来形と接続し、これから特定の行為を行うという強い意志や主観的な所信などを表す表現。「～するつもりである」、「～するぞ」。

- 혼자서라도 꼭 갈 **거예**요. 　　私一人だとしても必ず行きます。
- 절대 포기하지 않을 **것**입니다. 　何があっても諦めませんからね。

▶ ❶❷❸ 短縮表現 「連体形＋거다」。

320 連体形＋것이 아니라
～するのではなくて

品詞	パッチム	基本形	現在	過去	未来	接続表現
動詞	無し	가다	가는	간	갈	것이 아니라
動詞	ㄹ	울다	우는	운	울	것이 아니라
動詞	有り	먹다	먹는	먹은	먹을	것이 아니라
存在詞	有り	있다	있는	----	있을	것이 아니라
形容詞	無し	크다	큰	----	클	것이 아니라
形容詞	有り	작다	작은	----	작을	것이 아니라
指定詞	無し	이다	인	----	일	것이 아니라

● 前述文の内容を否定しながら後述文の内容を強調する際の表現。「(現在)～するのではなくて」、「(過去)～したのではなくて」、「(未来)～しないで」。

- 이건 먹는 **것이 아니라** 보는 거야.　これは食べるものではなく見るものだ。
- 실은 먹은 **것이 아니라** 버렸어.　　　実は食べたのではなく捨てたよ。

321 連体形＋김에
～するついでに

品詞	パッチム	基本形	現在	過去	未来	接続表現
動詞	無し	가다	가는	간	----	김에
動詞	ㄹ	울다	우는	운	----	김에
動詞	有り	먹다	먹는	먹은	----	김에
存在詞	有り	있다	있는	----	----	김에

● ある行為を行う際に予定になかった他の行為も加えて行うという表現。「(現在)～するついでに～も」、「(過去)～したついでに～も」。

- 우체국에 가는 **김에** 우표도 사.　郵便局へ行くついでに切手も買って。

- 만난 김에 술 한잔하자.　　　　　　　　会ったついでに一杯やろう。

322　連体形＋나머지
～したあげく

品詞	パッチム	基本形	現在	過去	未来	接続表現
動　詞	無し	가다	----	간	----	나머지
	ㄹ	울다	----	운	----	
	有り	먹다	----	먹은	----	
形容詞	無し	크다	큰	----	----	
	有り	작다	작은	----	----	
指定詞	無し	이다	인	----	----	

● ある行為を行うか、ある状態に至った結果であることを表す表現。後述文の内容は否定的な結果が多い。「(過去)～した結果」、「(現在)～であるので」。

- 무리한 **나머지** 쓰러졌어요.　　　　無理をした結果、倒れました。
- 많이 먹은 **나머지** 배탈이 났다.　　食べ過ぎたせいでお腹を壊した。

323　連体形＋다음에
～した後

品詞	パッチム	基本形	現在	過去	未来	接続表現
動　詞	無し	가다	----	간	----	다음에
	ㄹ	울다	----	운	----	
	有り	먹다	----	먹은	----	

● 特定の行為や過程が終わった後であることを表す表現。「다음에」の代わり

に「뒤에」、「후에」を用いても同じ意味となる。「〜したあと」、「〜し終えた後」、「〜してから」。

- 수업이 끝난 **다음에** 만나요.　　授業が終わった後、会いましょう。
- 예약을 확인한 **다음에** 가세요.　　予約を確認した後、行って下さい。

324　連体形＋다음에야
～した後こそ

品詞	パッチム	基本形	現在	過去	未来	接続表現
動詞	無し	가다	----	간	----	다음에야
	ㄹ	울다	----	운	----	
	有り	먹다	----	먹은	----	

ある行為が完全に終わった後、はじめて後述文のような行為が可能だということを強調する際の表現。「다음에야」の代わりに「뒤에야」、「후에야」を用いても同じ意味となる。「〜した後こそ（やっと・はじめて）」、「〜してからでないと」。

- 직접 본 **다음에야** 안심했어.　　自分の目で見てやっと安心した。
- 죽은 **다음에야** 진실이 밝혀졌다. 死んでからやっと真実が明らかになった。

▶ 類似表現 「-고야 ❶」→ 029 参照。

325　連体形＋대로
～するとおりに・～するまま・～する次第

品詞	パッチム	基本形	現在	過去	未来	接続表現
動詞	無し	가다	가는	간	갈	
	ㄹ	울다	우는	운	울	
	有り	먹다	먹는	먹은	먹을	

存在詞	有り	있다	있는	-----	있을	대로
形容詞	無し	크다	큰	-----	클	
	有り	작다	작은	-----	작을	
指定詞	無し	이다	인	-----	일	

❶ 先立っている動作や状態と同じ形で何かを行う際の表現。各品詞の現在形と動詞の過去形と接続する。「(現在)~するとおりに」、「(現在)~であるままに」、「(過去)~したとおり」、「(過去)~したそのまま」。

- 제가 하는 대로 하세요.　　　　　私がやる通りにやって下さい。
- 작으면 작은 대로 그냥 쓰세요.　　小さいなら小さいまま使って下さい。

❷ 先立っている動作や状態が表す全ての意味を表す際の表現。各品詞の現在形と接続する。「~するとおり(全部)」、「(~であれば)それなりに」、「~するそのまま」。

- 가지고 있는 대로 다 빌려 줘.　　あり合わせの全部を貸して欲しい。
- 돈은 많으면 많은 대로 걱정이지.　お金が多ければ多いなりに心配だよ。

❸ 先立っている動作が行われた直後の状況を表す際の表現。動詞の現在形と接続する。「~するやいなや」、「~するとすぐ」、「~したら直ちに」。

- 결과가 나오는 대로 알려 주세요.　結果が出たらすぐ知らせて下さい。
- 식사가 끝나는 대로 떠나자.　　　食事が終わり次第、出発しよう。

▶ 類似表現 「-자마자」 ➡ 123 参照。

❹ 該当する動詞や形容詞を繰り返し用いて、特定の状況が深刻であることを表す。各品詞の未来形と接続する。「~しきった(状態)」、「完全に~している(状態)」、「~するまで(勝手に)」。

- 썩을 대로 썩은 정치가가 많아.　　腐りきっている政治家が多いよ。
- 모르겠다. 될 대로 되겠지.　　　　どうでもいい。なるようになるさ。

326 連体形＋대신에
～する代わりに

品詞	パッチム	基本形	現在	過去	未来	接続表現
動詞	無し	가다	가는	----	----	대신에
動詞	ㄹ	울다	우는	----	----	대신에
動詞	有り	먹다	먹는	----	----	대신에
存在詞	有り	있다	있는	----	----	대신에
形容詞	無し	크다	큰	----	----	대신에
形容詞	有り	작다	작은	----	----	대신에

● 前述文の行動や状態を他の行動や状態に変えることを表す表現。「～する代価で」、「～である代わりに」。

- 키가 작은 대신에 발이 빨라요.　　背が小さい代わりに足が速いです。
- 청소하는 대신에 밥 사 줄게.　　掃除をする代わりにご馳走するよ。

327 連体形＋데다가
～するうえに(加えて)

品詞	パッチム	基本形	現在	過去	未来	接続表現
動詞	無し	가다	가는	간	----	데다가
動詞	ㄹ	울다	우는	운	----	데다가
動詞	有り	먹다	먹는	먹은	----	데다가
存在詞	有り	있다	있는	----	----	데다가
形容詞	無し	크다	큰	----	----	데다가
形容詞	有り	작다	작은	----	----	데다가
指定詞	無し	이다	인	----	----	데다가

● 既に起きた事実や状態に加え、他の事実や状態が加わることを表す。「(現

在)~するうえにさらに」、「(過去)~したうえにさらに」、「~だけでなく(それに)加えて」。

- 상금을 받은 데다가 승진도 했다.　賞金をもらっただけでなく昇進もした。
- 질이 좋은 데다가 양도 많아.　　　　質が良いうえに量も多い。

▶ 短縮表現 「連体形＋데다」。

328 連体形＋동시에
～するとともに

品詞	パッチム	基本形	現在	過去	未来	接続表現
動詞	無し	가다	가는	-----	-----	동시에
	ㄹ	울다	우는	-----	-----	
	有り	먹다	먹는	-----	-----	
指定詞	無し	이다	인	-----	-----	

特定の行為を行いながら、同時にもう一方でも別の行為を行う際の表現。あるいは、ある行為が終わったあとすぐ特定の行為が起こった際の表現。「~しながら同時に」、「~すると同時に」、「~するやいなや」。

- 연설을 하는 동시에 돌을 던졌다.　演説をするのと同時に石を投げた。
- 그건 기쁨인 동시에 슬픔이었다.　それは喜びであり、また悲しみだった。

329 連体形＋동안에
～する間に

品詞	パッチム	基本形	現在	過去	未来	接続表現
動詞	無し	가다	가는	-----	-----	동안에
	ㄹ	울다	우는	-----	-----	
	有り	먹다	먹는	-----	-----	

| 存在詞 | 有り | 있다 | 있는 | ---- | ---- |

● ある行為や状態が起こる短い時間を表す際の表現。「〜する合間に」、「〜する間に」。

- 자는 동안에 모두 떠났어.　　　　　寝ている間に皆、出発したよ。
- 내가 일하는 동안에 뭐 했니?　　　　私が働いている間に何をしていた?

▶ 類似表現 「連体形＋사이에」➡ 340 参照。

330　連体形＋둥 마는(만・말) 둥
～するようでしないようで

品詞	パッチム	基本形	現在	過去	未来	接続表現
動　詞	無し	가다	가는	간	갈	現＋둥 마는 둥
	ㄹ	울다	우는	운	울	過＋둥 만 둥
	有り	먹다	먹는	먹은	먹을	未＋둥 말 둥

● ある行為を熱心に行わないか、まともに行わないことを表す表現。「(現在)〜するようでもあり、しないようでもある(半端だ)」、「適当に〜する(半端だ)」、「(過去)十分に〜していない」、「(未来)〜しようか、止めようか(迷う)」。

- 책을 읽는 둥 마는 둥 하더라.　　　身を入れて読書をしていなかったよ。
- 인사를 하는 둥 마는 둥 하더라.　　適当にあいさつをしてたよ。

331　連体形＋듯
～するようで

品詞	パッチム	基本形	現在	過去	未来	接続表現
動　詞	無し	가다	가는	간	갈	
	ㄹ	울다	우는	운	울	

存在詞	有り	먹다	먹는	먹은	먹을	듯
	有り	있다	있는	----	있을	
形容詞	無し	크다	큰	----	클	
	有り	작다	작은	----	작을	
指定詞	無し	이다	인	----	일	

● 特定の状況と比べてそれが似ていると推測していることを表す表現。「(現在)〜するようで」、「(過去)〜したようで」、「(未来)〜するつもりらしく」。

- 술을 마신 듯 얼굴이 부었더라.　　酒を飲んだようで顔がむくんでいた。
- 기분이 좋은 듯 용돈을 주었어.　　気分が良いようで小遣いをくれたよ。

▶ **関連表現**　「-듯이」 ➡ **106** 参照。
▶「-듯이」は前述の内容と類似していることを表すのに対して、「連体形＋듯」は、ある状況が前述の状況と類似していることを推測する表現。

332　連体形＋듯 마는(만・말) 듯
〜しそうで〜しない

品詞	パッチム	基本形	現在	過去	未来	接続表現
動　詞	無し	가다	가는	간	갈	現+듯 마는 듯
	ㄹ	울다	우는	운	울	過+듯 만 듯
	有り	먹다	먹는	먹은	먹을	未+듯 말 듯

● 主に「連体形＋듯 마는(만・말) 듯」の形で、そのようでもあり、そうでもないようなことを表す。「(現在)〜しそうで〜しない(半端)」、「(過去)〜したようでもあり〜しなかったようでもある(不確実)」、「(未来)〜しそうでもあり〜しなさそうでもある」。

- 씻은 듯 만 듯하고 자 버렸어.　　適当に洗っては寝てしまった。
- 비가 올 듯 말 듯하네요.　　雨が降りそうでもあり、降らなさそうです。

333 連体形＋듯하다
～しそうだ

品詞	パッチム	基本形	現在	過去	未来	接続表現
動詞	無し	가다	가는	간	갈	듯하다
	ㄹ	울다	우는	운	울	
	有り	먹다	먹는	먹은	먹을	
存在詞	有り	있다	있는	----	있을	
形容詞	無し	크다	큰	----	클	
	有り	작다	작은	----	작을	
指定詞	無し	이다	인	----	일	

● 前述文が意味する事件や状態などを推測して表す際の表現。「(現在)～しているようだ」、「(過去)～したようだ」、「(未来)～しそうだ」。

- 매일 양복을 입는 듯합니다.　　　毎日、スーツを着るようです。
- 밤에 비가 온 듯합니다.　　　　　夜、雨が降ったようです。

▶ 類似表現 「連体形＋것 같다」➡ 318 参照、「-나 보다」➡ 067 参照。

334 連体形＋마당에
～に際して

品詞	パッチム	基本形	現在	過去	未来	接続表現
動詞	無し	가다	가는	간	----	마당에
	ㄹ	울다	우는	운	----	
	有り	먹다	먹는	먹은	----	
存在詞	有り	있다	있는	----	----	
形容詞	無し	크다	큰	----	----	
	有り	작다	작은	----	----	
指定詞	無し	이다	인	----	----	

特定の状況や立場を表す際の表現。主に否定的、悲観的な内容に用いる。「(現在)~な状況において」、「(現在)~する時に」、「(過去)~した状況で」、「(過去)~したから(なのに)」。

- 다 들킨 **마당에** 뭘 숨겨?　　　全部ばれちゃった今さら、何を隠す?
- 사람이 죽는 **마당에** 밥이라니?　　人が死んでいく状況なのに食事?

335　連体形＋만큼
～する分だけ

品詞	パッチム	基本形	現在	過去	未来	接続表現
動　詞	無し	가다	가는	간	갈	
	ㄹ	울다	우는	운	울	
	有り	먹다	먹는	먹은	먹을	
存在詞	有り	있다	있는	-----	있을	만큼
形容詞	無し	크다	큰	-----	-----	
	有り	작다	작은	-----	-----	
指定詞	無し	이다	인	-----	-----	

前述文の内容が後述文の理由や根拠であることを表す。あるいは前述文の内容に比例することを表す際の表現。「(現在)~する分量ほど(~する)」、「(過去)~した分だけ(~する)」、「(未来)~しそうな分だけ(~する)」。

- 먹는 **만큼** 살이 찌는 법이다.　　食べる分量に比例して太るものだ。
- 먹은 **만큼** 일을 하세요.　　　　食べた分だけ仕事をして下さい。

336 連体形＋모양이다
～するようだ

品詞	パッチム	基本形	現在	過去	未来	接続表現
動詞	無し	가다	가는	간	갈	
	ㄹ	울다	우는	운	울	
	有り	먹다	먹는	먹은	먹을	
存在詞	有り	있다	있는	----	있을	**모양이다**
形容詞	無し	크다	큰	----	클	
	有り	작다	작은	----	작을	
指定詞	無し	이다	인	----	일	

● 前述文が意味する事件や状態などを推測する際の表現。「(現在)～している模様だ」、「(過去)～したようだ」、「(未来)～しそうだ」。

- 어제도 집에는 안 온 **모양이다**.　昨日も家には帰って来なかったようだ。
- 내일도 집에는 안 올 **모양이다**.　明日も家には帰って来ないようだ。

▶ 類似表現 「連体形＋것 같다」➡ 318 参照、「連体形＋듯하다」➡ 333 参照。

337 連体形＋바람에
～したせいで

品詞	パッチム	基本形	現在	過去	未来	接続表現
動詞	無し	가다	가는	----	----	
	ㄹ	울다	우는	----	----	**바람에**
	有り	먹다	먹는	----	----	

● 前述文の行為が後述文の否定的な現象を引き起こした原因や理由であることを表す際の表現。主に予期せぬ理由の場合に用いる。現在形と接続して、過去の意味で訳す。「～したせいで」。

- 비가 오는 **바람에** 못 갔어.　　　雨が降ってきたせいで行けなかった。
- 늦잠 자는 **바람에** 지각했어.　　　朝寝坊をしたので遅刻した。

▶ 類似表現 「連体形＋통에」 ➡ 351 参照。

338　連体形＋반면에
〜する反面

品詞	パッチム	基本形	現在	過去	未来	接続表現
動詞	無し	가다	가는	간	-----	
	ㄹ	울다	우는	운	-----	
	有り	먹다	먹는	먹은	-----	
存在詞	有り	있다	있는	-----	-----	반면에
形容詞	無し	크다	큰	-----	-----	
	有り	작다	작은	-----	-----	
指定詞	無し	이다	인	-----	-----	

● 前述文の内容と後述文の内容が相反する事実であることを表す際の表現。「(現在)〜する反面」、「(現在)〜である反面」、「(過去)〜した反面」。

- 돈이 없는 **반면에** 시간은 많아.　　　お金がない反面、時間は多い。
- 예쁜 **반면에** 성격은 별로야.　　　顔が綺麗な反面、性格はよくない。

▶ 類似表現 「-지만 ❶」 ➡ 132 参照。

339　連体形＋법이다
〜するものだ

品詞	パッチム	基本形	現在	過去	未来	接続表現
	無し	가다	가는	-----	-----	

339 340

動詞	ㄹ	울다	우는	----	----	법이다
	有り	먹다	먹는	----	----	
存在詞	有り	있다	있는	----	----	
形容詞	無し	크다	큰	----	----	
	有り	작다	작은	----	----	

● 前述文の状態が既にそのように決まっているとか、それが当然であるという意味。「~であることは当たり前だ」、「(当然)~するものだ」。

- 자식들은 부모를 닮는 **법이다**.　　　　子供は親に似るものだ。
- 작은 고추가 매운 **법이에요**.　　　　小さい唐辛子が辛いものです。

▶「連体形＋법이 없다」の形は、「決して~しないものだ」の意味。

340 連体形＋사이에
~する間に

品詞	パッチム	基本形	現在	過去	未来	接続表現
動詞	無し	가다	가는	간	----	사이에
	ㄹ	울다	우는	운	----	
	有り	먹다	먹는	먹은	----	
存在詞	有り	있다	있는	----	----	

● ある行為や状態が起こる短い時間を表す際の表現。「(現在)~する合間に」、「(過去)~した間に」。

- 자는 **사이에** 지갑이 없어졌어.　　　　寝ている間に財布がなくなった。
- 잠깐 자리를 비운 **사이에** 도망갔어.　　ちょっと席を空けた際に逃げた。

▶ 類似表現 「連体形＋동안에」 ➡ 329 参照。

341 連体形＋이상
～する以上

品詞	パッチム	基本形	現在	過去	未来	接続表現
動詞	無し	가다	가는	간	----	
動詞	ㄹ	울다	우는	운	----	
動詞	有り	먹다	먹는	먹은	----	이상
存在詞	有り	있다	있는	----	----	
形容詞	無し	크다	큰	----	----	
形容詞	有り	작다	작은	----	----	
指定詞	無し	이다	인	----	----	

● 前述文の内容が既に決まっている事実であるので、すべき行動が決まっていることを表す際の表現。「(現在)～である以上(～すべきだ)」、「(過去)～した以上(～すべきだ)」。

- 시합을 하는 **이상** 이겨야지.　　試合をする以上、勝たなければならない。
- 입을 댄 **이상** 다 드세요.　　　口をつけた以上、全部召し上がって下さい。

▶ **類似表現**「-았(었・였)으면」➡ **287** 参照。

342 連体形＋적(이) 없다
～することがない・～したことがない

品詞	パッチム	基本形	現在	過去	未来	接続表現
動詞	無し	가다	가는	간	----	
動詞	ㄹ	울다	우는	운	----	적이 없다
動詞	有り	먹다	먹는	먹은	----	
存在詞	有り	있다	있는	----	----	

❶ ある行為に対して経験の有無を表す際の表現。過去形と接続する。「(過

去)~したこと(経験)がない」。

- 우리 만난 **적** 없어요? 　　　　　私たち会ったことありません？
- 거짓말을 친 **적이** 없어요. 　　　　ウソをついたことがありません。

❷ ある動作や状態が現れないことを表す際の表現。現在形と接続する。「~することがない」。

- 언제나 화를 내는 **적이** 없어. 　　　怒ることを見たことがない。
- 일요일에 집에 있는 **적이** 없다. 　　日曜日、家にいることがない。

▶ ❶❷ 同意表現 「連体形＋일(이) 없다」。우리 만난 **일** 없어요?

343　連体形＋적(이) 있다
～することがある・～したことがある

品詞	パッチム	基本形	現在	過去	未来	接続表現
動　詞	無し	가다	가는	간	----	적이 있다
	ㄹ	울다	우는	운	----	
	有り	먹다	먹는	먹은	----	
存在詞	有り	있다	있는	----	----	

❶ ある行為に対して経験の有無を表す際の表現。過去形と接続する。「(過去)~したこと(経験)がある」。

- 몇 번이나 본 **적이** 있다. 　　　　　何度も見たことがある。
- 한식을 먹은 **적이** 있어요? 　　　　韓国料理を食べたことありますか。

❷ ある動作や状態が現れることを表す際の表現。現在形と接続する。「~することがある」。よく修飾疑問文として使われて「~することがない」の意味となる。

- 언제 열심히 하는 **적이** 있어요? 　　いつも一所懸命やらないんです。
- 일요일에 집에 있는 **적이** 있니? 　　日曜日、家にいることってある？

▶ ❶ ❷ 同意表現 「連体形＋일(이) 있다」。몇 번이나 본 **일이** 있다.

344 連体形＋줄 알았다
～だと思った

品詞	パッチム	基本形	現在	過去	未来	接続表現
動　詞	無し	가다	가는	간	갈	줄 알았다
	ㄹ	울다	우는	운	울	
	有り	먹다	먹는	먹은	먹을	
存在詞	有り	있다	있는	----	있을	
形容詞	無し	크다	큰	----	클	
	有り	작다	작은	----	작을	
指定詞	無し	이다	인	----	일	

● 特定の方法や事実、行動についてすでに知っていたか、予測できたことを表す際の表現。「(現在)～だと思っていた」、「(過去)～しただろうと思っていた」、「(未来)～するだろうと思っていた」。

- 영화를 자주 보는 **줄 았았어요**.　　映画をよく見ると思っていました。
- 그 영화를 볼 **줄 알았어요**.　　その映画を見るだろうと思っていました。

▶ 関連表現 「連体形＋줄 몰랐다」 ➡ 346 参照、「-ㄹ(을) 줄 알다」 ➡ 234 参照。

345 連体形＋줄 알다
～だと思う

品詞	パッチム	基本形	現在	過去	未来	接続表現
動　詞	無し	가다	가는	간	갈	
	ㄹ	울다	우는	운	울	
	有り	먹다	먹는	먹은	먹을	

存在詞	有り	있다	있는	----	있을	줄 알다
形容詞	無し	크다	큰	----	클	
	有り	작다	작은	----	작을	
指定詞	無し	이다	인	----	일	

● 修辞疑問文として用いて相手の推測を確認、反問する際の表現。「(現在)~だと思っている?(~でないよ)」、「(過去)~しただろうと思っている?(違うよ)」、「(未来)~するだろうと思っている?(しないよ)」。

・수입이 그렇게 많을 줄 알아? 　　　　収入はそんなに多くないよ。
・숨겨 두면 모를 줄 아니? 　　　　隠しておけば私が知らないとでも思った?

▶ 関連表現 「-ㄹ(을) 줄 알다」 ➡ 234 参照、「連体形＋줄 알았다」 ➡ 344 参照。

346　連体形＋줄 몰랐다
～だと思わなかった

品詞	パッチム	基本形	現在	過去	未来	接続表現
動詞	無し	가다	가는	간	갈	
	ㄹ	울다	우는	운	울	
	有り	먹다	먹는	먹은	먹을	
存在詞	有り	있다	있는	----	있을	줄 몰랐다
形容詞	無し	크다	큰	----	클	
	有り	작다	작은	----	작을	
指定詞	無し	이다	인	----	일	

● 特定の方法や事実、行動について予測できなかったことを表す際の表現。「(現在)~だと思っていなかった」、「(過去)~しただろうと思わなかった」、「(未来)~するだろうと思っていなかった」。

・이렇게 어려울 줄 몰랐어요. 　　　これほど難しいと思いませんでした。
・사장님인 줄 몰랐어요. 　　　　　社長だと思わなかったです。

▶ **関連表現** 「連体形＋줄 알았다」 ➡ **344** 参照、「-ㄹ(을) 줄 모르다」 ➡ **233** 参照。

347 連体形＋지
〜してから

品詞	パッチム	基本形	現在	過去	未来	接続表現
動詞	無し	가다	-----	간	-----	지
	ㄹ	울다	-----	운	-----	
	有り	먹다	-----	먹은	-----	

ある行為を行ってから時間がどれくらい経過したのかを表す際の表現。後続文は必ず「時間の概念と関連する単語」と接続する。「〜してから(〜時間が経過した)」、「〜して(〜時間が経過した)」。

- 한글을 공부한 **지** 삼 년 됐어요.　　韓国語を勉強して三年になります。
- 점심 먹은 **지** 얼마나 됐어요?　　ランチを食べてどれくらいになりますか。

▶ **関連表現** 「-고 나다」 ➡ **017** 参照。

348 連体形＋채
〜したまま

品詞	パッチム	基本形	現在	過去	未来	接続表現
動詞	無し	가다	-----	간	-----	채
	ㄹ	울다	-----	운	-----	
	有り	먹다	-----	먹은	-----	

ある行為の行った状態が、その後もそのままであることを表す表現。「〜したそのままで」、「(〜の状態)のまま」。

- 용의자가 숨진 **채** 발견되었다.　　容疑者が死んだ状態で発見された。

[348] [349] [350]

- 벌거벗은 채로 밖에 나갔어요. 　　　　　裸のまま外へ出ました。
- ▶ 拡張表現 「-ㄴ(은) 채로」。

349　連体形＋척하다
～するふりをする

品詞	パッチム	基本形	現在	過去	未来	接続表現
動詞	無し	가다	가는	간	----	
	ㄹ	울다	우는	운	----	
	有り	먹다	먹는	먹은	----	
存在詞	有り	있다	있는	----	----	척하다
形容詞	無し	크다	큰	----	----	
	有り	작다	작은	----	----	
指定詞	無し	이다	인	----	----	

● 特定の状況でないか、特定の行為を行わないのに、それらしく見繕うことを表す際の表現。「(現在)～するふりをする」、「(過去)～したふりをする」。

- 끝까지 모르는 척하세요.　　　　最後まで知らないふりをして下さい。
- 누워서 아픈 척하세요.　　　　　横になって具合が悪いふりをして下さい。

▶ 同意表現 「連体形＋체하다」。끝까지 모르는 체하세요.

350　連体形＋탓에
～するせいで

品詞	パッチム	基本形	現在	過去	未来	接続表現
動詞	無し	가다	가는	간	----	
	ㄹ	울다	우는	운	----	

存在詞	有り	먹다	먹는	먹은	----	탓에
	有り	있다	있는	----	----	
形容詞	無し	크다	큰	----	----	
	有り	작다	작은	----	----	
指定詞	無し	이다	인	----	----	

● 前述文の内容が後述文の否定的な現象を引き起こした原因や理由であることを表す際の表現。「(現在)〜するせいで」、「(過去)〜したせいで」。

- 성격이 나쁜 **탓에** 친구가 없어.　　性格が悪いせいで友達がいない。
- 인기가 없는 **탓에** 목이 잘렸어.　　人気がないせいでクビになった。

351　連体形＋통에
～したせいで

品詞	パッチム	基本形	現在	過去	未来	接続表現
動詞	無し	가다	가는	간	----	통에
	ㄹ	울다	우는	운	----	
	有り	먹다	먹는	먹은	----	

● 前述文の内容が後述文の否定的な現象を引き起こした原因や理由であることを表す際の表現。現在形と接続して、過去の意味で訳す場合が多い。「(現在)〜するせいで」、「(過去)〜したせいで」。

- 너가 떠드는 **통에** 못 알아들었잖아.
　　　　　　　　　　君が騒々しくしたせいで聞き取れなかったじゃない。
- 하루종일 운 **통에** 눈이 부었다.　　一日中、泣いたせいで目が腫れた。

▶ 類似表現　「連体形＋바람에」➡ 337 参照。

352 連体形＋편이다
～するほうだ

品詞	パッチム	基本形	現在	過去	未来	接続表現
動詞	無し	가다	가는	간	-----	편이다
動詞	ㄹ	울다	우는	운	-----	편이다
動詞	有り	먹다	먹는	먹은	-----	편이다
存在詞	有り	있다	있는	-----	-----	편이다
形容詞	無し	크다	큰	-----	-----	편이다
形容詞	有り	작다	작은	-----	-----	편이다
指定詞	無し	이다	인	-----	-----	편이다

● ある事実を断定的に話すよりは大体どちらに近いかを表す際の表現。明白な状況や事実には使用しない。「(現在)(いつも)～するほうだ」、「(過去)(よく)～したほうだ」。

- 김치를 잘 안 먹는 **편이에요**.　　　キムチをあまり食べないほうです。
- 일본은 물가가 비싼 **편이에요**.　　　日本は物価が高いほうです。

353 連体形＋한
～する限り

品詞	パッチム	基本形	現在	過去	未来	接続表現
動詞	無し	가다	가는	-----	-----	한
動詞	ㄹ	울다	우는	-----	-----	한
動詞	有り	먹다	먹는	-----	-----	한
存在詞	有り	있다	있는	-----	-----	한
指定詞	無し	이다	인	-----	-----	한

● 後述文の行為や状態について前提や条件になることを表す表現。「～する

限り」、「〜する範囲では」。

- 내가 아는 한 사실이 아니야.　　私が知っている限り、事実ではない。
- 네가 가지 않는 한 아무도 안 가.　君が行かない限り、誰も行かない。

354　連体形＋한이 있어도
〜することがあっても

品詞	パッチム	基本形	現在	過去	未来	接続表現
動詞	無し	가다	가는	-----	-----	한이 있어도
	ㄹ	울다	우는	-----	-----	
	有り	먹다	먹는	-----	-----	
存在詞	有り	있다	있는	-----	-----	

後述文の行為により前に来る状況が犠牲になる極端な状況であることを表す表現。「(最悪)〜することがあるとしても」、「〜することが起きても」。

- 죽는 한이 있어도 말할 수 없어.　　死ぬことがあっても言えない。
- 쫓겨 나는 한이 있어도 결혼할 거야.
　　　　　　　　　　追い出されることがあるとしても結婚する。

▶ **同意表現**　「**連体形＋일이 있어도**」。죽는 **일이 있어도** 말할 수 없어.

355　連体形＋한편
〜しながら

品詞	パッチム	基本形	現在	過去	未来	接続表現
動詞	無し	가다	가는	-----	-----	
	ㄹ	울다	우는	-----	-----	
	有り	먹다	먹는	-----	-----	한편

存在詞	有り	있다	있는	----	----
指定詞	無し	이다	인	----	----

● 特定の行為を行いながら、同時にもう一方でも別の行為を行う際の表現。「～しながら」。

- 저금을 하는 **한편** 주식도 해요. 　　貯金をする一方で、株もやります。
- 일식을 먹는 **한편** 한식도 먹어. 　　和食も食べるし、韓国料理も食べる。

▶ 類似表現 「-(으)면서 ❶」 ➡ 197 参照。

SUPER HANGUL HANDBOOK

7
時制接続形

一般的に「時制」(現在形・過去形・未来形)と
言われる文法に特定の表現を接続するタイプ

時制接続形の特長説明

【時制接続形】とは、一般的に「時制」(現在形・過去形・未来形)と言われる文法に特定の表現を接続するタイプです。時制の作り方は下記の通りです。

接続例

品詞	パッチム	基本形	現在	過去	未来	接続表現
動詞	無し	가다	간	갔	가겠	다
	ㄹ	울다	운	울었	울겠	
	有り	먹다	먹는	먹었	먹겠	
形容詞	無し	크다	크	컸	크겠	
	有り	작다	작	작았	작겠	
存在詞	有り	있다	있	있었	있겠	
指定詞	無し	이다	이	이었	이겠	

- 動詞の場合、「現在形」の作り方は基本形の語尾である「-다」の手前の文字に「パッチム」がない場合は「-ㄴ다」を、「パッチム」がある場合は「-는다」となります。一方、動詞を除く形容詞や存在詞などの現在形は「基本形」＝「現在形」となります。

- 各品詞の「過去形」の作り方は、基本形の「-다」の手前の文字の母音が「ㅏ・ㅗ・ㅑ」のような「陽性母音」ならば「-았다」、母音が「ㅓ・ㅜ・ㅡ・ㅣ」などの「陰性母音」の場合は「-었다」となります。そして「하다」単語の場合は「하였다＝했다」となります。なお、「過去形」の場合は母音と縮約や短縮現象[➡ p.188参照。]が起きますのでご注意下さい。

- 各品詞の「未来形」は基本形の語尾である「-다」の前に「-겠」を入れて下さい。意思を表したり、ある出来事への単純な推測を表す「未来形」、「推測形」となります。

356 時制＋다
〜だ・〜だった・〜であろう

品詞	パッチム	基本形	現在	過去	未来	接続表現
動詞	無し	가다	간	갔	가겠	
	ㄹ	울다	운	울었	울겠	
	有り	먹다	먹는	먹었	먹겠	
形容詞	無し	크다	크	컸	크겠	다
	有り	작다	작	작았	작겠	
存在詞	有り	있다	있	있었	있겠	
指定詞	無し	이다	이	이었	이겠	

● 現在や過去、未来の事実や状況を表すか、推測する際の終結語尾。主に新聞や日記、随筆などの文語体で用いる。「〜である」、「〜だった」、「〜するつもりだ」、「〜だろう」。

- 매일 회사에 간다.　　　　　　　　　毎日、会社へ行く。
- 어제도 회사에 갔다.　　　　　　　　昨日も会社へ行った。

357 時制＋다거나
〜とか〜とか

品詞	パッチム	基本形	現在	過去	未来	接続表現
動詞	無し	가다	간	갔	가겠	
	ㄹ	울다	운	울었	울겠	
	有り	먹다	먹는	먹었	먹겠	
形容詞	無し	크다	크	컸	크겠	다거나
	有り	작다	작	작았	작겠	
存在詞	有り	있다	있	있었	있겠	
指定詞	無し	이다	ㅇ	이었	이겠	

○ 指定詞の現在形は「-(이)라거나・아니라거나」。

① いろいろな行為を並べて提示しながら説明する際の連結語尾。「(〜する)とか(〜する)とか」、「〜であるとか」。

- 많**다거나** 크다고 불평하지 마.　　多いとか大きいとか文句は言うなよ。
- 아프**다거나** 바빠서 쉰 적은 없어.
　　　　　　　　　　具合が悪いとか忙しくて休んだことはない。

② 対立する二つ以上の事実のなかの一つを選択することを表す際の表現。「(〜する)とか(〜しない)とか」、「〜だとか(でなければ)〜だとか」。

- 많**다거나** 적**다거나** 설명을 해 줘.　　多いとか少ないとか説明をしてくれ。
- 쉰**다거나** 안 쉰**다거나** 전화는 해.　　休むとか休まないとか電話はして。

358　時制＋다거든
〜だと言うならば・〜なんだって

品詞	パッチム	基本形	現在	過去	未来	接続表現
動詞	無し	가다	간	갔	가겠	다거든
	ㄹ	울다	운	울었	울겠	
	有り	먹다	먹는	먹었	먹겠	
形容詞	無し	크다	크	컸	크겠	
	有り	작다	작	작았	작겠	
存在詞	有り	있다	있	있었	있겠	
指定詞	無し	이다	○	이었	이겠	

○ 指定詞の現在形は「-(이)라거든・아니라거든」。

① 他人の話を聞いて、そういう状況であれば次の行為を行うという意味を表す表現。「〜だと言うならば」、「〜したいと言うんだったら」。

- 유학을 가겠**다거든** 보내자.　　留学をすると言うなら行かせよう。
- 돈이 없**다거든** 네가 빌려 줘.　　お金がないと言われたら君が貸してよ。

▶ 拡張表現 「時制+다고 하거든」。

▶ 同意表現 「時制+다거들랑」。유학을 가겠다거들랑 보내자.

❷ 質問に答える際や他人から聞いた話を伝えながら、それが理由であることを表す際の表現。「〜だと言うからね」。

- 안 믿지. 소문에 사기꾼**이라거든**. 信じない。噂で詐欺師だと言うから。
- 옷을 다 버리**겠다거든**. 이상해. 服を全部捨てると言うからね。おかしい。

▶ 丁寧表現 「時制+다거든요」。

359 時制+다고
~だからって・~するために・~だってば

品詞	パッチム	基本形	現在	過去	未来	接続表現
動詞	無し	가다	간	갔	가겠	다고
	ㄹ	울다	운	울었	울겠	
	有り	먹다	먹는	먹었	먹겠	
形容詞	無し	크다	크	컸	크겠	
	有り	작다	작	작았	작겠	
存在詞	有り	있다	있	있었	있겠	
指定詞	無し	이다	○	이었	이겠	

○ ❷の用法を除いて、指定詞の現在形は「-(이)라고・아니라고」。

❶ ある行為や状況の理由、原因を表す連結語尾。「〜するからとしても」、「〜なので」、「〜だからと言っても」。

- 운**다고** 용서할 줄 알아? 泣くからって許すと思ってるのか?
- 예쁘**다고** 봐 주면 안돼. 可愛いからって甘やかしてはいけない。

▶ 拡張表現 「時制+다고 해서」。

❷ 主に動詞と接続し、ある行為の目的や意図を表す連結語尾。「〜だと(言っ

て)」、「〜するために」、「〜すると(言いながら)」。

- 책을 읽**겠다고** 도서관으로 갔어.　　本を読むと言って図書館へ行ったよ。
- 독립하**겠다고** 가출을 했대.　　独立すると言って家出をしたんだって。

▶ 類似表現 「時制＋다며 ❷」 ➡ 378 参照。

❸ 主に諺や慣用句とともに、ある状況を提示する際に用いる連結語尾。「〜だと(言うでしょう)」、「〜だと(言うんだから)」。

- 칠전팔기**라고** 힘 내라.　　「七転び八起き」と言うから頑張ってね。
- 돌다리도 두드려 보고 건넌**다고** 조심해.
　　「石橋も叩いて渡る」と言うんだから気をつけて。

❹ 言葉を繰り返し用いて、自分の考えを強調する際の終結語尾。「〜だと(言うんだよ)」、「〜だってば」。

- 내가 아니야. 진짜 아니**라고**.　　私じゃないよ。本当に違うってば。
- 사랑했어. 정말 사랑**했다고**.　　愛してたよ。本当に愛してたってば。

❺ 他人の言葉を確認するか、問い詰めて尋ねる際の終結語尾。「〜だと(言ったの?)」、「〜なの?」。

- 뭐**라고**? 내일도 쉬**겠다고**?　　何だと? 明日も休むと言うの?
- 아직도 눈이 온**다고**?　　まだ雪が降っていると?

❻ 周知している事実や他人の言葉が自分の考えや事実と異なって否定をする際の終結語尾。「〜だと?(違うな)」、「〜だなんて(違うと思うよ)」。

- 노래를 잘하긴 뭘 잘한**다고**.　　歌が上手だなんて、違うと思うよ。
- 예쁘기는 어디가 예쁘**다고** 그래.　　綺麗ってどこが綺麗だよ?

❼ 主に「얼마나」とともに用いて、他人に自慢するように話す際や状況を強調する際の終結語尾。「(とても)〜だよ」、「(本当に)〜だってば」。

- 내가 얼마나 너를 기다**렸다고**.　　私がどんなに君を待っていたことか。
- 무리야. 그게 얼마나 비싸**다고**.　　無理だよ。それは高すぎるよ。

❽ 話し手が一人で心配していたことが事実と異なり、ホッとしている状況や自分の推測が間違っていることを表す終結語尾。「(私は)〜だと思ったよ」。

- 다행이다. 난 또 사고 **났**다고.　　良かった。私はまた事故かと思ったよ。
- 농담이지? 난 또 정말이라고.　　冗談でしょう? 私はまた本当かと思った。

▶ **関連表現**「-(으)라고 ❺」 ➡ **143** 参照、「-자고 ❹」 ➡ **112** 参照。

❾ 他人から聞いた内容を間接的に伝えるか、話の主語の考えや意見を表す際の表現。「〜だと(言う)」、「〜だそうだ」。

- 어제도 눈이 **왔**다고 해요.　　　　昨日も雪が降ったそうです。
- 내일도 눈이 오**겠**다고 했어요.　　明日も雪が降ると言ってました。

▶ ❹❺❻❼❽ **丁寧表現**「時制＋다고요」。

360　時制＋다기에
〜だと言うので

品詞	パッチム	基本形	現在	過去	未来	接続表現
動詞	無し	가다	간	갔	가겠	
	ㄹ	울다	운	울었	울겠	
	有り	먹다	먹는	먹었	먹겠	
形容詞	無し	크다	크	컸	크겠	다기에
	有り	작다	작	작았	작겠	
存在詞	有り	있다	있	있었	있겠	
指定詞	無し	이다	❍	이었	이겠	

❍ 指定詞の現在形は「-(이)라기에・아니라기에」。

❶ 他人から聞いた事実が後述文の行為を行う理由や根拠であることを表す表現。「〜だと言うので」、「〜だと言われたから」。

- 여행을 떠난**다기에** 허락했어요.　　旅行に行くと言うので許可しました。

- 문제가 없**다기에** 안심했어요.　　　問題ないと言うので安心しました。
- ▶ 拡張表現 「時制＋**다고 하기에**」。

361　時制＋다네
～なんだよ・～なんだって

品詞	パッチム	基本形	現在	過去	未来	接続表現
動詞	無し	가다	간	갔	가겠	다네
	ㄹ	울다	운	울었	울겠	
	有り	먹다	먹는	먹었	먹겠	
形容詞	無し	크다	크	컸	크겠	
	有り	작다	작	작았	작겠	
存在詞	有り	있다	있	있었	있겠	
指定詞	無し	이다	○	이었	이겠	

○ 指定詞の現在形は「-(이)라네・아니라네」。

① 話し手が知っている事実を、親しみをもって相手に知らせる際に用いる終結語尾。「～なんだよ」、「～だよ」。

- 우리 딸이 결혼식을 올린**다네**.　　　うちの娘が結婚式を挙げるんだよ。
- 나보다 훨씬 키가 크**다네**.　　　私よりずっと背が高いんだよ。

② 他人から聞いて知っている話の内容を相手に知らせる際の表現。間接話法に「-네」の語尾をつけた表現。「～なんだってよ」。

- 소문에 선생님이 결혼한**다네**.　　　噂では先生が結婚するんだってよ。
- 내일도 눈이 오겠**다네**.　　　明日も雪が降るんだってよ。

▶ 拡張表現 「時制＋**다고 하네**」。
▶ 丁寧表現 「時制＋**다네요**」。

362 時制 + 다는
~だという

品詞	パッチム	基本形	現在	過去	未来	接続表現
動　詞	無し	가다	간	갔	가겠	다는
	ㄹ	울다	운	울었	울겠	
	有り	먹다	먹는	먹었	먹겠	
形容詞	無し	크다	크	컸	크겠	
	有り	작다	작	작았	작겠	
存在詞	有り	있다	있	있었	있겠	
指定詞	無し	이다	○	이었	이겠	

◯ 指定詞の現在形は「-(이)라는・아니라는」。

聞いた話の内容などを伝えながら後述文を修飾する表現。「~だという~」。

- 자금이 부족하**다는** 소문이 있어.　　資金が不足しているという噂がある。
- 잘 지낸**다는** 연락이 왔어.　　元気に過ごしているという連絡が届いた。

▶ 短縮表現 「時制 + 단」。
▶ 拡張表現 「時制 + 다고 하는」。

363 時制 + 다는구나
~なんだってよ

品詞	パッチム	基本形	現在	過去	未来	接続表現
動　詞	無し	가다	간	갔	가겠	다는구나
	ㄹ	울다	운	울었	울겠	
	有り	먹다	먹는	먹었	먹겠	
形容詞	無し	크다	크	컸	크겠	
	有り	작다	작	작았	작겠	
存在詞	有り	있다	있	있었	있겠	

| 指定詞 | 無し | 이다 | 이 | 이었 | 이겠 |

○ 指定詞の現在形は「-(이)라는구나・아니라는구나」。

● 他人から聞いて知り得た事実を感嘆の気持ちを込めて相手に伝える際の表現。丁寧表現は存在しない。「~だと言っていたよ」、「~だという話だよ」。

- 이젠 걱정이 없**다는구나**.　　　もう心配ないと言っていたよ。
- 도쿄보다 더 춥**다는구나**.　　　東京よりもっと寒いと言ってたよ。

▶ 短縮表現 「時制+**다는군**」。

364　時制+다는데
～だと言うけど・～だと言うんだよな

品詞	パッチム	基本形	現在	過去	未来	接続表現
動詞	無し	가다	간	갔	가겠	
	ㄹ	울다	운	울었	울겠	
	有り	먹다	먹는	먹었	먹겠	
形容詞	無し	크다	크	컸	크겠	다는데
	有り	작다	작	작았	작겠	
存在詞	有り	있다	있	있었	있겠	
指定詞	無し	이다	이	이었	이겠	

○ 指定詞の現在形は「-(이)라는데・아니라는데」。

① 聞いた内容を伝えるか、有名な言葉を引用しながら自分の考えを表したり質問をする際の表現。「~だというから」、「~だという話だけど」。

- 다 먹겠**다는데** 어떡하지?　　　全部食べたいというんだけど、どうしよう？
- 금강산도 식후경이**라는데** 먹고 보자.　花より団子というから先に食べよう。

② 話し手が聞いた話を、余韻を残しつつ相手に伝える際の終結語尾。「~なんだってよ」、「~だと言っていたんだけどね」。

- 내가 아니라 형을 좋아한**다는**데.
  私ではなく兄のことが好きだと言ってたよ。
- 올해는 취직이 어렵**겠다는**데.　　今年は就職が難しいというんだけどね。
- ▶ 丁寧表現 「時制＋다는데요」。

▶ ❶ ❷ 拡張表現 「時制＋다고 하는데」。

365　時制＋다니
〜なの？・〜だって？・〜だとは〜だ

品詞	パッチム	基本形	現在	過去	未来	接続表現
動詞	無し	가다	간	갔	가겠	다니
	ㄹ	울다	운	울었	울겠	
	有り	먹다	먹는	먹었	먹겠	
形容詞	無し	크다	크	컸	크겠	
	有り	작다	작	작았	작겠	
存在詞	有り	있다	있	있었	있겠	
指定詞	無し	이다	◐	이었	이겠	

◐ 指定詞の現在形は「-(이)라니・아니라니」。

❶ 友人関係や目下の人に対して、既に聞いている事実や知っている事実に疑問や不満をもって質問する際の終結語尾。「(本当に)〜かい？」、「(どうして)〜なの？(理解できないね)」。

- 왜 하필이면 오늘 온**다니**?　　どうしてよりによって今日来るの？
- 진짜 그걸 혼자서 다 먹**었다니**?　本当にそれを一人で全部食べたかい？

❷ 他人が相手に言った言葉を、話し手が尋ねる際の表現。「〜だって？」、「〜と言っていた？」。

- 왜 검은 양복을 입었**다니**?　　どうして黒のスーツを着たって？
- 아침 몇 시에 출발한**다니**?　　朝、何時に出発すると言ってた？

▶ 類似表現 「時制＋대 ❷」 ➡ 388 参照。

❸ 他人に聞いたことを判断の根拠にすることを表す表現。「~するだなんて~」、「~だとは~(だね)」。終結語尾として使うと「~だなんて」の感嘆する意味で訳す。

- 성적이 이렇게 나쁘**다니** 아이구.　　　成績がこんなに悪いとは、あぁ。
- 벌써 중학생이**라니**.　　　　　　　　もう中学生だとはね。

366　時制＋다니까
~するってば・~と言ったら

品詞	パッチム	基本形	現在	過去	未来	接続表現
動　詞	無し	가다	간	갔	가겠	
	ㄹ	울다	운	울었	울겠	
	有り	먹다	먹는	먹었	먹겠	다니까
形容詞	無し	크다	크	컸	크겠	
	有り	작다	작	작았	작겠	
存在詞	有り	있다	있	있었	있겠	
指定詞	無し	이다	◐	이었	이겠	

◐ 指定詞の現在形は「-(이)라니까・아니라니까」。

❶ 相手の質問や要求、提案に対して、話し手が自分の立場や意見を再度強調する際の終結語尾。「(本当に)~ってば」。

- 오늘은 내가 저녁을 만든**다니까**.　　今日は私が夕食を作るってば。
- 내 머리가 진짜 좋**다니까**.　　　　私の頭は本当にいいってば。

▶ 丁寧表現 「時制＋다니까요」。

❷ 自分や他人の言葉を理由や根拠として引用することを表す表現。「~と言ったら」、「~と言われて」、「~だと言うから」。

- 반지는 비싸**다니까** 구두 사자.　　指輪は高いというから靴を買おう。
- 지금 안 된**다니까** 내일 가자.　　今は駄目だというんだから明日行こう。

▶ 拡張表現 「時制＋**다고 하니까**」。

▶ ❶❷ 強調表現 「時制＋**다니까는**」(短縮形：「時制＋**다니깐**」)。

367　時制＋다더군
〜と言っていたね

品詞	パッチム	基本形	現在	過去	未来	接続表現
動詞	無し	가다	간	갔	가겠	다더군
	ㄹ	울다	운	울었	울겠	
	有り	먹다	먹는	먹었	먹겠	
形容詞	無し	크다	크	컸	크겠	
	有り	작다	작	작았	작겠	
存在詞	有り	있다	있	있었	있겠	
指定詞	無し	이다	○	이었	이겠	

○ 指定詞の現在形は「−**(이)라더군・아니라더군**」。

● 話し手が知り得た事実を相手に伝える際の表現。若者や子供はあまり使わず、主に年配者や男性の間で用いる。「(誰々が)〜だと言っていたよ」、「〜だって」。

- 내일 축구 시합이 있**다더군**.　　明日サッカーの試合があると言ってたよ。
- 일본 음식은 맛이 싱겁**다더군**.　　日本の食べ物は味が薄いんだって。

▶ 丁寧表現 「時制＋**다더군요**」。

368 時制＋다더냐
~だと言った？・~だと言っていた？

品詞	パッチム	基本形	現在	過去	未来	接続表現
動詞	無し	가다	간	갔	가겠	
	ㄹ	울다	운	울었	울겠	
	有り	먹다	먹는	먹었	먹겠	
形容詞	無し	크다	크	컸	크겠	다더냐
	有り	작다	작	작았	작겠	
存在詞	有り	있다	있	있었	있겠	
指定詞	無し	이다	○	이었	이겠	

● 指定詞の現在形は「−(이)라더냐・아니라더냐」。

① 話し手の考えを強く主張するために、反問するように話す際の終結語尾。「(私が)~だと言った？」、「~とは言っていない」。

- 언제 너랑 같이 간**다더냐**? 　　　　君と一緒に行くと言ってないよ。
- 내가 언제 아프**다더냐**? 　　　　私は痛いとは言っていないよ。

② 相手が経験して知り得た過去の事実を話し手が尋ねる表現。聞き手の方が主語になることはできない。「~だと言っていた？」、「~なんだって？」。

- 왜 그렇게 바빴**다더냐**? 　　　　どうしてそんなに忙しかったって？
- 이유가 뭐**라더냐**? 　　　　理由は何だって？

▶ ① ② 拡張表現 「時制＋다고 하더냐」。

369 時制+다더니
~だと言っていたけど・~はその通りだね

品詞	パッチム	基本形	現在	過去	未来	接続表現
動詞	無し	가다	간	갔	가겠	
	ㄹ	울다	운	울었	울겠	
	有り	먹다	먹는	먹었	먹겠	다더니
形容詞	無し	크다	크	컸	크겠	
	有り	작다	작	작았	작겠	
存在詞	有り	있다	있	있었	있겠	
指定詞	無し	이다	◐	이었	이겠	

◐ 指定詞の現在形は「-(이)라더니・아니라더니」。

❶ 話し手が聞いていたある事実を確認しながら、それと関連した内容や反対の状況を話す際の表現。話し手自身が主語になることはできない。「~と言ってたけど」。

- 내일 가겠**다더니** 벌써 가? 明日、行くと言ってたけど、もう帰るの?
- 없**다더니** 많이 있네. ないと言ってたけど、たくさんあるじゃない。

❷ 諺や格言のようによく知られた表現を例に用いながら、それが正しいことを表す際の表現。「(~という表現)その通りだね」、「~だと言うんだけど(本当に~)」。

- 산 넘어 산이**라더니** 정말이네. 山越えまた山と言うけど、本当だね。
- 사람 운명은 아무도 모른**다더니**. 人の運命は誰も知らないと言うけどね。

▶ 類似表現 「時制+다고 ❸」 ➡ 359 参照。

▶ ❶❷ 拡張表現 「時制+다고 하더니」。

370 時制＋다더라
～なんだって・～と言っていたっけ？

品詞	パッチム	基本形	現在	過去	未来	接続表現
動詞	無し	가다	간	갔	가겠	다더라
	ㄹ	울다	운	울었	울겠	
	有り	먹다	먹는	먹었	먹겠	
形容詞	無し	크다	크	컸	크겠	
	有り	작다	작	작았	작겠	
存在詞	有り	있다	있	있었	있겠	
指定詞	無し	이다	●	이었	이겠	

● 指定詞の現在形は「-(이)라더라・아니라더라」。

❶ 聞いた言葉や事実を他の人に再び伝える際の表現。「～と言っていたよ」、「～だそうだよ」、「～なんだって」。

- 결국 그 남자하고 헤어진**다더라**.　　結局、彼と別れるんだって。
- 새 집이 상당히 넓**다더라**.　　新しい家が相当広いんだって。

▶ 類似表現 「時制＋다던데 ❷」 ➡ 373 参照。

❷ 聞いた話や事実が確実ではない場合や、よく思い出せない時、それを思い出そうとする際の表現。疑問詞と接続して独り言のように用いる。「～だと言ってたっけ？」。

- 몇 시에 온**다더라**?　　何時に来ると言ったっけ？
- 이름이 뭐**라더라**?　　名前は何と言ってたっけ？

▶ ❶ ❷ 拡張表現 「時制＋다고 하더라」。

371 時制＋다던
~だと言っていた？・~だと言っていた~

品詞	パッチム	基本形	現在	過去	未来	接続表現
動詞	無し	가다	간	갔	가겠	다던
	ㄹ	울다	운	울었	울겠	
	有り	먹다	먹는	먹었	먹겠	
形容詞	無し	크다	크	컸	크겠	
	有り	작다	작	작았	작겠	
存在詞	有り	있다	있	있었	있겠	
指定詞	無し	이다	◯	이었	이겠	

◯ 指定詞の現在形は「-(이)라던・아니라던」。

❶ おそらく聞き手が知っているであろうと思う事柄について尋ねる際の表現。「(誰々は)~と言っていた？」、「~なんだって？」。

- 왜 공부를 안 한**다던**？　　　　どうして勉強しないって？
- 왜 그렇게 기분이 나**빴다던**？　どうしてそんなに機嫌が悪かったって？

▶ 類似表現 「時制＋다디 ❶」→ 376 参照。

❷ 修辞疑問文として用いて前述文を強く否定、反発、あるいは疑問視する際の表現。「~とは言ってないからね」、「~だなんて言っていないからね」。

- 이렇게 싼 구두를 누가 신는**다던**？　こんなに安物の靴は誰も履かないよ。
- 내가 언제 여기 남**겠다던**？　　　　私はここに残るって言ってないよ。

❸ 過去に聞いた事実を回想して、後続する名詞や代名詞などの体言を修飾する表現。「~だと言っていた~」。

- 죽었**다던** 사람이 살아 있다니.　死んだと言ってた人が生きているとは。
- 사랑한**다던** 여자가 이 여자？　愛してると言っていた彼女がこの人？

▶ ❶ ❷ 「丁寧表現」はなく、自分より年上の人には使用不可。
▶ ❶ ❷ ❸ 拡張表現 「時制＋다고 하던」。

372 時制＋다던가
～だと言っていた？・～だと言っていたような

品詞	パッチム	基本形	現在	過去	未来	接続表現
動詞	無し	가다	간	갔	가겠	다던가
	ㄹ	울다	운	울었	울겠	
	有り	먹다	먹는	먹었	먹겠	
形容詞	無し	크다	크	컸	크겠	
	有り	작다	작	작았	작겠	
存在詞	有り	있다	있	있었	있겠	
指定詞	無し	이다	●	이었	이겠	

● 指定詞の現在形は「-(이)라던가・아니라던가」。

❶ おそらく聞き手が知っているであろうと思う事柄について尋ねる際の表現。「(誰々は)~と言っていた？」、「~なんだって？」。

- 시합에서 일본이 이겼**다던가**?　　　試合で日本が勝ったって？
- 빌딩은 언제 완성된**다던가**?　　　ビルはいつ完成すると言ってた？

❷ 過去の出来事を回想しながら独り言を言うように尋ねるか、思い浮かべてみる際の表現。「~と言っていたような(気がする)」、「(多分)~と言っていたよ」。

- 서울에는 내일 간**다던가**.　　ソウルへは明日、行くと言ってたと思うよ。
- 직업이 변호사**라던가**.　　　職業が弁護士だと言ってたような。

▶ ❶ ❷ 拡張表現 「時制＋다고 하던가」。

373 時制＋다던데
～だと言っていたから・～だと言っていたよ

品詞	パッチム	基本形	現在	過去	未来	接続表現
動詞	無し	가다	간	갔	가겠	다던데
	ㄹ	울다	운	울었	울겠	
	有り	먹다	먹는	먹었	먹겠	
形容詞	無し	크다	크	컸	크겠	
	有り	작다	작	작았	작겠	
存在詞	有り	있다	있	있었	있겠	
指定詞	無し	이다	○	이었	이겠	

○ 指定詞の現在形は「-(이)라던데・아니라던데」。

❶ 聞いた言葉や事実を話しながら、それを根拠にして自分の意見を述べるか質問や提案をする際の表現。「～と言っていたから(多分)」、「～と言っていたけど」。

- 오늘도 춥**다던데** 괜찮겠어?　　今日も寒いと言ってたけど大丈夫そう?
- 죽어도 안 간**다던데** 왜 그래?　死んでも行かないと言ってたけど、なぜ?

❷ 聞いた言葉や事実を余韻を残しながら相手に再び伝える際の表現。「～と言っていたよ」、「～だそうだよ」、「～なんだって」。

- 바빠서 못 갔**다던데**.　　　　　　忙しくて行けなかったそうよ。
- 어제보다 오늘이 따뜻하**다던데**.　昨日より今日が暖かいんだって。

▶ 丁寧表現 「時制＋다던데요」。
▶ 類似表現 「時制＋다더라 ❶」 ➡ 370 参照。

▶ ❶❷ 拡張表現 「時制＋다고 하던데」。

374 時制＋다데
～だと言っていたよ

品詞	パッチム	基本形	現在	過去	未来	接続表現
動詞	無し	가다	간	갔	가겠	
	ㄹ	울다	운	울었	울겠	
	有り	먹다	먹는	먹었	먹겠	
形容詞	無し	크다	크	컸	크겠	다데
	有り	작다	작	작았	작겠	
存在詞	有り	있다	있	있었	있겠	
指定詞	無し	이다	✪	이었	이겠	

✪ 指定詞の現在形は「-(이)라데・아니라데」。

聞いた言葉や事実を余韻を残しながら相手に再び伝える際の表現。「～と言っていたよ」、「～だそうだよ」、「～なんだって」。

- 신랑이 정말 성격이 좋**다데**.　　新郎の性格が本当に良いんだってよ。
- 연휴라서 표가 매진됐**다데**.　　連休だからチケットが売切れたそうよ。

▶ 丁寧表現 「時制＋다데요」。
▶ 拡張表現 「時制＋다고 하데」。
▶ 類似表現 「時制＋다더라 ❶」→ 370 参照、「時制＋다던데 ❷」→ 373 参照。

375 時制＋다든가
～するとか

品詞	パッチム	基本形	現在	過去	未来	接続表現
動詞	無し	가다	간	갔	가겠	
	ㄹ	울다	운	울었	울겠	
	有り	먹다	먹는	먹었	먹겠	

品詞	パッチム	基本形	現在	過去	未来	接続表現
形容詞	無し	크다	크	컸	크겠	다든가
	有り	작다	작	작았	작겠	
存在詞	有り	있다	있	있었	있겠	
指定詞	無し	이다	○	이었	이겠	

○ 指定詞の現在形は「-(이)라든가・아니라든가」。

「時制+든가 時制+든가」の形で、いろいろな事実のなかで一つを選択することを表す表現。誰かの希望や意向を聞きたい際に用いる。「~だとか~だとか(言って)」。

- 간다든가 안 간다든가 확실히 해.   行くとか行かないとか明確にしてよ。
- 맛이 있다든가 없다든가 말해.   美味しいとかまずいとか言ってよ。

▶ 同意表現 「時制+다든지」。간다든지 안 간다든지 확실히 해.

376 時制+다디
~だと言っていた?・~だと言ってないよ

品詞	パッチム	基本形	現在	過去	未来	接続表現
動詞	無し	가다	간	갔	가겠	다디
	ㄹ	울다	운	울었	울겠	
	有り	먹다	먹는	먹었	먹겠	
形容詞	無し	크다	크	컸	크겠	
	有り	작다	작	작았	작겠	
存在詞	有り	있다	있	있었	있겠	
指定詞	無し	이다	○	이었	이겠	

○ 指定詞の現在形は「-(이)라디・아니라디」。

おそらく聞き手が知っているであろうと思う事柄について尋ねる際の表現。「(誰々は)~と言っていた?」、「~なんだって?」。

- 이번에도 딸을 낳았다디?   今回も女の子を産んだって?

- 지금까지 뭐 하고 있었다디? 　　　　　今まで何をしていたって？

② 修辞疑問文として用いて前述文を強く否定、反発、あるいは疑問視する際の表現。「〜とは言ってないからね」、「〜だなんて言っていないからね」。

- 누가 지금 먹겠다디? 　　　　　今、食べるって言ってないわよ。
- 내가 언제 용서한다디? 　　　　　私は決して許さないからね。

▶ ❶❷「丁寧表現」はなく、自分より年上の人には使用不可。
▶ ❶❷ 類似表現 「時制＋다던 ❶❷」→ 371 参照。

377　時制＋다만
～するけど

品詞	パッチム	基本形	現在	過去	未来	接続表現
動詞	無し	가다	간	갔	가겠	다만
	ㄹ	울다	운	울었	울겠	
	有り	먹다	먹는	먹었	먹겠	
形容詞	無し	크다	크	컸	크겠	
	有り	작다	작	작았	작겠	
存在詞	有り	있다	있	있었	있겠	
指定詞	無し	이다	이	이었	이겠	

ある事実や内容を認めながらも、それに反する内容をつけ加える際の連結語尾。「〜するものの」、「〜するが(しかし)」。

- 가기는 간다만 진짜 가기 싫다.　行くには行くけど、本当に行きたくない。
- 맛있으면 먹겠다만 못 먹겠다.　美味しければ食べるけど、食べられない。

▶ 拡張表現 「時制＋다마는」。

378 時制＋다며
〜だって？・〜と言いながら

品詞	パッチム	基本形	現在	過去	未来	接続表現
動詞	無し	가다	간	갔	가겠	다며
	ㄹ	울다	운	울었	울겠	
	有り	먹다	먹는	먹었	먹겠	
形容詞	無し	크다	크	컸	크겠	
	有り	작다	작	작았	작겠	
存在詞	有り	있다	있	있었	있겠	
指定詞	無し	이다	○	이었	이겠	

○ 指定詞の現在形は「-(이)라며・아니라며」。

❶ 他人から聞いた話を相手に確認しながら尋ねる際の終結語尾。「〜なんだって？」。

- 이번에도 사업에 실패**했다며**?　　　今回も事業に失敗したんだって？
- 네 친구가 범인**이라며**?　　　　　あなたの友達が犯人だって？

▶ 類似表現 「時制＋다지 ❶」→ 382 参照、「時制＋다면서 ❶」→ 380 参照。

❷ あることを言いながら同時に他の行為を行う際の表現。「〜だと言いながら」、「〜と言って」。

- 혼자서 살**겠다며** 집을 나갔어.　一人で暮らすと言って家を出て行った。
- 사랑하지 않**는다며** 이혼하재.　愛していないと言いながら離婚しようって。

▶ 類似表現 「時制＋다면서 ❷」→ 380 参照。
▶ 拡張表現 「時制＋다고 하며」。

379 時制＋다면
(もし)〜ならば・〜だと言うならば

品詞	パッチム	基本形	現在	過去	未来	接続表現
動詞	無し	가다	간	갔	가겠	다면
	ㄹ	울다	운	울었	울겠	
	有り	먹다	먹는	먹었	먹겠	
形容詞	無し	크다	크	컸	크겠	
	有り	작다	작	작았	작겠	
存在詞	有り	있다	있	있었	있겠	
指定詞	無し	이다	○	이었	이겠	

○ 指定詞の現在形は「-(이)라면・아니라면」。

① ある状況を仮定して、後述文の行為や状態の条件を表す際の連結語尾。「〜だとすれば」、「〜であるならば」。

- 좋아한**다면** 고백을 하세요.   好きだったら告白をして下さい。
- 짐이 무겁**다면** 택시로 갈까?   荷物が重たいならタクシーで行こうか。

② 誰かが特定の意志を明かす場合を仮定して話す際の表現。「(もし)〜だと言うならば」、「〜する気があるならば」。

- 꼭 하겠**다면** 도와 줄게.   どうしてもやると言うなら手伝うからね。
- 운동한**다면** 신발을 사 줄게.   運動する気があるなら靴を買ってあげる。

③ 他人の話を伝え聞く前提で、そういう状況であれば次の行為を行うという意味を表す表現。「(もし)〜だと言ったら」、「(誰々に)〜だと言われたら」。

- 친구가 사전이 없**다면** 빌려 줘.
     友達が辞書を持っていないと言ったら貸してあげて。
- 돈이 많**다면** 좀 달라고 해 봐.
     お金が多いと言ったら少しくれと言ってみて。

▶ **②③** 拡張表現 「時制＋다고 하면」。

380 時制＋다면서
~だって？・~と言いながら

品詞	パッチム	基本形	現在	過去	未来	接続表現
動詞	無し	가다	간	갔	가겠	다면서
	ㄹ	울다	운	울었	울겠	
	有り	먹다	먹는	먹었	먹겠	
形容詞	無し	크다	크	컸	크겠	
	有り	작다	작	작았	작겠	
存在詞	有り	있다	있	있었	있겠	
指定詞	無し	이다	○	이었	이겠	

○ 指定詞の現在形は「-(이)라면서・아니라면서」。

❶ 人から聞いた話を相手に確認して尋ねる際の終結語尾。「~なんだって？」。

- 수석으로 합격했다면서?　　　　首席で合格したんだって？
- 노래를 정말 잘한다면서?　　　　歌が本当に上手なんだって？

▶ 類似表現 「時制＋다지 ❶」➡ 382 参照、「時制＋다며 ❶」➡ 378 参照。

❷ あることを言いながら同時に他の行為を行う際の表現。「~だと言いながら」、「~と言って」。

- 피곤하다면서 왜 안 자?　　　疲れていると言いながらどうして寝ないの？
- 바쁘다면서 먼저 갔어.　　　　忙しいと言いながら先に帰ったよ。

▶ 拡張表現 「時制＋다고 하면서」。
▶ 類似表現 「時制＋다며 ❷」➡ 378 参照。

381 時制＋다잖아
～だと言ってるでしょう(だから)・～だと言うじゃない

品詞	パッチム	基本形	現在	過去	未来	接続表現
動詞	無し	가다	간	갔	가겠	다잖아
	ㄹ	울다	운	울었	울겠	
	有り	먹다	먹는	먹었	먹겠	
形容詞	無し	크다	크	컸	크겠	
	有り	작다	작	작았	작겠	
存在詞	有り	있다	있	있었	있겠	
指定詞	無し	이다	○	이었	이겠	

○ 指定詞の現在形は「−(이)라잖아・아니라잖아」。

❶ 聞いた話を伝えながら、その理由で後述文の状態になることを表す際の表現。「(誰々が)～と言ってるでしょう(だから)」。

- 지금 없**다잖아**. 다시 오자.　　今、留守だと言うじゃない。また来よう。
- 저 가게가 싸**다잖아**. 거기서 사.　あの店が安いんだって。そこで買って。

❷ 話し手や第三者が以前言ったことを、相手が聞いていないか無視した場合、再び強調して話す際の表現。「(誰々が)～だと言ったじゃないか」、「～だと言ったでしょう」。

- 모른다고 몇 번이나 말했**다잖아**.
　　　　　　　　　知らないと何度も言ったと言ってるでしょう。
- 시끄럽**다잖아**. 조용히 해.　うるさいと言ってるじゃない。静かにして。

▶ ❶❷ 丁寧表現 「時制＋다잖아요」。
▶ ❶❷ 拡張表現 「時制＋다고 하잖아」。

382 時制+다지
～だって？・～と言っているけどね

品詞	パッチム	基本形	現在	過去	未来	接続表現
動詞	無し	가다	간	갔	가겠	다지
	ㄹ	울다	운	울었	울겠	
	有り	먹다	먹는	먹었	먹겠	
形容詞	無し	크다	크	컸	크겠	
	有り	작다	작	작았	작겠	
存在詞	有り	있다	있	있었	있겠	
指定詞	無し	이다	○	이었	이겠	

○ 指定詞の現在形は「-(이)라지・아니라지」。

① 人から聞いた話を相手に確認しながら尋ねる際の終結語尾。「～なんだって？」。

- 물가가 많이 올랐다지? 　　　　　物価がかなり上がったんだって？
- 요즘 많이 바쁘다지? 　　　　　　最近かなり忙しいんだって？

▶ 類似表現 「時制+다면서 ①」 ➡ 380 参照、「時制+다며 ①」 ➡ 378 参照。

② ある状況や状態について心配をするか、疑心の気持ちを表す際の終結語尾。「～と言っているけど(どうして？・どうやって？)」。

- 왜 일을 혼자 한다지. 　　どうして仕事を一人でやると言うんだろう。
- 많은데 왜 적다지. 　　沢山あるのに何故、少ないと言うんだろう。

▶ ❶ ❷ 丁寧表現 「時制+다지요」(短縮形：「時制+다죠」)。

383 時制＋다지만
～だといっているけど

品詞	パッチム	基本形	現在	過去	未来	接続表現
動詞	無し	가다	간	갔	가겠	다지만
	ㄹ	울다	운	울었	울겠	
	有り	먹다	먹는	먹었	먹겠	
形容詞	無し	크다	크	컸	크겠	
	有り	작다	작	작았	작겠	
存在詞	有り	있다	있	있었	있겠	
指定詞	無し	이다	❶	이었	이겠	

❶ 指定詞の現在形は「−(이)라지만・아니라지만」。

すでに知っているか、事実を認めるものの後述文の状況とはかなり異なることを表す表現。「～といっているけど」、「～とはいうものの」。

- 반성을 **했다지만** 믿을 수 없어.　　反省をしたというけど信じられないね。
- 예의를 모른**다지만** 그건 너무해.　礼儀を知らずといってもそれはひどいよ。

▶ 拡張表現 「時制＋다고 하지만」。

384 時制＋단다
～なんだよ・～だよ・～だって

品詞	パッチム	基本形	現在	過去	未来	接続表現
動詞	無し	가다	간	갔	가겠	단다
	ㄹ	울다	운	울었	울겠	
	有り	먹다	먹는	먹었	먹겠	
形容詞	無し	크다	크	컸	크겠	
	有り	작다	작	작았	작겠	
存在詞	有り	있다	있	있었	있겠	

| 指定詞 | 無し | 이다 | ㅇ | 이었 | 이겠 |

○ 指定詞の現在形は「−(이)란다・아니란다」。

1 話し手が既に周知しているか、聞いた事実を客観化して伝える際の終結語尾。親近感や自慢する気持ちを表す。「〜なんだよ」、「〜だよ」。

- 걱정 마. 엄마는 잘 있**단다**.　　心配しないで。母は元気にしているよ。
- 나도 옛날엔 인기가 있**었단다**.　　私も昔は人気があったんだよ。

2 人から聞いた話を引用して伝える際の表現。間接話法による伝言の表現。「〜だそうだ」、「〜するそうだ」。

- 혼자서 서울에 간**단다**.　　一人でソウルへ行くんだって。
- 두 사람은 친척 관계**란다**.　　二人は親戚関係なんだって。

▶ 類似表現 「時制＋대 **1**」➡ 388 参照。

▶ **1 2** 丁寧表現 「時制＋답니다」。

385　時制＋담
〜するかな?

品詞	パッチム	基本形	現在	過去	未来	接続表現
動詞	無し	가다	간	갔	가겠	
	ㄹ	울다	운	울었	울겠	
	有り	먹다	먹는	먹었	먹겠	
形容詞	無し	크다	크	컸	크겠	담
	有り	작다	작	작았	작겠	
存在詞	有り	있다	있	있었	있겠	
指定詞	無し	이다	ㅇ	이었	이겠	

○ 指定詞の現在形は「−(이)람・아니람」。

話し手が前の内容を納得できないか、気に入らないという気持ちを伝える際

の終結語尾。基本的に疑問詞とともに用いる「(疑問詞)〜なのかな?」、「〜するのは無理(嫌・困難)だよ」。

- 도대체 어디에 갔담? 　　　　　一体どこへ行ったのかな?
- 회사도 망했고 어떻게 한담? 　会社も潰れたし、これからどうしよう。

386 時制+답니까
～だと言っていましたか・～ですって?

品詞	パッチム	基本形	現在	過去	未来	接続表現
動詞	無し	가다	간	갔	가겠	답니까
	ㄹ	울다	운	울었	울겠	
	有り	먹다	먹는	먹었	먹겠	
形容詞	無し	크다	크	컸	크겠	
	有り	작다	작	작았	작겠	
存在詞	有り	있다	있	있었	있겠	
指定詞	無し	이다	◐	이었	이겠	

◐ 指定詞の現在形は「-(이)랍니까・아니랍니까」。

❶ 修辞疑問文として用いて、前述文を強く否定、あるいは疑問視する際の表現。「〜とは言っていませんからね」、「〜だなんて言っていませんからね」。

- 그런 거짓말에 누가 속는답니까? 　そんなウソに誰も騙されませんよ。
- 누가 그런 사람을 믿는답니까? 　　誰もそんな人を信じないと思います。

❷ 相手がすでに知っている事実を確認しながら尋ねる際の表現。「〜と言っていましたか」、「〜だそうですか」。

- 몇 시쯤 도착하신답니까? 　　　何時に到着されるそうですか。
- 작답니까? 크답니까? 　　　　　小さいそうですか。大きいそうですか。

▶ ❶❷ 肯定表現 「時制+답니다」。

387 時制＋답시고
～すると言いながら・～しようとした(けど)

品詞	パッチム	基本形	現在	過去	未来	接続表現
動詞	無し	가다	간	갔	가겠	답시고
	ㄹ	울다	운	울었	울겠	
	有り	먹다	먹는	먹었	먹겠	
形容詞	無し	크다	크	컸	크겠	
	有り	작다	작	작았	작겠	
存在詞	有り	있다	있	있었	있겠	
指定詞	無し	이다	○	이었	이겠	

○ 指定詞の現在形は「-(이)랍시고・아니랍시고」。

① 他人の行為や状態の根拠を見下すか、気に入らない気持ちを表す際の連結語尾。相手を見下したり皮肉る際に用いる。「(ちょっと)～するからって」、「(ちょっと)～だからって」。

- 나이 좀 많**답시고** 나한테 하래.　　歳が上だからといって私にしろってよ。
- 부자**랍시고** 자기가 사겠대.　　金持ちだから自分がご馳走するって。

② 話し手が主語となって、自分の行為を謙遜して話す際の連結語尾。主に動詞と接続する。「(私なりに)～するつもりで～した(けど・ので)」。

- 돕는**답시고** 도왔는데요.　　精一杯、手伝ったつもりでしたが。
- 열심히 살겠**답시고** 고생을 많이 했어.
　　(それなりに)頑張って生きようとして大変苦労をしたよ。

▶ **類似表現**「時制＋다고 ②」➡ 359 参照。

388 時制＋대
～だって・～だそうだ・～だって？

品詞	パッチム	基本形	現在	過去	未来	接続表現
動詞	無し	가다	간	갔	가겠	대
	ㄹ	울다	운	울었	울겠	
	有り	먹다	먹는	먹었	먹겠	
形容詞	無し	크다	크	컸	크겠	
	有り	작다	작	작았	작겠	
存在詞	有り	있다	있	있었	있겠	
指定詞	無し	이다	◯	이었	이겠	

◯ 指定詞の現在形は「‐(이)래・아니래」。

① 既に知っているか聞いた事実を伝える際の終結語尾。あるいは、他人から聞いた話を引用して伝える際の表現。「～だって」、「～だそうだ」。

- 이유가 무엇인지 잘 모르**겠대**.　　理由が何なのかよく分からないって。
- 알아 보니까 깡패 출신이**래**.　　調べてみたらヤクザ上がりだってよ。

② 既に知っているか聞いた事実を質問する際の表現。あるいは、他人から聞いた話を再確認する際の表現。「～だって？」、「～と言っていた？」。

- 왜 소주는 안 마신**대**?　　どうして焼酎は飲まないって？
- 왜 그렇게 바쁘**대**?　　どうしてあんなに忙しいんだって？

③ 修辞疑問文として用いて前述文を強く否定、あるいは疑問視する際の表現。「～と言っていた？」、「～だなんて(どうして？・まさか)」。

- 너를 누가 싫어한**대**?　　君のことを嫌う人なんていないよ。
- 누가 너보고 나쁜 사람이**래**?　　誰が君に悪い人と言っていた？

▶ **❶❷❸** 丁寧表現 「時制＋대요」。

389 時制＋대도
~だと言っても

品詞	パッチム	基本形	現在	過去	未来	接続表現
動　詞	無し	가다	간	갔	가겠	대도
	ㄹ	울다	운	울었	울겠	
	有り	먹다	먹는	먹었	먹겠	
形容詞	無し	크다	크	컸	크겠	
	有り	작다	작	작았	작겠	
存在詞	有り	있다	있	있었	있겠	
指定詞	無し	이다	◐	이었	이겠	

◐ 指定詞の現在形は「-(이)래도・아니래도」。

ある状況を仮定して実際の状況を提示するが、それとは逆の結果となることを表す表現。「~すると言われても」、「~であったも」、「~だと言っても」。

- 내가 먹**겠대도** 안 주더라.　　私が食べると言っても、くれなかったよ。
- 아무리 어렵**대도** 포기 안 해.　どんなに大変だと言われても諦めない。

▶ **拡張表現**「時制＋**다고 해도**」。

390 時制＋대서
~だと言うので

品詞	パッチム	基本形	現在	過去	未来	接続表現
動　詞	無し	가다	간	갔	가겠	대서
	ㄹ	울다	운	울었	울겠	
	有り	먹다	먹는	먹었	먹겠	
形容詞	無し	크다	크	컸	크겠	
	有り	작다	작	작았	작겠	
存在詞	有り	있다	있	있었	있겠	

| 指定詞 | 無し | 이다 | ◎ | 이었 | 이겠 | |

◎ 指定詞の現在形は「−(이)래서・아니래서」。

● 他人から聞いた話を基準にして次の行為を行う際、または聞いた話についての感想を述べる際の表現。「〜だと言われたので」、「〜だからといって」。

- 잘 안 보인**대서** 확대를 했어.　　よく見えないと言われたので拡大した。
- 한 번 실수했**대서** 해고?　　　　一度、失敗したとはいえ、解雇?

▶ 拡張表現 「時制＋다고 해서」。

391　時制＋대서야
〜だなんて(それこそ)

品詞	パッチム	基本形	現在	過去	未来	接続表現
動詞	無し	가다	간	갔	가겠	대서야
	ㄹ	울다	운	울었	울겠	
	有り	먹다	먹는	먹었	먹겠	
形容詞	無し	크다	크	컸	크겠	
	有り	작다	작	작았	작겠	
存在詞	有り	있다	있	있었	있겠	
指定詞	無し	이다	◎	이었	이겠	

◎ 指定詞の現在形は「−(이)래서야・아니래서야」。

● 人から聞いた事実について、強い疑問を提起するか否定的に判断する際の表現。「〜だと(まで)言われると」。

- 사랑 때문에 운**대서야** 한심하다.　　愛のせいで泣くとは情けないね。
- 보석도 싫**대서야** 방법이 없네.　　宝石まで嫌だと言うから方法がないね。

▶ 類似表現 「−다니 ❸」→ 067 参照。

392 時制+대야
～と言われないと・～だと言ったところで

品詞	パッチム	基本形	現在	過去	未来	接続表現
動　詞	無し	가다	간	갔	가겠	대야
	ㄹ	울다	운	울었	울겠	
	有り	먹다	먹는	먹었	먹겠	
形容詞	無し	크다	크	컸	크겠	
	有り	작다	작	작았	작겠	
存在詞	有り	있다	있	있었	있겠	
指定詞	無し	이다	○	이었	이겠	

○ 指定詞の現在形は「-(이)래야・아니래야」。

① 前述文の言葉や状況が後述文の行動を誘う条件であることを表す表現。「～だと言わないと」、「～だと言われたら(～だろうに)」。

- 먹고 싶**대야** 만들어 주지.　　食べたいと言われたら作ってあげるのに。
- 본인이 좋**대야** 데리고 가지.　本人が良いと言わないと連れて行けない。

② ある状況を仮定し、それが深刻でないことを表す表現。「～だと言うけれど(さほど～でないだろう)」。

- 아무리 비싸**대야** 뻔하지.　　　どんなに高いといってもたかが知れてる。
- 많이 벌었**대야** 만 엔 정도야.　沢山稼いだと言っても一万円ぐらいだよ。

▶ 類似表現 「-아(어・해) 보았자」 ➡ 270 参照、「時制+댓자」 ➡ 393 参照。

▶ ① ② 拡張表現 「時制+다고 해야」。

393 時制+댔자
~だと言ったところで

品詞	パッチム	基本形	現在	過去	未来	接続表現
動詞	無し	가다	간	갔	가겠	댔자
	ㄹ	울다	운	울었	울겠	
	有り	먹다	먹는	먹었	먹겠	
形容詞	無し	크다	크	컸	크겠	
	有り	작다	작	작았	작겠	
存在詞	有り	있다	있	있었	있겠	
指定詞	無し	이다	○	이었	이겠	

○ 指定詞の現在形は「-(이)랬자・아니랬자」。

ある状況を仮定し、それが深刻でないことを表す表現。「~だと言うけれど(さほど~でないだろう)」。

- 키가 크댔자 얼마나 크겠어? 身長が大きいと言ったってたかが知れてる。
- 아무리 바쁘댔자 나보다 바쁘겠어?
　　　　　　　　　　　　　　いくら忙しいと言ったって私よりは暇だろう。

▶ 類似表現 「-아(어・해) 보았자」➡ 270 参照、「時制+대야 ❷」➡ 392 参照。

日本語索引

※数字は見出し語番号を示す。

あ
- ～(すれば)いいものを ... 188
- お～になる ... 202
- お～になる(?) ... 201

か
- ～か ... 015
- ～か～ ... 104 105
- ～(ます)か ... 014
- ～が大事だ ... 025
- ～かったですか ... 250
- ～かという～ ... 292
- ～かと言うので ... 291
- ～かと言われたでしょう? ... 302
- ～かと思う ... 209 307
- ～から ... 045 065
- ～くない ... 134
- ～くなる ... 281
- ～けど ... 311
- ～ことにも ... 008

さ
- ～しがちである ... 062
- ～しそうだ ... 014 024 308 318 333
- (危うく)～しそうだ ... 225
- (ほとんど)～しそうだ ... 217
- ～しそうだからか ... 178
- ～しそうだったけど ... 181
- ～しそうで～しない ... 332
- ～した ... 283
- ～したあげく ... 322
- ～した後 ... 323
- ～した後こそ ... 324
- ～したい ... 027
- ～したかったら ... 171
- ～したがる ... 028
- ～したくない ... 055
- ～したことがある ... 343
- ～したことがない ... 342
- ～したせいで ... 337 351
- ～したところによると ... 126
- ～したならば ... 287
- ～したのか ... 090
- ～したほうがマシだ ... 076
- ～したまま ... 015 348
- ～したら ... 003 025 138
- ～し(終わっ)たら ... 016
- ～したらいいな ... 288
- ～したり ... 082
- ～したり(～したり) ... 046

日本語索引 323

- ～したりする　019
- ～したんだって　095
- ～し続ける　021
- (下品に)～し続ける　262
- ～して　015　026　251
- ～して(から)　017
- ～して(そして)　254　259
- ～して(やっと)　029
- ～してあげる　280
- ～して(それを)あげる　261
- ～していた　096　286
- ～していた～　285
- ～していたのに　091
- ～していたら　072
- ～していたんだってば　093
- ～していて　082
- ～していても　083
- ～していましたか　250
- ～している　030
- (ある結果が持続)している　279
- ～していると　073　085
- ～しておく　257　265
- ～して片付ける　282
- ～してから　026　347
- ～して下さい　201　203　204
- ～してくる　278
- ～してこそ　274　277
- ～してさしあげる　266
- ～して(それを)さしあげる　260
- ～してしまう　023　268
- ～しては　018　255
- ～してはいけない　198　272
- ～してばかりいる　053
- ～してほしい　199
- ～してみえる　271
- ～してみせる(から)　024
- ～してみたところで　270
- ～してみる　269
- ～してみろってば　160
- ～しても　103　104　105　136　139　205　263　274
- ～しても(しても)　263
- ～してもいい　264
- ～しない　133　135
- ～しながら　193　197　253　355
- ～しなくちゃ　275　277
- ～しなければならない　276
- ～しなさい　004　007　131
- ～しなさいな　035　108
- ～しなさいね　185
- ～しに　170
- ～し抜く　256
- ～しましょう　248
- ～しましょうか　203
- ～しますか　249
- ～しやすい　040　054
- 十分に～できる　221　232
- ～しよう　109　251
- (～から)～しよう　025
- ～しようか　208
- ～しようかと思う　209
- ～しようだなんて　118
- ～しようって　128
- ～しようってば　112　119
- ～しようと　103　104　105　172
- ～しようと(とにかく)　001
- ～しようという～　115　176
- ～しようと言うからね　111
- ～しようと言うけど　117
- ～しようと言うので　114　130

- ~しようと言ったら……………… 119 124
- ~しようと言って………………………… 125
- ~しようと言っておいて………………… 120
- ~しようと言ってた?……………………… 128
- ~しようと言ってたけど………………… 121
- ~しようと言ってたのに………………… 125
- ~しようと言ってたよ………… 116 122
- ~しようと言っても……………………… 129
- ~しようと言われたら…………………… 111
- ~しようと思う…………………………… 032
- ~しようと思って………………………… 112
- ~しようとか……………………………… 110
- ~しようとした(けど)…………………… 387
- ~(なりには)しようとした……………… 071
- ~しようとしたが………………………… 181
- ~しようとしている……………………… 173
- ~しようとしても………… 182 186 219
- ~しようとしないと……………………… 186
- ~しようとする………………… 173 183
- ~しようとする~………………………… 176
- ~しようとするけど……………………… 177
- ~しようとすると…… 118 126 180 216
- ~しようとするところ…………………… 177
- ~しようとするなら……………… 124 184
- ~しようとするのか……………………… 178
- ~しようとすれば………………………… 113
- ~しろ……………………………… 140 267
- ~しろだとか……………………………… 157
- ~しろだとか(という)…………………… 141
- ~しろだなんて…………………………… 148
- ~しろって………………………………… 163
- ~しろって?………………………………… 148
- ~しろって言いました?…………………… 162
- ~しろってば…………………… 143 149
- ~しろと…………………………………… 143

- ~しろと言いながら……………………… 158
- ~しろという~…………………………… 145
- ~しろと言うから………………… 149 165
- ~しろと言うなら………………………… 159
- ~しろと言うの?…………………………… 163
- ~しろと言うので………………………… 144
- ~しろと言うのでね……………………… 142
- ~しろと言うのはね……………………… 166
- ~しろと言うんだけど(ね)……………… 147
- ~しろと言ったよね?……………………… 158
- ~しろと言ったら………………………… 142
- ~しろと言っていた?……………………… 153
- ~しろと言っていたけど………………… 155
- ~しろと言ってた~……………………… 153
- ~しろと言ってたか~…………………… 154
- ~しろと言ってたっけ?…………………… 154
- ~しろと言ってたのに…………………… 151
- ~しろと言ってたよ
  ……………… 146 150 152 156 161
- ~しろと言ってね………………………… 160
- ~しろと言っても………………………… 164
- ~しろと言われて(はじめて)…………… 167
- ~しろと言われましたか………………… 162
- ~する(から)……………………………… 192
- ~する(からね)…………………………… 207
- ~する間に………………………… 329 340
- ~する以上………………………………… 341
- ~するうえに(加えて)…………………… 327
- ~するか…………………………… 001 235
- ~するが…………………………… 006 132
- (~も)~するが(さらに)………………… 002
- ~するかい?………………………………… 168
- ~する限り………………………………… 353
- ~するがごとく…………………………… 088
- ~するか心配だ…………………………… 236

日本語索引 ⋮ 325

- ～するかな？ ……………………… 385
- ～するかも(だから) ……………… 214
- ～するかも知れない ……………… 236
- ～するからなのか ………………… 273
- ～するからね ……………………… 003
- ～する代わりに …………………… 326
- ～するぐらい ……………………… 101
- ～するけど ………… 002 136 139 377
- ～すること ………………… 038 247 317
- ～することがあっても …… 222 238 354
- ～することがある ………………… 343
- ～することができない …… 134 231 233
- ～することができる ………… 232 234
- ～することがない ………………… 342
- ～すること極まりない …………… 064
- ～することだ ……………………… 319
- ～することにする ………………… 051
- ～することによる ………………… 041
- ～することを希望する …………… 056
- ～するし …………………………… 015
- ～するしかない …………………… 230
- ～する次第 ………………………… 325
- ～するじゃない …………………… 127
- ～するせいで ……………………… 350
- ～するだけだ ………………… 212 228
- ～するだけでなく …………… 226 227
- ～するだけの価値がある ………… 221
- ～するだなんて …………………… 086
- ～するために ……………………………
  …………… 031 061 077 143 251 359
- ～するための ……………………… 060
- ～するだろう ………………… 215 319
- ～するだろうか ……………… 174 189 211
- ～するだろうが …………………… 245
- ～するだろうから ………………… 241
- ～するだろうと …………………… 179
- ～するついでに ……………… 078 321
- ～するってば ……………………… 366
- ～するつもりか …………………… 240
- ～するつもりだ ……………………………
  ……… 014 187 189 218 242 244 275 319
- ～するつもりだから ……………… 241
- ～するつもりなら ………………… 243
- ～すると ……………………… 071 109 190
- ～すると言いながら ……………… 387
- ～するという ……………………… 191
- ～するといえども ………… 222 237 238
- ～するとおりに …………………… 325
- ～するとか ………………………… 375
- ～する時 …………………………… 213
- ～するところだ …………………… 252
- ～する途中 ……………………… 079 082
- ～する途中だ ……………………… 080
- ～するとともに …………………… 328
- ～するなら ………………………… 184
- ～するなら(むしろ) ……………… 223
- ～するならともかく ……………… 196
- ～するに ……………………… 005 057
- ～するには ………………………… 184
- ～するの？ ………………………… 007
- ～するのかな ……………………… 210
- ～するので ………………… 200 251 254
- ～するので(だから) ……………… 305
- ～するのである …………………… 070
- ～するのではなくて ……………… 320
- ～するのに ……………………… 003 197
- ～するのも当然だ ………………… 052
- ～するはずがない …………… 215 220
- ～するはずだし …………………… 239
- ～するはめになった ……………… 012

- ～する反面 ………………………… 338
- ～するふりをする ………………… 349
- ～する分だけ ……………………… 335
- ～するほうだ ……………………… 352
- ～するほど ………………………… 229
- ～する前に ………………………… 063
- ～するまで ………………………… 101
- ～するまま ………………………… 325
- ～するものか ……………………… 168
- ～するものだ ………………… 304 339
- ～するやいなや ………… 039 109 123
- ～するようだ ……………… 067 175 336
- ～するようで ……………………… 331
- ～するようでしないようで ……… 330
- ～するように ………………… 007 101
- (まるで)～するように …………… 106
- ～するように仕向ける …………… 011
- ～するようにする ……………… 013 102
- ～するより(むしろ) ……………… 075
- ～(まで)～するんだから ………… 314
- ～すれば …………………………… 263
- ～すればいい ……………………… 195
- ～すれば良かった ………………… 206
- ～せよ ……………………………… 140

た

- ～だ ………………………………… 356
- ～だからって ……………………… 359
- ～だけでなく ……………………… 309
- ～だけど …………………………… 132
- ～だそうだ ………………………… 388
- ～だっけ? ………………………… 092
- ～だった …………………………… 356
- ～だった? ……………… 090 096 097 107
- ～だったかな ……………………… 097
- ～だったけど ……………………… 099
- ～だったならば …………………… 284
- ～だったね ………………………… 098
- ～だったのに ……………………… 099
- ～だったよ ……………… 089 092 099 100
- ～だったようだ …………………… 097
- ～だって …………………… 384 388
- ～だって? ……… 365 378 380 382 388
- ～だってば ………………………… 359
- ～だという ………………………… 362
- ～だと言うけど …………………… 364
- ～だと言うじゃない ……………… 381
- ～だと言うならば ……………… 358 379
- ～だと言うので ………………… 360 390
- ～だと言うんだよな ……………… 364
- ～だと言った? …………………… 368
- ～だと言ったところで ………… 392 393
- ～だと言っていた? … 368 371 372 376
- ～だと言っていた～ ……………… 371
- ～だと言っていたから …………… 373
- ～だと言っていたけど …………… 369
- ～だと言っていたよ …………… 373 374
- ～だと言っていたような ………… 372
- ～だと言っていましたか ………… 386
- ～だと言っているけど …………… 383
- ～だと言ってないよ ……………… 376
- ～だと言っても …………………… 389
- ～だと言ってるでしょう(だから) … 381
- ～だと思う ………………………… 345
- ～だと思った ……………………… 344
- ～だと思っていた ………………… 093
- ～だと思っていたら ……………… 091
- ～だと思わなかった ……………… 346
- ～だとか(～だとか) ……………… 304
- ～だとしても ……………………… 094

日本語索引 327

- ■ (いくら)〜だとしても ……………… 048 050
- ■ 〜だとしましょう ………………………… 248
- ■ 〜だとは〜だ ………………………………… 365
- ■ (もちろん)〜だとも ……………………… 087
- ■ 〜だな ………………………………… 069 074
- ■ 〜だなんて ……………………………………… 043
- ■ 〜だなんて(それこそ) ……………… 391
- ■ 〜だね ……………… 034 036 037 310 311
- ■ 〜だね? ………………………………………… 069
- ■ (とても)〜だね ……………………………… 046
- ■ 〜だよ ………………………… 267 310 384
- ■ 〜だよね ………………………………………… 131
- ■ 〜だろう ………………………………………… 206
- ■ (きっと)〜だろう ………………………… 283
- ■ 〜だろうから ………………………………… 246
- ■ 〜だろうけど ………………………………… 246
- ■ 〜であり ………………………………………… 193
- ■ 〜である一方 ………………………………… 020
- ■ 〜であるうえに(さらに) ……………… 312
- ■ 〜であるから ………………………………… 137
- ■ 〜であるだけだ ……………………………… 053
- ■ (当然)〜であるとも ……………………… 022
- ■ 〜であるのにも(かかわらず) ……… 313
- ■ 〜であろう ……………………………… 189 356
- ■ 〜であろうか ………………………………… 208
- ■ 〜であろうと ………………………………… 190
- ■ 〜であろうという ………………………… 191
- ■ 〜でいうならば …………………………… 049
- ■ 〜できず ………………………………………… 084
- ■ 〜でしょう? ………………………………… 131
- ■ 〜です(か) …………………………………… 249
- ■ 〜ですかね? ………………………………… 108
- ■ 〜ですって? ………………………………… 386
- ■ 〜でなくちゃ ………………………………… 277
- ■ 〜ではないかと思う ……………………… 068

- ■ (せめて)〜でもする ……………… 042 047
- ■ 〜と言いながら ……………………… 378 380
- ■ 〜と言ったら ………………………………… 366
- ■ 〜と言っていたっけ? …………………… 370
- ■ 〜と言っていたね ………………………… 367
- ■ 〜と言っていたのに ……………………… 296
- ■ 〜と言っているけどね …………………… 382
- ■ 〜と言われたけど ………………………… 297
- ■ 〜と言われないと ………………………… 392
- ■ どうして〜したのかな …………………… 068
- ■ 〜とか〜とか ………………………………… 357
- ■ 〜と聞いていたよ ……………… 297 298
- ■ とても〜だ …………………………………… 107
- ■ 〜とは思わないけど ……………………… 169

な

- ■ (とても)〜な ………………………………… 136
- ■ 〜ながらも …………………………………… 026
- ■ 〜(の状態と)なってくる ……………… 278
- ■ 〜なの? ………………………………… 081 365
- ■ 〜なのか ……………………… 289 306 315
- ■ 〜なのかって? ……………………………… 290
- ■ 〜なのかってば ……………………………… 295
- ■ 〜なのかと(言われた) ………………… 290
- ■ 〜なのかと言いながら …………………… 300
- ■ 〜なのかと言うけど ……………………… 293
- ■ 〜なのかと言うけれど …………………… 303
- ■ 〜なのかと言えば ………………………… 301
- ■ 〜なのかと言ったら ……………………… 294
- ■ 〜なのかと言われたら …………………… 301
- ■ 〜なのかと思えば ………………………… 309
- ■ 〜なのかと聞いたら ……………………… 295
- ■ 〜なのかと聞いていた? ………………… 299
- ■ 〜なのかと聞いては ……………………… 296
- ■ 〜なのかと聞くとは ……………………… 294

- ~なのかな　066　306　315
- ~なので　033　258　311
- ~なのに　311
- ~ならば　194
- (もし)~ならば　379
- ~なんだって　358　361　370
- ~なんだってよ　363
- ~なんだね　069
- ~なんだよ　361　384
- ~に際して　334
- ~に先立って　059
- ~になる　009
- ~にも　008
- ~にもかかわらず　020
- ~(すること)によって　058
- ~のか?　066
- ~ので　045　048　057　065　138
- ~のとおり　088
- ~のようだ　307　308
- (~の言葉)のように　151

は
- ~はその通りだね　369
- (確かに)~は~だ　044

ま
- ~ますよ　108
- ~もあり得る　224

や
- ~やら~やら　168
- (当然)~ようになっている　010
- ~ようになる　009

ら
- ~られる　281

を
- ~を成し遂げる　256

著者略歴

朴三植(パクサムシク)(NHKカルチャー講師) ＆ 韓晶恵(ハンジョンヘ)(慶応義塾大学講師)

主要共著
- 『Smart Hangul Basic』(2005年、白帝社)
- 『Simple Hangul Dialogue』(2006年、白帝社)
- 『サプリ韓国語 (Supplement Hangul Points)』(2009年、白帝社)
- 『韓国語単語トレーニング (System Hangul Words)』(2010年、白帝社)

カバーデザイン　宇佐美　佳子

韓国語文型ハンドブック
Super Hangul Handbook

2012年　5月 25日　初版発行
2013年　7月　1日　2刷発行

著　者　朴三植・韓晶恵
発行者　佐藤康夫
発行所　白帝社
　　　　〒171-0014　東京都豊島区池袋2-65-1
　　　　TEL 03-3986-3271　FAX 03-3986-3272
　　　　E-mail info@hakuteisha.co.jp
　　　　http://www.hakuteisha.co.jp/
組　版　冊佳房
印　刷　平河工業社
製　本　若林製本所

ISBN 978-4-86398-074-7

Printed in Japan